循 环 城 市

——城市土地利用与再利用

〔美〕罗莎琳德·格林斯坦
耶西姆·松古-埃耶尔马兹 编

丁成日 周扬 孙芮 译

商务印书馆
2007年·北京

图书在版编目(CIP)数据

循环城市：城市土地利用与再利用/(美)格林斯坦等编；丁成日等译.—北京：商务印书馆，2007
ISBN 978-7-100-05362-4

Ⅰ.循… Ⅱ.①格…②丁… Ⅲ.城市-土地利用-研究 Ⅳ.F293.2

中国版本图书馆 CIP 数据核字(2007)第 004147 号

本书由美国林肯土地政策研究院授权出版。

所有权利保留。
未经许可，不得以任何方式使用。

循环城市——城市土地利用与再利用
〔美〕罗莎琳德·格林斯坦　耶西姆·松古-埃耶尔马兹　编
丁成日　周扬　孙芮　译

商务印书馆出版
(北京王府井大街36号　邮政编码100710)
商务印书馆发行
北京瑞古冠中印刷厂印刷
ISBN 978-7-100-05362-4/K·985

2007年4月第1版　　　开本787×960　1/16
2007年4月北京第1次印刷　印张18¼
定价：30.00元

Recycling the City
The Use and Reuse of Urban Land

Edited by

Rosalind Greenstein and Yesim Sungu-Eryilmaz

LINCOLN INSTITUTE
OF LAND POLICY

Copyright © 2004 by the Lincoln Institute of Land Policy
All rights reserved
Printed in Canada

Library of Congress Cataloging-in-Publication Data

Recycling the city: the use and reuse of urban land / edited by Rosalind Greenstein and Yesim Sungu-Eryilmaz.

    p. cm.

Includes bibliographical references and index.

ISBN 1-55844-159-X (alk. paper)

    1. Urban renewal. 2. Vacant lands. 3. Brownfields. I. Greenstein, Rosalind, 1955— II. Sungu-Eryilmaz, Yesim.

HT170. R435 2004
307. 3'416—dc22

2004017919

译 序

二战以后美国的经济经历了深刻的变化,完成了从工业化到后工业化的转型,即从以制造业(第二产业)为主的经济结构发展成为以服务型工业(第三和第四产业)为主的产业结构。这种经济结构的转变对城市土地利用产生了深刻的影响。技术(包括交通)进步和创新从根本上改变了制造业生产成本的构成。交通成本在整个生产成本中所占的比例微不足道,不像100年前那样能够成为影响工业场址选择的主要区位因子。而诸如劳动力和制度等以前不重要的因子往往却成为企业家选择生产区位的重要考虑因子。结果,由于美国对工业化进程的限制导致制造工业的空间布局出现以下四种变化:①从区域性和大都市地区的传统工业区转移到新兴人口聚集中心;②从中心城市转移到郊区;③从大都市地区转移到乡村地带;④从本国转移到亚洲及发展中国家。最著名的例子恐怕是美国东北部新英格兰的纺织业和制鞋业的外迁和中西部地区汽车工业的衰落。

制造工业区域输出的直接后果是城市土地被废弃或被不充分地利用。更重要的是,制造工业的迁出之后遗留下来的土地很可能是被污染的土地。这些土地被称为"棕色土地"(Brownfield)。"棕色土地"指以前被利用过但现在没有被完全利用的土地或财产,"棕色土地"现在也许被部分地占有或利用。它可以是空置土地、遗弃地(derelict land)或被污染的土地。因而,如果没有必要的修补"棕色土地"不能够马上用于开发。遗弃地(derelict land)指的是被工业或其他发展形式严重损害以至于没有处理就不能够进行有益利用的土地(*Journal of Environmental Planning and Management*. V43(1). 49—69. Jan. 2000)。

城市土地利用和再利用的重要性可以在以下几个方面得到反映：①城市空置土地占城市土地相当大的比例（12.7%的城市土地没有得到充分的利用）；②未来城市住宅土地有相当一部分将在"棕色土地"上建造（1998年2月，英国政府宣布的国家目标是，到2008年至少60%的所有新住宅应建造在"棕色土地"上；③没有适当地处理和整治的话，"棕色土地"上的再开发和再利用可能带来相当严重的环境污染和导致健康问题。

中国有相当多的城市是资源型或是以制造业为主的城市。随着资源的枯竭或城市经济结构的调整，"棕色土地"或遗弃地的土地再开发利用就会变得越来越重要。对这些土地不进行处理和修补，将导致环境和健康问题；而修补和处理这些土地意味着相当大的土地开发成本，进而影响城市发展。无论从经济上，还是从法律上讲，政府都应该介入城市土地的再利用。政府应制定什么样的经济激励政策才能在保护环境和保证健康的前提下促进"棕色土地"的再利用？政府应制定什么样的环境和健康标准来指导"棕色土地"的再开发？谁又应为"棕色土地"或遗弃地（derelict land）带来的环境和健康问题负责？是以前的土地利用者还是未来的开发者？这个问题不仅涉及到产权，还涉及到法律。

它山之石，可以攻玉。本着这个理念，我们将本书翻译成中文，献给读者，希望美国的"棕色土地"或空置土地利用和再利用的理论与实践，对中国城市土地再利用和城市空间结构调整后的城市发展提供借鉴，为探索一条适合中国国情的城市（特别是资源型和制造业型城市）转型道路提供参考。看到美国林肯土地政策研究院授予图书版权并提供资助，使本书得以翻译成中文并在中国发行，笔者感到由衷的欣慰，并对他们给予的支持表示由衷的感谢。

为帮助中国更好地发展、管理和规划城市，林肯土地政策研究院积极资助图书在中国出版发行。例如，由笔者等所著的《城市规划与空间结构——城市可持续发展战略》一书于2005年由中国建筑工业出版社出版；格里特·J.纳普（Gerrit J. Knaap）所著的《土地市场监控与城市理性发展》一书于2003年由中国大地出版社出版，格里特·J.纳普与阿瑟·C.纳尔逊（Arthur C. Nelson）所著的《土地规划管理》一书于2003年由中国大地出版社出版。笔者翻译的《财产税与地方政府财政》一书(华莱士·E. 奥茨(Wallace E. Oates)编著)于2005年由中国税务出版社出版。另外,有关土地税的图书已由中国大地出版社出版(2004)。林肯土地政策研究院资助并授予版权于近期出版的图书还有《公共用地租赁——政策探讨及国际经验》和《理性增长——形式与后果》。

丁成日
2005年12月
于马里兰

目 录

致谢

前言　循环利用城市空置土地

　　罗莎琳德·格林斯坦、耶西姆·松古-埃耶尔马兹

第一部分　空置土地现象

第一章　机会与挑战并存的空置土地

　　迈克尔·A.帕加诺、安·O'M.鲍曼 ……………… 3

第二章　西欧空置土地——20世纪历史、背景和政策纵览

　　巴里·伍德 ……………… 24

第三章　空置土地经济学

　　艾伦·W.埃文斯 ……………… 43

第二部分　空置土地和棕色地块的再开发过程

第四章　将棕色地块转变为社区财产——再开发障碍

　　拉维·布拉赫曼 ……………… 57

第五章　污染是城市内部工业复兴的障碍？

　　玛丽·豪兰 ……………… 81

第六章　针对城市空置土地及财产重利用的州政策的调查

　　南塞·格林·利 ……………… 104

第七章 环境移交与当地能力——棕色地块在新泽西州四个落后城市的执行
　　萨拉·S. 加德纳 ……………………………… 132

第八章 社区发展团体在棕色地块再开发中的作用
　　玛格丽特·迪尤尔、萨比纳·戴特里克 ……… 161

第三部分　空置土地的创新使用

第九章 通过企业化城市耕作建立城市内部农场
　　杰尔姆·考夫曼、马丁·贝凯 …………………… 183

第十章 创造性地再开发棕色地块——德国鲁尔区IBA埃姆舍尔公园建设的经验
　　克劳斯·R. 昆兹曼 ……………………………… 210

第十一章 关于棕色地块的可持续性发展——波士顿南海湾可持续性发展现象的研究
　　威廉·舒特金 …………………………………… 229

术语表 ……………………………………………………… 250
所引用的组织和项目的网站 …………………………… 257
作者简介 …………………………………………………… 259
林肯土地政策研究院简介 ……………………………… 264

致　谢

　　这本书以林肯土地政策研究中心资助的研究项目为基础。对于以一种有利于城市和居民的方式使城市土地得到再循环而言，学者中存在许多真知灼见。而授权出版并编撰这些文章的过程使我们有机会了解百家之言。因此，一个合适的做法是将关于城市土地循环的概念、假设以及实证资料等通过这些文章呈现出来，以飨读者。我们邀请各位作者按照本书的要求分别修改他们的文章，并邀请了另外两位作者（艾伦·A.埃文斯和威廉·舒特金，他们专门为此书创作了文章），让他们提供资料来使我们的编撰工作变得圆满。

　　这个项目比我们预想得更加耗时。在此特别感谢各位作者表现出来的耐心、对这项工作做出的贡献，以及热情的合作。此外，我们还得到林肯学院同事们的巨大帮助，在此，尤其要感谢的是阿利格拉·考尔德（Allegra Calder）和劳里·多尔蒂（Laurie Dougherty）。考尔德提供了一流的项目管理与研究协助；多尔蒂则对可持续发展保持浓厚的兴趣与强烈的责任感，他提出了关键而善意的意见，并对此研究项目给予很大的支持。本书的排版、生产过程中，朱利亚·加维亚（Julia Gaviria）提供了热心且专业的帮助。我们感谢他们所做出的努力；是他们让我们重新认识到出版具有社会性的本质，我们也很荣幸能够成为这个工作团体中的一部分。

　　如果说本书能够为城市土地循环领域做出积极的贡献、能够提供智力激励，以及能够为城市景观的可能性提供新的视角，那么，这些均得益于上述诸位孜孜不倦的努力。

罗莎琳德·格林斯坦和耶西姆·松古-埃耶尔马兹
（Rosalind Greenstein and Yesim Sungu-Erylimaz）
2004年10月
于马萨诸塞州剑桥市

前言：循环利用城市空置土地

罗莎琳德·格林斯坦（Rosalind Greenstein）
耶西姆·松古-埃耶尔马兹（Yesim Sungu-Eryilmaz）

　　城市地区的空置土地（Vacant Land）既可被视为眼中钉，又可被当成发展良机。在一个城市居民区，空置土地通常会吸引毒品交易或垃圾倾卸等非法活动。它还可能导致地价下跌，降低开发商对当地及其周边社区的兴趣。尽管空置土地能引起一系列问题，但与此同时还可以提供发展机遇。例如，那些曾经拥有街角小店或居民楼的地段对热衷于城市生活的梦想者而言具有极大的吸引力。他们会竭尽全力把这些地段改造成城市花园或新兴住宅。这些再开发可能会带来工作机会，增加政府税收，改善基础设施，降低健康和环境威胁，从而增强社区活力。因此，土地再利用成为社区、城市和地区经济、环境和社会可持续发展的一个重要过程。本书精选的文章不仅讨论再开发过程中面临的挑战，而且强调对空置土地的创造性利用。这些土地大部分是20世纪的工业和商业用地，位于城市中心或城市近郊。

　　本书涉及的问题包括空置土地的起因和问题的严重程度，政府及非政府组织对空置土地的处理能力，以及处理空置土地的途径和手段。对这些问题的回答在一定程度上取决于我们对其如何定义。在一个对公共行为和资源需求不断增长的年代，我们该如何理解这些被遗弃的土地财产？如何理解导致土地空置的公共行为和私人行为？如何估量这些土地财产所造成的公共代价和私人代价？谁应该对减轻这些空置土地所造成的环境威胁和健康威胁负责？哪些空置土地应该优先处理？我们应该怎样再利用它们？另外，有许多存在着现实或潜在污染的土地位于受私人和公共开发商所监督的居民区。对于这种空置土地,我们该如何解决它们所造成的环境问题和经济问题?

为了理解为何某些土地被废弃或未被充分利用,而其他土地却没有如此遭遇,我们必须把目光转向全球经济力量。经济力量对不同工业、地区、居民区和地段影响不尽相同。由于一些国家和地区比其他地方拥有更多的资源,这些经济力量的社会影响并不是随机的。

一、为什么土地被废弃或未被充分利用?

我们应该从经济史中寻找土地被废弃或未被充分利用的原因。美国对工业化进程的限制导致制造工业从特定地区的老工业基地和大都市地区的传统工业区转移到新兴人口聚集中心(Bluestone and Harrison,1982)。公司将生产设备从中心城市转移到郊区,从大都市地区转移到乡村地带,从本国转移到亚洲及发展中国家。这种资本迁移起因于廉价劳动力和新市场的兴起。对美国东北部的新英格兰人来说,纺织业和制鞋业的外迁已经变得家喻户晓(Hekmanm,1980)。中西部地区汽车工业的衰落则是另一个例子。这些地区在对旧工业减少投资的同时,大力增加对军事工业的投资。南部和西部地区因此而得利(Markusen et al.,1991)。

降低生产成本的经济动力是造成这些工业迁移的原因之一,工业迁移的同时也引起了相关地区、城市和社区的一系列变化。然而,伴随工业迁移的是社会人口的流动,包括在社会保险制度下的第一代退休者向温暖地带的搬迁。新兴市场的兴起导致了人们对一系列产品和服务的需求的增加。为了满足对教育、个人及商业服务、健康保健等的新需求,新兴市场的服务行业得到了扩大。

如果说导致大都市地区之间工业发展受到限制的主要原因是行业调整和社会人口变迁,那么,造成都市地区内部郊区化的原因就变得非常复杂,众说纷纭。本书的目的不是罗列对郊区化的各种争论,但是这里我们重点提出几种说法。标准的新古典主义解释认为,随着服务型经济重要性的增强,雇主们倾向于将公司大厦建在地价地的郊区。工人们为了缩减上下班的时间,也倾向于搬往郊区居住。但是郊区的风格是分区制(zoning),要求保留较大的空地和低人口密度,这样就将开发地带进一步推向城市外围(Mills,2002)。乔·哲尔克和理查德·沃伊特等学者则认为,联邦政府的补贴,例如房屋抵押利息的税收处理或基础建设的补贴,在郊区化的过程中起到了重要作用(Joe Gyourko and Richard Voith,1999)。行业调整(传统制造业的衰落和国防及高科技产业的兴起)、社会人口流动(人口从东北部和中西部流向南部和西部),以及大都市内部的地区性改变(郊区化)导致了对社区投资不足,中心城市废弃工厂和土地未尽使用的状况比比皆是。

二、受污染土地的外在效应是什么？

对有毒化学物的不适当处理会导致健康和安全问题。污染经常发生于曾经用于居住、商业、工业或军事活动的地段。这些地段通常反映出其长期作为工业用地使用的复杂历史。被拆除或残存的居民楼遗留下来的含铅漆片可能会污染土壤。全氯乙烯这种干洗业常用的工业溶剂,被美国环保局和许多州认为是危险品,因此其使用、转移和销毁都要符合环境法的规定。加油站的老化储油箱可能会引起泄漏,从而污染土地。当化学成分或石油进入地下水和河流,就不再只是污染土地,这样就会大幅度增加防止破坏和清洁治理这些土地的成本①。包括金属加工和陶瓷制造在内的许多工业过程,会附带产生工业垃圾。无论是合法的还是非法的早期垃圾处理过程都会产生受过污染的残渣。根据世界卫生组织的调查,有毒垃圾的存在是儿童在社区玩耍时所遇到的现代危险之一②。

如果工厂的原法人破产,或者该地块被若干拥有者使用而每个拥有者

---

① 清洁治理的成本因污染程度、类型和范围不同而不同。例如,受污染的地下水的清洁治理成本要比仅受污染的土壤清洁治理的成本要高。另外,清洁治理成本还取决于土地的使用方式。把一个棕色地块改造成商业用地要比将之改造成居住用地要廉价。根据整治技术的不同,一个项目的单位成本大概为每吨100到300美元,或者每立方米6到457美元(2000年美国环保局整治技术成本纲要)。

② 世界卫生组织,http://www.who.int/world-health-day/2003/infomaterials/Brochure3/en/。

都对该地块的毒化负有责任,那么周围的居民就会产生疑问:若要对这些工业垃圾进行适当的安全处理,究竟谁应该偿付所需的费用?从经济学角度简单地分析,答案显而易见。如果该污染的形成是工业过程的副产品,那么生产设备的拥有者应该对此负责。在工业垃圾处理方面选取捷径会降低制造成本,从而在理论上有利于工厂所有者、工人或消费者。然而,工厂周边的居民却并没有因这种对工业垃圾的不适当处理而得利。

腊夫运河(Love Canal)在美国环境史上占据重要地位。位于纽约州尼亚加拉瀑布市的腊夫运河,在20世纪四五十年代曾经被用为胡佛化学公司的一个工业垃圾场①。在此之前,尼亚加拉瀑布市政府和美国联邦政府曾使用该运河来处理各种有毒和无毒垃圾。到1977年,化学成分渗透到周边社区,甚至进入居民的体内。当地市民率先开始关注此问题,之后该问题引起全国民众的关注。他们的热情成为联邦政府立法清理有毒垃圾场的驱动力之一;1980年12月,美国国会通过了被称为"超级基金"(Superfund)的《环境对策、补偿和责任综合法》(CERCLA)。

"超级基金"被用于无法确定责任承担方或责任承担方负担不起清理费用的情况。获得"超级基金"的土地是那些对公共健康存在着严重威胁的地方。截至2000年,1 210个地段获得了"超级基金"。按照美国环保局的估计,清洁治理这些地段需要363亿美元。兰德公司(RAND)1989年和1992年的研究发现,一块受污染土地平均需要3年半的时间才能被列入国家优先名单(NPL)。在被列入NPL以后,还需要8年半的时间来完成治理整治工作。

虽然获得"超级基金"的土地是全国范围内受污染最严重的地段,但是它们并没有涵盖所有受污染的土地。在许多城市社区,曾经被用于工业用地、或作为加油站或干洗店使用的那些废弃土地长期被人忽视。这些被遗忘的角落太小,无法被列入"超级基金"名单;但是,对那些居住在周围地区的人们来说,这些土地在国家改造土地中的排名并不重要,重要的是它们可能会威胁公共卫生、吸引不良活动、破坏社区形象、打击开发商的投资热情,

---

① 腊夫运河历史参见http://www.globalserve.net/~spinc/atomcc/history.htm。

或者体现一种机会成本,或反映该社区社会、政治和经济的边缘性。

有确凿事实表明受到污染的土地仅是一部分,还有一些地块仅仅是被"察觉"到受到污染。根据房地产经济学,无论是事实上受到污染的土地或是被"察觉"到受到污染的土地都会产生负面的外在效应,因为在这两种情况下,土地的市场价都会贬值。在经济学上,由于存在潜在污染而导致土地市价下跌的情况违反一个基本的经济学原理,即买方和卖方拥有完整的信息。考虑到可能存在对某些污染物质处理不当的情况,还考虑到这些污染物质有可能滞留一段时间,并导致相继的环境破坏(如地下水污染),结合连带责任的原则,买方和卖方倾向于认为污染很有可能发生,而且程度严重。在现实生活中,这种设想并不成立。帕钦和芒迪补充说明道,地价下跌不仅起因于事实上的污染,而且源于与其恶劣名声相连的潜在危险(Patchin, 1991;Mundy,1992)。

三、为什么不重新开发这些土地?

在许多城市的市场上,由于旧设备会阻碍高效的工业利用,土地被废弃,长期不使用。一些问题出于技术或物理原因,例如横向设备优先于立式设备。例如,20世纪初,工业建筑师艾伯特·卡恩(Albert Kahn)在位于密歇根州底特律市以西6英里的海兰派克(Highland Park)村设计了一个汽车工厂。在这个四层的工业厂房刚刚建好之际,亨利·福特又请卡恩设计并修建了佛特鲁日(Fort Rouge)工厂。这个长达半英里的厂房没有任何内部支持结构,因而汽车产品的传送可以畅通无阻[①]。无间断产品生产线的时代使得城市郊区在工业用途上比城市更有吸引力。

然而,在另外一些市场上,旧工业建筑物被重新利用。例如,1957年,数码设备公司(DEC)将公司设在马萨诸塞州波士顿市以西25英里的一个工业小镇梅纳德(Maynard)。这个主体居民是工薪阶层的小镇曾经被旧纺织工厂所占据,但是在地毯和地毯纱线工业迁出新英格兰至DEC建立的漫

---

① http://www.albertkahn.com/cmpny_history.cfm。

长岁月中,大部分厂房一直未被使用过①。与此相似,纽约市艺术家们发现曾经作为纺织服装交易中间商大本营的SoHo(小型办公室或家庭办公室)工业楼房可以被重新开发为多功能商住两用楼。

除了这些适应性再利用的例子,成千上万未被使用或未尽其用的工业土地仍然困扰着城市。土地价值、投资不足的社区和棕色地块(Brownfield)之间的关系错综复杂,难以理清:是由于长期废弃的棕色地块的存在而使人们认为该社区没有投资吸引力?还是这些地块长期不受重视是该社区没有投资吸引力的结果?区域计划组织(Regional Plan Association)(RPA,1998)提供了一个理论框架来帮助解释棕色地块再开发可能性的综合问题以及对这些再开发提供公共补贴的合适时机何时到来。

RPA认为棕色地块分三种级别。第一级棕色地块对私营部门最有吸引力,例如那些位于繁荣大都市滨水地区的废弃或未尽其用的地块。对这些地方的投资很可能产生高回报率,并且收益超出清洁治理和再开发的费用。第二级棕色地块指那些以公共部门的干预为再开发必要条件的地块。它们可能是那些经济前景不确定的城市滨水地带,或是那些虽然位于经济繁荣的大都市,但其新开发的途径绕过其所处社区和市区的棕色地块。据RPA称,这些地块应该是"金融投资的主要对象,并很可能晋升为第一级棕色地块"(RPA,1998,5)。

第三级棕色地块是再开发面临的最大挑战,不是因为其环境状况,而是因为其所处的地理位置。这些地块很难被投放市场,主要原因是基础设施落后,远离原料和劳动力来源,平均收入低于邻近社区,因而零售业受到限制。第三级棕色地块遭受两次抛弃:当生产者离开时,遭受第一次抛弃。当当地经济无法为其再开发提供条件时,遭受第二次抛弃。

图0.1对RPA的三级分类法进行了修改,有助于我们理解棕色地块、空置、废弃和未尽其用的城市土地进行再开发的可能性。这里,再开发可能

---

① 梅纳德(Maynard)的工厂关闭于1950年,比纺织工业在新英格兰的衰落要相对晚一些。20世纪30年代的经济大危机加快了纺织业的衰落。那些在大危机中幸存的纺织厂因二战的生产需要而得以延续,但是二战结束后,20世纪初纺织业衰落的趋势仍然继续(Greenstein and Robertson,2000)。

性不仅取决于再开发的成本,还取决于其盈利性、开发商的行为,以及政府官员的行为。在图0.1中,盈利性被定义为投资的成本与收益之比。为了增加再开发的可能性,决策者必须增加投资成本与收益之比,并需要若干机制(或"政策杠杆")来使其实现。加号(+)表示增加成本或收益的机制,减号(-)表示减少成本或收益的机制。对于公共政策是否可以真正影响这些机制,用"是"、"否"或"间接性"三种回答来表示。这些回答只是建议性的,希望对政策制定和争论有所帮助。

例如,由于对一特定棕色地块的再开发成本太高或者利润太低,私人开发商可能就不愿意接受这个项目。有些开发商要求18%的利润率,另一些则要求12%—14%的利润率。利润率是由开发商而不是公共政策来决定的。然而,尽管政府官员希望开发商接受低利润的选择,开发商把18%的利润率看做是实际的机会成本。政府官员可以用通过税收政策调节折旧率的方法来改善成本与收益之比。图0.1提供的理论框架可以帮助制定开发计划,提高再开发的可能性。

是否进行再开发还取决于社区和地方的经济实力。例如,DEC得益于国防部对研发的大量支出以及二战和冷战时期的新产品。在新英格兰政府实验室工作的是来自MIT的工程师(Greenstein and Robertson,2000),旧厂房由于梅纳德所提供的廉价土地而得到了新生。这里,富有并不是水电站或机械工厂带来的,而是由于新的计算机工业需要特定的人力和技术资源(即一批刚刚接受训练的和有经验的工程师,以及科技创新的文化)。这个例子说明了人文环境的重要性。

对于棕色地块的理论研究主要关注与清除污染和清洁治理有关的问题,包括风险和责任。但是,这些很容易被理解为与再开发成本相关的因素。对于成本而言,重要的一点是它与未来收入的关系问题——如果未来收入足够偿付再开发的成本,包括污染程度和责任的不确定性,那么再开发的可能性就很高。政府制定了各种政策来减少棕色地块再开发的成本(如对个别地段提供财政支持或明确限制未来责任)。然而,由于决定再开发可能性的是成本与未来收益之比,而不是绝对成本,政策制定还应该关注影响未来收益的因素。如图0.1所示,三组因素影响着未来收益。第一,地方经济竞争力(即基础设施能力、城市经济实力和社区经济实力)受政策干预的间接影响。第二,由于开发商和项目各种各样,对于边际利润(profit margins)和投资收益时间性的假定也各不相同,需要反映具体的背景条件。第三,财政支持对再开发成本和未来收益都有影响,而且,与利润不同的是,财政支持可以受政策干预的影响。

棕色地块、空置土地、废弃土地和低产出的城市土地为再开发提供了潜在的机遇,地方经济活力可以进一步考虑在土地特征的基础上解释再开发的可能性。

四、对本书中文章的介绍

本书中关于空置土地的 11 篇文章并不涉及土地污染的极端例子。一个例外是鲁尔区(Ruhr Valley)。这是位于被投资商所抛弃的城市社区内的小面积地块。本书中的文章并不涵盖所有的政策问题。这些文章的目的是帮助我们更好地理解造成空置土地的多重原因,空置土地问题的程度和深度,以及我们的对策。书中大部分章节是针对美国的情况而言的,但是,其中三个作者提供了欧洲对空置土地的观点。

本书前两部分为"空置土地现象"和"空置土地和棕色地块的再开发过程",主要讨论曾经具有高生产力的城市土地。目前这些土地通常存在着现实或潜在的污染。在书中作者从经济、政治和制度角度研究这些问题。第一部分描述城市空置土地及其再开发所处的环境。迈克尔·帕加诺(Michael Pagano)和安·鲍曼(Ann Bowman)对 70 个城市的调查结果表明,每个城市平均不到 1/6 的土地被空置。土地空置和未尽其用的程度因城市、国家不同而异。伍德(Wood)对四个欧洲国家的研究发现,土地空置程度部分地取决于土地开发的指导权是在政府手中还是在私营部门手中。艾伦·埃文斯(Alan Evans)的文章讨论与土地和房地产相关的经济问题。尽管经济原理在美国和英国相同,但是埃文斯的确提出一些有英国特色的观点。这说明尽管经济原理在不同环境中操作基本相同,但是制度架构也发挥一定的作用。制度架构在美国各州之间和各地区之间也不相同。埃文斯进一

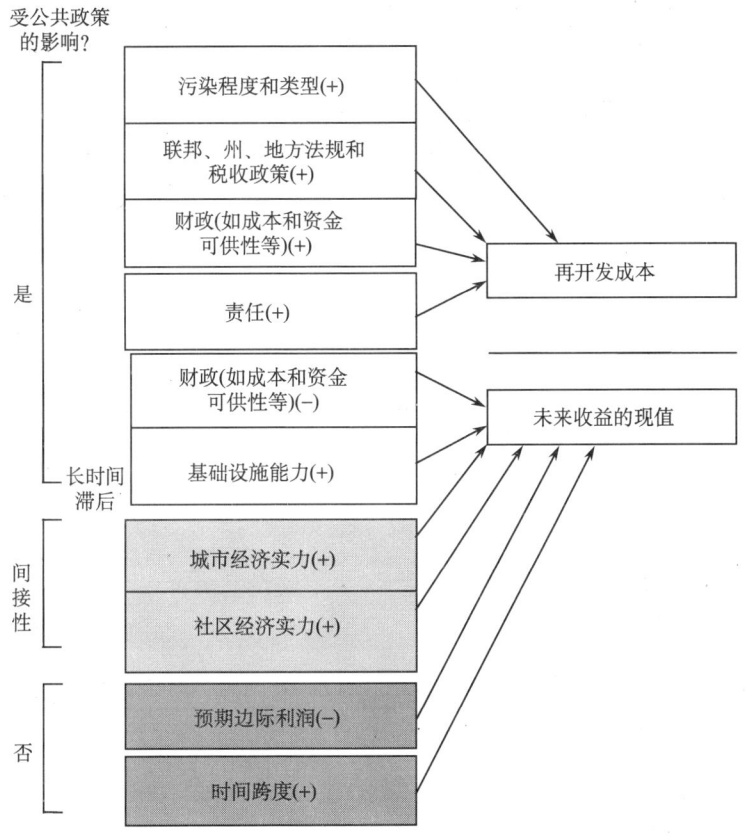

图 0.1 再开发可能性

步详细解释了城市空置土地与投机经营、过渡期使用、风险、对当地的依附性,以及将土地用作未来城市发展之间的联系。房地产投资的现实,如贴现率,在城市空置土地开发与再开发中也发挥一定作用。

第二部分讲述州和地方政府可以运用哪些工具来重新开发这些土地。制度和组织能力是一个州政府、地方政府和非赢利性团体所必备的。它在土地再开发过程中发挥着关键性的作用,特别是对那些位于投资不足社区的废弃城市土地来说,市场机制(或政府机制)在那里完全失效。非赢利性团体在处理土地再开发的问题上具有得天独厚的优势。如果这些团体愿意调整时间范畴,接受低边际利润,并将收益的一部分服务于社区而不是归于投资方,那么这些土地就很有可能得到再开发。

第二部分的四篇文章试图解释为什么有些土地被再开发而另一些则没有。由于对未尽其用的城市土地进行再开发的问题通常被分开讨论,对地方政府和非赢利性开发者行为(根据定义,未尽其用的城市土地指那些被私营部门所放弃的土地)的研究可以为我们提供重要的经验和教训。然而,正如南塞·格林·利(Nancey Green Leigh)所指出的,州政府制定的政策和项目有时也会加速地方政府和团体对这些土地的再开发。利对美国各州所提供的政策和项目进行了调查研究。

萨拉·加德纳(Sarah Gardner)对新泽西州州四个城市的棕色地块的研究发现,强大的地方能力有助于实现成功地再开发。地方能力指来自市民、政府和私人资本的资源。由于州政府将确定再开发地段、吸引投资者、决定清理整治水平,以及拯救和再利用方式的权力下放给了市政府,地方政府的能力得到了扩充。目前,对社区再开发提供公共补贴的政治支持非常有限。在市场机制发挥失灵的情况下,公共支持也很难实现。加德纳认为,在实施棕色地块再开发的分权项目中,地方能力发挥着重要作用,特别是当缺乏私人和非赢利性团体的介入时,情况更是如此。

拉维·布拉赫曼(Lavea Brachman)研究为什么政策制定和实施对加速棕色地块再开发并不完全有效。她试图从制度、法律和经济角度来解释政府对策对棕色地块再开发所起到的预期或意外的效果。布拉赫曼认为,当前政策在某些方面存在空白,比如再开发之前的高成本和拖延现象,与法律责任相关的不确定性,获得土地控制权中的障碍,以及存在阻碍持股人介入的因素。她强调指出,我们需要加强地方再开发的能力,使这种能力与现行政府项目和私营手段相协调,并积极利用这些方式来改善棕色地块再开发的前景。地方政府能力必须以非赢利团体和社区的积极参与为补充,它同时还需要州政府各个行政机关在政策制定过程中的相互配合。

玛丽·豪兰(Marie Howland)讲述了巴尔的摩市某个曾经辉煌一时的工业区的故事。这个故事启发我们对经济环境在棕色地块再开发过程中所起的作用进行思考。与经济活动无法成功的论断相违背,在巴尔的摩市的这个区,一些面积较小的地块得到了再开发。然而,这种成功反映了澄清土地市场问题的重要性。这些问题包括超出市场承受能力的清洁治理成本，落伍的和不适当的基础设施，工业用地邻近居住用地而造成的不协调性，以及拆除费昂贵的陈旧房屋（和其他卖方不愿降低成本而需要补偿的地方）。

萨比纳·戴特里克（Sabina Deitrick）和玛格丽特·迪尤尔（Margaret Dewar）对由社区开发商负责实施的棕色地块再开发进行了研究。社区开发商指那些社区发展团体等（CDCs）。通过对底特律和匹兹堡的个案研究，作者试图回答这些组织是否能够在服务于社区的同时，还能够在有限的时间内达到贷款方的金融目标（贷款方根据每个项目来判断其可行性）。底特律和匹兹堡的 CDCs 与美国工业历史不同。在这两个城市，非赢利性开发商的成功各不相同。匹兹堡的 CDCs 的成功率稍高一些。棕色地块再开发面临重重障碍。正如在经验不足的开发商看来，房地产开发是一个巨大的挑战，对工业老城市的再开发通常也十分困难。但是，这些组织试图接受挑战，获得一些技巧，并增加下一次成功的可能性。

在本书的最后一部分，"空置土地的创新使用"，我们将视点转向对空置、遗弃、废置和棕色地块的非传统性使用。马丁·贝凯（Martin Bailkey）和杰尔姆·考夫曼（Jerome Kaufman）讲述了对城市废弃土地进行不恰当的农业使用。有时候这些土地被简单视为过渡性土地，即种植植物要比用铁丝网将空置土地圈起来美观一些。或者，有时候从事城市农业活动仅仅是社区组织的另一种兴趣。尽管发展城市农业面临重重障碍，包括地方决策者对城市内部农业用地的敌对态度，以及管理和市场开发困难等问题，作者认为城市农业有利于社区发展。城市农场可以增加绿地面积，改善衰败的社区形象，并且为低收入市民提供更加新鲜和有营养的食品。另外，它们还可以增加与食品相关的就业机会，提高居民收入，增强社区自治能力，从而在经济上帮助增强贫穷社区的活力。

与此类似，克劳斯·昆兹曼（Klaus Kunzmann）讲述了德国鲁尔区 IBA 埃姆舍尔公园（IBA Emscher Park）的故事。这个故事为美国经济发展专家所熟知。但是，这篇文章是该故事仅有的几个英文版本之一。这个被废弃的工业园区被重新利用，其利用方式前所未有，而且是上个世纪的工人所不能想象的。规划者当初并不希望将 IBA 埃姆舍尔公园像以前那样使用，反而将那些废弃的工业建筑改为文化用地,从而创建了一个新的园区。

威廉·舒特金(William Shutkin)的研究将我们带回本书前两部分的主题。舒特金在考虑工业用地时,不仅仅涉及生产成品,而且关注生产过程。作者指出,如果棕色地块的污染是在制造过程中产生的,那么在重新利用这些土地时,规划者、居民、纳税人和政府官员应该考虑新的工业过程和有助于生态健康的生产。舒特金的文章启发我们来发展一个新的工业模型。一个成功的新模型需要参照一些企业家的创新实践。

工业生态学强调用生态可持续性的方式来制造产品。这种生产思路是前所未有的。当代的生产过程造成了目前城市的棕色地块问题。工业生态学争取从根本上避免这些"铁锈地带"。然而,再开发一个原为工业用地但现有价值有限的受污染之地,并且遵循"绿色"生产工程,面临来自三个方面的挑战。第一个挑战是环境清洁治理。第二个挑战是与美国国内或发展中国家的低生产成本之地的竞争。第三个挑战是工业生态学可能会使负面的外在效应内在化从而增加成本。这是说,工业生态生产者为了减少浪费而改进制造过程,结果,与其竞争者相比,他们的生产成本反而增加。不过,事实上,随着对工业垃圾的新处理方式的出现,工业生态学有可能会减少生产成本。

五、结论

造成棕色地块、废弃和其他未尽其用的土地存在的原因,如经济、人口、社会和市场力量,同时也是导致这些土地一直得不到开发的因素。本书中的个案研究表明,对棕色地块的再开发,特别是对位于投资不足的城市社区的那些小地块的再开发,必须作为增强社区活力整体工程的一部分。在这种情况下,棕色地块可以为社区提供一个聚焦点。这种努力至少应该形成一个社区规划和一个社区规划过程。这样,一个对棕色地块的成功再开发就成为一整套目标中的一个。一个有组织有规划的社区,会增加社区的社会价值,因而会提高其经济价值。

参考文献

Acton, Jan Paul. 1989. *Understanding Superfund: A progress report*. Santa Monica, CA: Rand Institute.

——. 1992. *Superfund and transaction costs: The experience of insurers and very large industrial firms*. Santa Monica, CA: Rand Institute.

Bluestone, Barry, and Bennett Harrison. 1982. *The deindustrialization of America: Plant closings, community abandonment, and the dismantling of basic industry*. New York: Basic Books.

Crane, Randall, and Daniel Chatman. 2003. Traffic and sprawl: Evidence from U. S. commuting, 1985 to 1997. *Planning& Markets* 6(1). http://www-pam.usc.edu/.

Greenstein, Rosalind, and Jemelie Robertson. 2000. The Boston region. In *Global city regions: Their emerging forms*, Roger Simmonds and Gary Hack, eds. London and New York: Spon Press.

Gyourko, Joseph and Richard Voith. 1999. The tax treatment of housing and its effect on bounded and unbounded communities. Working paper. Cambridge, MA: Lincoln Institute of Land Policy.

Hekman, John S. 1980. The product cycle and New England textiles. *The Quarterly Journal of Economics* 94(4):697—717.

Markusen, Ann, Peter Hall, Scott Campbell, and Sabina Deitrick. 1991. *Rise of the gunbelt: The military remapping of industrialAmerica*. Oxford: Oxford University Press.

Mills, Edwin S. 2002. Why do we have urban density controls? Working paper. Cambridge, MA: Lincoln Institute of Land Policy.

Mundy, Bill. 1992. Stigma and value. *The Appraisal Journal* 60(1):14.

Patchin, Peter. 1991. Contaminated properties: Stigma revisited. *The Appraisal Journal* 59(2): 167.

Regional Plan Association and Lincoln Institute of Land Policy. 1998. Land, capital community: Elements of brownfield and vacant land redevelopment. Briefing book for "Creating the Capacity for Growth," Regional Plan Association's 8th Annual Regional Assembly, New York, NY.

第一部分

空置土地现象

第一章
机会与挑战并存的空置土地

迈克尔·A.帕加诺(Michael A. Pagano)
安·O'M.鲍曼(Ann O'M. Bowman)

"空置土地"一词拥有广泛的含义,即使在一个小镇之内其含义也不尽相同。以菲尼克斯(Phoenix)市为例。在市北边,空置土地意味着原始沙漠;在市西南边,空置土地指农田。但是在老市区,空置土地又有另一层含义:废弃的土地或不安全的空间。另外还有一些空置的工业用地。这些土地存在着现实或潜在的环境污染。菲尼克斯运河边的狭窄地带是另外一种完全不同的空置土地。与菲尼克斯交界的坦佩(Tempe)和皮奥里亚(Peoria)两市对空置土地有相关但不同的定义。由于坦佩市四面都是政治辖区,这个城市很少有空置土地。但是从发展角度来考虑,他们将未尽其用的土地视为空置土地。与菲尼克斯相似,皮奥里亚市积极地将沙漠地带与未来发展联系起来。这种空置土地供给充足,而且大部分属于"原始土地"(Raw Dirt)。

西雅图地区的土地状况与菲尼克斯一带不同。这种差别部分地是由华盛顿州1990年增长管理法案和亚利桑那州自由合并法的牵制力量所造成的。因此,华盛顿州的城市空置土地比亚里桑那州的空置土地受到更严格的控制。在西雅图及与之相邻的位于华盛顿湖东岸的贝勒维(Bellevue)市,空置土地非常少。有些土地之所以空置是由于其自身的物理特征和地形不适合土地开发。其他地区被视为空置是因为其上的特殊自然资源,如湿地和动物栖息地。在某些情况下,空置土地的定义还可以延伸到用于公园的空旷土地。贝勒维市的空置土地很少是指荒废的或毁坏的建筑。对贝勒维市的住房调查显示该市只有1％的建筑是在恶化的。20世纪90年代末,贝勒维市中心的每一所无人居住的房屋基本上都是一个有待改造的再开发财产。西雅图和贝勒维市的空置土地仅仅是暂时性的空置,它们实际上属于未尽其用的土地。因此,对这两个城市来说,一个重要的目标就是对现有土地进行再开发,增强其使用率。正如贝勒维市一位规划者所言,"这里的基本问题是怎样最有效地使用土地。"[①]华盛顿州的雷德蒙德(Redmond)拥有比西雅图和贝勒维市更多的未开发土地。该市对空置土地的定义不仅包括再开发土地和用于公园和动物栖息地的空旷土地,还包括收回的采矿地和农田。

  费城地区提供对空置土地的另一个不同理解。在费城和特拉华(Delaware)河对岸位于新泽西州州的卡姆登市(Camden),存在着大量空置土地,就像费城北面的巴克斯(Bucks)县的情况一样。但是,这两个市的空置土地与其郊区县的空置土地存在显著差异。费城和凯登的大部分空置土地是遗弃的和荒废的建筑物或建筑物被夷平后的土地。许多空置的工业园地是"棕色地块"(Brownfield),包括那些可以列入"超级基金"的有毒地块。根据费城和凯登的发展方式,空置土地被定义为废弃土地,无论该地之前是居住用地、商业用地还是工业用地。在巴克斯县,空置土地主要是连绵的未耕作农田;棕色地块和衰败地带很少而且相距很远。空置土地发展成各种类型的空旷土地——农田、林地和牧场。巴克斯县的官员关心的不是怎样增加空置土地,而是怎样快速消耗空置土地。地方决策者面临的挑战是城市蔓延的影响,比如田园风光被居民小区和购物商场所取代。

  上述论及的所有行政区都拥有空置土地。但是,对空置土地的定义和描述却千差万别。州政府对这种地理差异负有一定责任,但是即使是在同一个州内,空置土地的深度和广度也明显不同。这里,我们更加系统地探讨空置土地的定义和形象问题。我们继而用数据说明美国城市空置土地的数量,并探讨空置土地数量变化的原因,最后提出我们的观点,即建议将空置

---

  ① 贝勒维市规划者采访录,1999年3月。

土地视为一种机遇。

一、空置土地的定义

表1.1表示不同种类的空置土地,并评估它们的发展潜能。这种分类法来源于诺瑟姆(Northam,1971)对美国城市空置土地的划分。

表1.1 空置土地的类型

土地类型	土地特征	发展潜能
残余土地（remnant land）	面积小,形状不规则	低:不适合开发
有物理限制的土地（land with physical limitations）	面积可小可大；因坡度、排水或其他物理限制而无法修建建筑物	低:不适合开发
保留地（reserve parcels）	公有或私有；位于城市边缘或现存地产边缘	高:可能最终会被开发
投机地（speculative parcels）	可能位于低价或过渡性地带；预计未来地价会提高	高:特别是在强势的土地市场；在弱势市场上发展潜力较低
遗弃地（derelict land）	遭毁坏的土地；存在现实或潜在污染的棕色地块	低:土地必须经过改善使之符合一定的开发标准

一方面,残余土地的特征及其物理限制,使得它们在可预见的将来不太可能得到开发。另一方面,在保留地和投机性土地当中,空置只是一种暂时现象。即使这些土地现在看起来是闲置的,其发展计划可能已经在执行当中。最后一类遗弃地指那些"遭工业或其他活动破坏,并且在治理之前无法被利用"的土地(Kivel,1993,51)。棕色地块,即存在现实或潜在污染的土地,阻碍再开发,属于遗弃地的一种(GAO,1997)。即使污染仅仅是潜在性的,这也会降低土地再开发的可能性,因此,这些土地通常被长期空置。

市政府官员列出土地清单,各自为空置土地下操作层面的定义。这一概念可以适用于闲置或未使用土地,甚至还可以包括未尽其用的土地。例如,一个中等规模的南方城市规定空置土地必须符合下列条件之一:在估税员的记录中,该土地的建筑价值为零;属于纳税土地但其上并没有建筑物;或者属于市政府所有的空置和待发展土地,如市中心的公共停车场(Jones, 1992)。具有普遍意义的是,这种定义深受城市土地税收结构和发展计划的影响。

对空置土地的另一类定义是指暂时荒废、被废弃或遗弃的土地(TOADS: Temporarily Obsolete, Abandoned or Derelict Sites)(Greenberg, Popper and West, 1990; Hampton, 1995)。TOADS 分三类:

- 曾经具有生产力和价值的土地,如那些被拥有者抛弃的汽车工厂、家具制造厂、大型仓库或纺织厂等;
- 曾经具有生产力但空闲的土地,如屠宰场、制革厂和造纸厂等;
- 其他因各种原因未被使用的土地。

第三种 TOADS 表明一个重要观点:空置土地并不一定是受破坏的或被遗弃的土地。它可以是被忽视的土地,未被使用,但是存在被利用的潜力(Civic Trust, 1988)。用于投机生意的土地也许具备这些特点。或者,它还可以是不美观或未尽其用但正在运行中的土地。例如,一个工厂可以将其一部分土地作为仓库,或者将其出租作为牧场。这些分类法从本质上来讲是极其有益的:土地价值与其经济价值相连。

二、空置土地的形象

虽然空置土地在不同地方的定义不同,它通常给人留下负面印象:被废弃的、过时的、空旷的和危险的地方。美国前住房和城市发展部长亨利·西斯内罗斯用"断裂的楼房和布满垃圾的空地"来描述城市内部的衰败现象(Henry Cisneros, 1996, 118)。爱丽斯·科尔曼用"死亡空间"和"受干扰区"等栩栩如生的词汇来描述赤裸荒废的土地、简单种植的贫瘠地、废弃的建筑和临时用为原料垃圾和建筑工地的土地(Coleman, 1982)。也许"城市贫瘠地"和"遗弃地"可以用来指空置土地。雅克和威尔逊是这样描述的:

"当一块土地以蚀本、空置和退化为特征时,这块土地就可以被视为是被遗弃了。如果一块土地仅仅是年久失修、垃圾满地、空空荡荡和违反法规等,那么这只是概念中的遗弃地,而不是现实中的遗弃地。这是失败的象征。"(Jakle and Wilson,1992,9)

同样,废弃的建筑物传递给路人强烈的信号:

"城市内部社区的废弃建筑物持续侵蚀地方的社会结构。它们体现一种病态的忽视,给市民造成城市生活无奈的印象,告诉人们在此投资就面临亏本的危险,而废弃建筑物则象征着无法逆转的衰败趋势。"(Jakle and Wilson,1992,175)

一个建筑物的废弃可能会导致更多的废弃。商店的倒闭可能会减少该地区的零售业,威胁剩下的商家。一个地区经济活力的减弱,会产生更多的空置土地。延迟或停止对建筑物的维护会导致潜在的不安全因素。一些无人居住的建筑物会被阻断,并被铁丝网所隔离。其他建筑物可能会为无家可归者提供"居所"[①]。有些建筑物被拆除后,新出现的空地可能会逐渐积满垃圾。最后可能会导致比有人居住的建筑物更多的空地。科尔曼的"死亡空间"一词看起来比较适合描述这种情况。靠市政府来吸引投资的传统做法可能并不有效[②]。实际上,靠市政府来改造某地区的不成功做法反而为本已错综复杂的情况又增加了一层负面因素:政策失误[③]。

人们普遍认为空置土地是一个需要解决的问题。市政府发现自己是一个强行介入的修护者——管理和推动私人所有的空置土地。另外,城市自己可能也拥有空置土地。通过处罚或直接购买,城市可以获得土地所有权,将其加以改善,再将其售出。这样,城市就成为地方房地产市场的一个重要参与者。然而在探索市政府的作用之前,我们必须首先加深对城市空置土地本身的理解。

[①] 2000年发生在马萨诸塞州伍斯特(Worcester)的一所废弃仓库的火灾,导致了6个消防人员的死亡。这一事件促使废弃建筑物被无家可归者所占领的问题提升到公共议程。这场大火由一对居住在内的无家可归者引起。

[②] 雅克和威尔逊((Jackle and Wilson,1992,107)讲述了纽约市的创新做法。该市曾经在废弃建筑物上喷上反映家庭生活的壁画,试图为衰落地区增加一些正面形象。

[③] 80年代,城市为了保持其零售业中心的地位,从事了一些成本既高又不成功的干涉活动,如禁止机动车交通,划定行人商业街等。但是,无论交通状况如何,空店面仍旧是空店面。

三、美国城市空置土地的数量

美国到底有多少城市空置土地?这些空置土地是零星分散的还是一种统治市容的普遍现象?为了回答这些问题,我们对人口超过5万的70个城市进行了问卷调查(问卷参见附录)。城市官员对其管辖范围内的有用空置土地的数量进行了估测(不包括无用土地,如街道、水淹土地和湿地等)①。

1. 空置土地

平均不到六分之一(15.4%)的城市土地是空置土地(见表1.2)②。这个数字包括的土地类型范围广泛,从未受干扰的开放空间到被废弃遭污染的棕色地块都有涵盖。接受问卷调查的70个大城市中的25个城市(35.7%)汇报有高于平均值的空置土地。15.4%的空置土地平均值反映了自60年代全国调查以来,空置土地数量下降的趋势。例如,一个60年代的

表1.2 美国城市空置土地的数量,1997—1998年

地区	城市数目	平均人口(1995年)	城市平均面积(英亩)	空置土地平均面积(英亩)	平均空置土地与总面积之比(%)	空置土地与总面积之比的中值(%)
东北部	6	1 345 612	55 122	5 004	9.6	9.7
中西部	11	240 798	59 433	5 904	12.2	12.4
南部	23	326 167	103 869	20 011	19.3	18.0
西部	30	274 183	47 232	10 349	14.8	7.8
总数	70	346 639	64 426	12 367	15.4	12.7

---

① 调查问卷中对空置土地是这样定义的:"空置土地不仅包括未使用的或被废弃的以及曾有过建筑物的土地,还包括支持那些曾被废弃或部分毁坏的建筑物的土地。"

② 为了对面积大小不同的城市进行有意义的比较,我们将空置土地面积换算成它占城市总面积的比例。和空置土地的绝对面积相比,这种有用空置土地与城市总面积之比,能更好地反映空置土地的状况。

调查表明,在 48 个大城市中,平均 20.7% 的土地为空置[①]。

以前的研究认为空置土地的数量已经低到接近影响城市经济增长率的危险水平(Neidercorn and Hearle,1963)。某些新的数据表明可利用空置土地的数量在不断下降。这是否说明危险正在加剧,目前尚未可知。早期关于空置土地的看法是以对横向厂房的需要为前提的。如果没有适量的空置土地,经济发展则会窒息。但是所谓的新经济要求一种不同的土地结构。例如,没有多少旧有空置土地的大西雅图地区,在 90 年代末充满了工作机会。事实上,西雅图的空置土地不到其总面积的 4%。随着城市空置土地接近零值,经济影响就会体现。当然,它们是否对一个城市的经济生存构成威胁,则是另外一个问题。

在接受调查的城市里,拥有空置土地的城市,其平均人口不足 35 万。报告显示,人口超过 25 万的 8 个大城市的空置土地率超过平均水平,这 8 个大城市是:菲尼克斯(Phoenix)、沃思堡(Fort Worth)、梅萨(Mesa)、阿尔伯克基(Albuquerque)、纳什维尔(Nashville)、弗吉尼亚比奇(Virginia Beach)、夏洛特(Charlotte) 和圣安东尼奥(San Antonio)。纽约(New York)、巴吞鲁日(Baton Rouge)、圣何塞(San Jose)、亚特兰大(Atlanta)、堪萨斯城(Kansas City)、路易斯维尔(Louisville)、西雅图(Seattle)、杰克森维尔(Jacksonville)、巴尔的摩(Baltimore)和辛辛纳提(Cincinnati),这些人口超过 25 万的城市,仅拥有不到 10% 的空置土地。这两组大城市面临完全迥异的空置土地情况。

表 1.2 显示接受调查的城市平均面积为 64 426 英亩(大概是 101 平方英里),平均拥有 12 367 英亩可使用空置土地。然而,城市之间差异很大。一批拥有大量空置土地的城市(如菲尼克斯)导致了这种分布不均衡。因此,体现集中趋势的中值或许更为有用。有用空置土地的中值仅仅低于 4 500 英亩。例如,表中最后一列的数字证明西部城市比其他地区的城市拥有较少的空置土地。

[①] 奈德科恩和赫尔(Neidercor and Hearle,1963)估计 48 个城市中,平均 20.7% 的土地是空置的。曼韦尔(Manvel, 1968)的研究发现在人口超过 25 万的城市中,12.5% 是未开发土地;未开发的私人土地的中值仅为 119 英亩。

南部城市显示出大量空置土地(19.3%)，但是西部城市的空置土地比例与整体平均值接近(14.8%)。25个空置土地比例高于整体平均值的城市中，有21个城市(84%)位于南部或西部。中西部的空置土地比例比这两个地区要低(12.2%)，东北部城市，为9.6%。东北部城市的空置土地比例均未超过整体平均值。

南部城市的空置土地总面积是东北部的4倍(20011英亩对5004英亩)，空置土地与城市面积之比是东北部的2倍(19.3%对9.6%)。这些地区差异值得引起注意。

用人口增长率将城市分解的方法可以增进我们对地区差异的认识。从1980年到1995年，19个城市的人口增长率超过50%，其中18个城市坐落于西部或南部。报告显示，这19个人口增长最快的城市有22%的空置土地，几乎是人口下降城市(6%的空置土地)的4倍，并且高出整体平均值7个百分点。人口下降城市的空置土地少于整体平均值的一半(前者为6%，后者为15.4%)。这个结果与我们的直觉相违背；我们假设人口增长快的城市由于其市场需求的增加而导致空地减少。总之，城市蔓延的一个主要特征是与人口增长相适应的对土地消费的增长。这里的调查结果暗示其他因素在起作用。

人口快速增长的城市拥有较多的空置土地。对这个问题的解释要从空置土地与城市年龄的关系角度来理解。在美国商业和工业繁荣时期发展起来的城市，体现出对横向厂房或水路交通的需求。当这些工厂和仓库倒闭后，我们会发现，和新城市相比，这些老城市反而拥有更多的空地或更多的废弃建筑。根据城市人口增长率超过全国平均水平的不同时期，我们将接受调查的城市进行了分类[1]。由于我们的数据并不是长期性的，我们不可能对过去几十年的空置土地变化率与人口增长率相比较。因此，以1970年为界，我们将人口增长率超出全国平均水平的城市分为两类。根据这种分类，老城市的平均空置土地是13.4%，新城市是18.2%。但是该差别从统计意义上讲，并不明显。

---

[1] 关于对城市年龄的测定，参见沃特金(Watkins, 1980)。

用土地面积扩展率来分解城市的方法为我们提供了另一种比较。从 1980 年到 1995 年，16 个城市的面积增加了 25％以上。其中的 14 个城市位于西部或南部。20 个城市的面积没有明显增长，而且这 20 个城市分别来自于四个大地区。扩展性城市平均有 23.3％的土地为空置，几乎是那些边界固定的城市的 3 倍，并且高出全国平均水平 8 个百分点。这也和预期相违背。不过，这可能是由城市合并所造成的。如果这种假设成立的话，合并后的城市应该拥有更多的未开发地[①]。

2. 废弃建筑物

城市对废弃建筑物的规定各不相同。例如，有些城市认为，如果一个建筑物无人居住超过 60 天以上，那么它就可以被视为废弃建筑物。这些建筑物对社区和城市的健康和安全构成威胁。而其他一些城市则使用 120 天或更长的时间为标准。一些城市规定未经注册而将建筑物遗弃的行为构成犯罪。本调查问卷请受调查者对城市废弃建筑物的数量进行估计，但是并没有要求他们对废弃建筑物从用途（单一家庭居住、多家庭居住、商用或工用）和面积上进行分类。

60 个城市提供了其辖区内废弃建筑物的数据（表 1.3）。这些城市的每 1 000 个居民中，平均有两个以上的建筑物被废弃[②]。东北部城市的平均空置土地百分比和土地面积平均变化率是最低的，但是每 1 000 个居民中废弃建筑物的平均数却是最高的。与之相反，人口增长迅速的西部城市每 1 000 个居民中废弃建筑物的平均数却是最低的。就每 1 000 个居民中废弃建筑物的平均数而言，东北部城市比西部多 10 倍以上，比南部和中西部城市多两到三倍。

然而，我们在对废弃建筑物进行地区间对比时应该谨慎而行。如果某

---

① 只有 10 个城市认为合并是导致空置土地增长的一个原因。
② 由于人口较多的城市拥有较多的建筑物，我们对废弃建筑物进行标准化测量。在接受调查的城市中，只有 2/3 的城市能够预测其废弃建筑物的数量。一些城市用"0"来表示极其短暂的或短期的废弃状态。废弃建筑物数量难以准确估计是由于以下困难造成的：所有权的迅速周转、城市对废弃建筑物的不同定义和城市对废弃建筑物数量的估计能力。

个城市的废弃建筑物数量非常高的话,该地区的平均值就会偏斜。例如,费城的每1 000个居民中废弃建筑物为36.5,这样就显著增加了东北部的平均值。巴尔的摩每1 000个居民中的22.2所废弃建筑物,无疑对南部平均值造成了相似的影响。在这种情况下,中值要比平均值更有意义。东北部的中值为3.1,尽管仍然高于其他地区的中值,但比其平均值要小很多。

拥有较多空置土地的城市不一定同时拥有较多的废弃建筑物。事实上,对新旧城市废弃建筑物数量的比较显示出一种逆向关系。老城市每1 000个居民中废弃建筑物为5.6所,而新城市则为0.7所。这个结果在统计学上是有意义的。因此,空置土地和废弃建筑物的情况是相对独立的,需要不同的对策(Bowman and Pagano,2000)。

表1.3　美国城市废弃建筑物的数量,1997—1998年

地区	城市数目	人口平均变化率1980—1995年(%)	土地面积平均变化率1980—1995年(%)	平均空置土地与总面积之比(%)	每1 000个居民中废弃建筑物的平均数	每1 000个居民中废弃建筑物的中数
东北部	7	−3.1	1.9	8.3	7.5	3.1
中西部	10	23.7	9.2	11.3	3.1	1.4
南部	20	43.7	27.7	17.1	3.0	1.4
西部	23	59.1	15.2	15.7	0.6	0.1
总数	60	40.5	16.7	14.8	2.6	0.7

四、美国城市空置土地的现象

尽管每个城市都存在空置土地,这种现象并没有得到全面研究。关于空置土地数量及其特征等基本问题没有得到回答,关于市政府在管理空置土地中的作用等复杂问题也没有答案。我们的调查问卷试图来探索这些问题。

1. 空置土地状况

如前所述,空置土地的定义和形象各异。图1.1说明空置土地的状况也不尽相同[1]。美国城市的空置土地倾向于具备以下特征:土地面积不大,形状不规则,而且市政官员认为它们位于错误的地点。这三个特征虽然影响不同,但都同时限制着空置土地的再开发潜能。面积小、形状不规则,又处于错误地点的空置土地使市政官员开发该地的雄心壮志受到打击。

不出人所料,对大多数城市来说,空置土地的数量问题是一个需要解决的课题。但是与假设相反,困扰多数城市的是空置土地供给不足,而不是供大于求的状况。空置土地欠缺可能会使人对城市未来发展能力产生疑问。另外一些城市则是空置土地太多。

对大部分城市来讲,土地空置的时间长短并不是一个问题。仅有1/4的城市认为土地空置的时间太久了。这说明,作为一个基本原则,大部分城市的空置土地以一个可以接受的速度被循环利用。有60个城市的空置土地处于"其他"状况。最常见的是将空置土地作为投机使用。其他显著状况包括棕色地块、陡坡地带、基础设施有问题的地带和湿地。"空置土地"一词涵盖形形色色的特点。

人口在10万以上的大城市中,空置土地的状况因地区和人口增长率不同而不同[2]。一半以上的东北部城市拥有"长期"空置的土地,同样的情形在西部仅为10%。80%的中西部城市的空置土地从开发意义上讲面积不够大,而一半的南部城市和42%的西部城市出现这种情形。根据从1980年到1995年间的城市人口增长率,我们将城市分为三类(缓慢增长:<11%;以平均速度增长:11%—41%;快速增长:>41%),这样城市之间的差异就显露无遗了。将近一半的缓慢增长城市认为本城市的空置土地太小或空置时间太长,而只有不到1/5的以平均速度或快速增长的城市存在这种情况。

---

[1] 调查问卷回答者要指出所列选项中哪些可以描述其所处城市的空置土地状况。可以多选,并且排名不分先后。

[2] "地区"指美国统计局的地区划分。

多半以上的城市认为,从开发角度来说空置土地不够大,而 1/4 的城市土地空置的时间太长,这些是城市土地再开发的重要问题。东北部和中西部的小规模并长时间空置的土地要比西部和南部的多。实际上,45% 的东北部城市和 38% 的中西部城市将这两个因素列为主要的发展障碍,而只有不到 10% 的西部和南部城市这样认为。缓慢增长城市更容易遇到这两个问题。1/3 的缓慢增长城市认为其空置土地太小或空置时间太长是发展的主要障碍,而只有 13% 的以平均速度增长或 7% 快速增长的城市这样认为。

图 1.1 所显示的空置土地状况对市政府是一种挑战。该怎样把小面积土地,特别是把那些分散在不同地区的小面积土地聚集成一块大土地?奇形怪状的空置土地有哪些开发可能性?该怎样将一个"错误"地点改造成"正确"的地点?怎样做才能加速将长期空置土地转变成有生产力的土地的进程?对分析者来说,其他问题也有待解决,如一个城市怎样才能成功地抵挡区域性的发展趋势,并将人口变化和空置土地状况相联系。

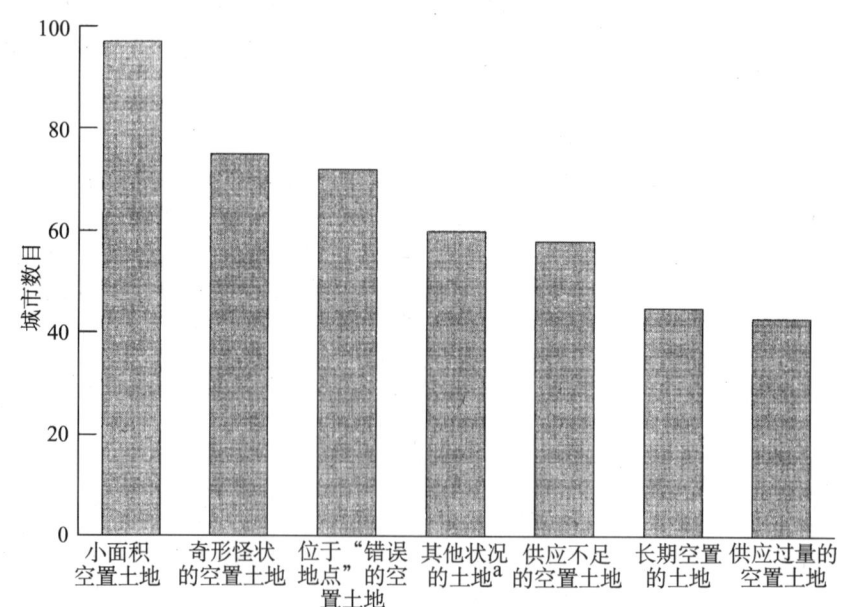

注释:a:土地空置的其他状况包括房地产投机、潜在或现实存在的污染、大斜坡、基础设施问题或湿地。

图 1.1　空置土地状况

2. 空置土地供给的变化

空置土地供给不足会给城市的经济发展潜力带来限制[1],而其供给过量又会压低地价并构成更大的螺旋式下降。我们最好将这种供给问题理解为库存管理的问题,这样就要求我们对现有存货和预期的市场需求进行认真的估测(Knaap and Moore,2000)。在该研究中,半数以上的城市显示出存在空置土地供给不平衡的问题:供给要么过多(有 43 个城市是这种状况),要么过少(有 58 个城市是这种状况)。在这两种情况下,市政府通常都会采取相应对策来加以改善。整治行动的第一步是要理解造成该问题的原因。调查问卷中的一个问题是要求市政府官员回答在过去的十年中该市的空置土地是增加了还是减少了[2]。另外他们还要回答造成这种增加或减少的可能原因[3]。表 1.4 表明在人口超过 10 万的大城市中空置土地增加的城市数目。

在空置土地增加的城市中,若干起因互相关联。根据市政官员的看法,资本从城市转向郊区是最主要的原因。如果现有的企业和住户得不到替代,空置土地的数量就会增加。与此相关的重要因素是城市地区限制工业化和外向移民现象。限制工业化可能会对具体地段造成影响,即旧制造业的倒闭有利于发现废弃土地受到了污染。其他相对不太重要的因素包括有限的资本或土地集中的困难。只有 10 个城市认为城市合并是导致空置土地增加的原因。另外一些少数城市指出,土地利用政策和房地产税收等政府行为与空置土地增加的现象相关。

---

[1] 这是奈德科恩和赫尔在 1963 年对土地利用的研究所得出的结论(Niedercorn and Hearle)。

[2] 空置土地数量的增加或减少与其供给过量或不足是两个不同的概念。首先,对空置土地供给过量或不足的估测取决于市政官员的直觉,而空置土地数量的增加或减少是有事实数据的。其次,两个特点并不一定相平行。一个城市可能会有空置土地数量增加(或减少)与供给不足(或过量)同时存在的状况。

[3] 受调查者可以对原因进行多选。

表 1.4 导致 90 年代空置土地增加的原因

原因	城市数目(个)
撤资	25
郊区化	24
限制工业化	18
土地污染	15
外向移民	14
资本有限	12
城市合并	10
土地集中	10
"其他"	7
城市土地利用政策	7
城市房地产税收政策	6
交通问题	3

表 1.5 导致 90 年代空置土地减少的原因

原因	城市数目(个)
增长中的地方经济	55
内向移民	42
私人开发创制权	40
鼓励土地再利用的地方政策	31
城市土地利用政策	26
"其他"	11
微观事业(micro-enterprises)	4
城市房地产税收政策	2

表 1.5 关注 90 年代空置土地数量下降的城市。三个原因占主导地位：增长中的地方经济、内向移民增多和私人开发创制权(private development initiatives)的使用。前两项无论从实质意义还是统计学意义上来看都互相

关联。空置土地可供性的下降，特别是在合并能力有限的城市中，是一个可能的结果。私人开发创制权也发挥重要作用。一个处于经济蓬勃发展地区的具有开拓性的私营部门可能会导致空置土地稀少。在空置土地数量下降的城市中，一半以上认为城市土地利用和再利用政策是一个重要因素。因此，尽管政府行为不是导致空置土地增加的主要原因，却是导致土地减少的一个重要原因。然而这个观察受土地利用和再利用政策的限制。只有2个城市认为房地产税收政策是导致空置土地减少的原因之一。

房地产税收政策相对不重要的结论可能会使人惊讶。我们姑且可以认为城市土地税收会和空置土地的增加与减少直接相关，因此，对税收体制的调整会对废弃或开发土地的个人决定产生有益或有害的影响。然而，我们的研究发现，房地产税收政策和其他因素相比，发挥的作用微乎其微。

五、城市空置土地：另一种看法

至此，本章简单地探讨了让市政府感到棘手的空置土地的问题。坦白地讲，"废弃土地所带来的衰败景象严重地阻碍着经济发展。它是对投资者的一种威胁"(Moore，引自斯平纳(Spinner)，2000，1)。但是空置土地并不一定自始至终都是一个问题。在19世纪，波士顿积极地填埋了很多湿地，将之转化为空置土地。如果没有这些多余的土地，该城市的发展潜力就会受到限制。这些空置土地为波士顿的发展提供了机遇。巴里·伍德借用法国的经验，将工业空置土地和城市空置土地区分开来。前者反映过去的经济使用，而后者强调未来的发展潜力(Wood，1998)。空置土地不仅因类型而异，其前景也不同。

并不是所有的空置土地都呈现负面形象。正面形象传递可获得性、空间、机遇和非正式性。一个英国调查指出："湿地的形象是两方面的。不是所有的湿地都破坏城市环境。即使那些破坏城市环境的湿地有时也会体现好的方面，从而使其价值被社区的某些部分所认识"(Civic Trust，1988，9)。对一些人来说，空置土地的价值恰恰是体现在它的无生产力。就是说，它的价值存在于生活在这块未经人工开发的土地上的自然植物群和动物群。80年代晚期，一个由自然科学基金会发起的城市生态教育活动将空置土地与城市公园和道路一起列为"大自然的教室"。同样，波特兰(Portland)城市绿地计划的目标之一就是将基于房地产的土地划分法(land use designation)，如空置或未开发，改变为基于生态环境的土地划分法，如绿色空间或绿带(Poracsky and Houck, 1994)。

空置土地也可以被视为美丽风景，而不是城市衰败的象征(Hough, 1994)。这样，市政官员就会将其视为一个应该抓住的机遇而不是有待处理的问题。费城布满碎玻璃和旧床垫的空地经过整治成为一个鲜花盛开的社区花园。这个地块的使用性质可能仍然是暂时的，但整治后这个地块的有形和无形的价值与整治前大相径庭。

另外，对大部分观察家来说，空置土地的价值不仅存在于其生态特征，而且存在于其发展潜力(Hughes, 2000)。例如，佛罗里达州的西棕榈滩(West Palm Beach)市为了再开发破败和废弃的市中心，积极投资改善街景和其他公共场所。空置土地为城市提供了空间和机遇，鼓励填实空地和土地银行，并得到了商业和住房市场的积极回应。这种努力的结果是出现一个充满活力的欧式风格的街区。这个成功激发了开发商的热情。他们投资40亿美元将处于市中心的一个75英亩的空地再开发为一个多功能区(Flanagan, 1997)。

空置土地的正面效应可以从一些市政官员的评论中找到根据。华盛顿特区的付市长这样说道："如果我们准备进行一些实质性的发展，我们必须消除那些被废弃和空置的土地"(Eric Price, 2000)。从某种程度上来说，这是一种视野的开阔，即超出将空置土地看做是衰败象征的狭隘视野。废弃和空置仅仅是再开发道路上的必经步骤。废弃和空置土地为城市改造提供了原材料。伍德引用意大利都灵市的一个规划者的话道："空置土地给都灵提供了一个独特的机会，使其调整自己来迎接21世纪的挑战"(Wood, 1998, 99)。

一个关于空置土地的不太明显的方面是其对地方文化和社会的贡献。在亚利桑那州(Arizona)的图森(Tucson)市进行实地考察的考古学家将当地17个空置土地视为一种特殊的城市空间。他们认为空置土地从行为学上讲并不是空白的,它们为徒步旅行、垃圾处理、货物储藏、儿童玩耍和成人活动提供场地(Wilk and Schiffer,1979)。麦克多诺提出了近似的理论。他指出人们是通过空旷空间而不是建筑环境来了解一个城市的文化和价值的。"无论是空置的、保留的、开放的还是夷平的,空旷土地在城市结构中都发挥重要作用"(McDonogh,1993,3)。

六、结论

空置土地是一个多层概念。它既可以指曾经开发过的土地,又可以指从未开发过的土地。所有城市都有空置土地,尽管其数量、类型和状况千差万别。在一个特定城市,街边大量的空置土地反映了一个城市从辉煌走向衰落。而在另一个城市,连绵的空置土地为城市的扩展和更新提供了机会。空置土地以其特有的方式讲述着城市的历史,并指引着城市的发展。

大约15%的城市土地是空置的。这个比例到底是高是低?或许有人会对此质疑。这种疑问没有抓住最重要的一点,那就是这个空置土地比例是城市政府所选择好的。正如本章所述,空置土地和废弃建筑反映不同的状况。在人口不断增长的城市,空置土地代表一种资源——具有发展潜力的大量空置土地有助于城市的长远发展。而在人口下降的城市,空置土地是一个危险信号——大群破旧建筑象征着一个城市的衰落和穷困。对这两种城市的成功改造取决于市政府的有效管理。具体情况可能不尽相同,但面临的挑战是类似的。这种对空置土地的新观点得到越来越多人的赞同。例如,2000年关于棕色地块的文章将其副标题定为:"你可以把废弃工业园地视为一个环境问题。你也可以将其视为一种机遇"(Fulton and Shigley,2000,31)。我们应该做的第一步是重新定义空置土地的概念。新观念应该将空置土地视为一种城市资源,而不是一个问题。

参考文献

Bowman, Ann O'M. and Michael A. Pagano. 2000. Transforming America's cities:

Policies and conditions of vacant land. *Urban Affairs Review* 35 (March): 559—581.

Cisneros, Henry G. 1996. Urban land and the urban prospect. *Cityscape* 3 (December): 115—126.

Civic Trust. 1988. *Urban wasteland now*. London: Civic Trust.

Coleman, Alice. 1982. Dead space in the dying inner city. *International Journal of Environmental Studies* 19:103—107.

Flanagan, Barbara. 1997. Good design creates another Palm Beach success story. *New York Times*, June 12, B1, B8.

Fulton, William and Paul Shigley. 2000. The greening of the brown. *Governing* (December): 31.

General Accounting Office (GAO). 1997. *Superfund: Proposals to remove barriers to brownfield redevelopment*. Washington, DC: GAO, GAO/T-RCED-97-87.

Greenberg, Michael R., Frank J. Popper and Bernadette M. West. 1990. The TOADS: A new American urban epidemic. *Urban Affairs Quarterly* 25 (March):435—454.

Hampton, Kumasi R. 1995. *Land use controls and temporarily obsolete, abandoned, and derelict sites (T. O. A. D. S.) in Cincinnati's basin area*. Master's thesis, University of Cincinnati, Ohio.

Hough, Michael. 1994. Design with city nature: An overview of some issues. In *The ecological city*, Rutherford H. Platt, Rowan Rountree and Pamela Muick, eds., 40—48. Amherst: University of Massachusetts Press.

Hughes, Mark Alan. 2000. Dirt into dollars: Converting vacant land into valuable development. *The Broo kingsReview* (Summer): 34—37.

Jakle, John A. and David Wilson. 1992. *Derelict landscapes: The wasting of America's built environment*. Savage, MD: Rowman and Littlefield.

Jones, David W. 1992. *Vacant land inventory and development assessment for the city of Greenville, S. C.* Master's thesis, Clemson University, Clemson, SC.

Kivell, Philip. 1993. *Land and the city: Patterns and processes of urban change*. London: Routledge.

Knaap, Gerrit and Terry Moore. 2000. Land supply and infrastructure capacity: Monitoring for smart urban growth. Working paper. Cambridge, MA: Lincoln Institute of Land Policy.

Manvel, Allan D. 1968. Land use in 106 large cities. In *Three land research studies*. Research report no. 12. Washington, DC: Prepared for the National Commission on Urban Problems.

McDonogh, Gary. 1993. The geography of emptiness. In *The cultural meaning of urban space*, Robert Rotenberg and Gary McDonogh, eds., 3—15. Westport, CT:

Bergin and Garvey.

Moore, Robert. 2000. Quoted in *Decaying buildings targeted*, by Jackie Spinner. *Washington Post*, April 8, E1.

Neidercorn, John H. and Edward F. R. Hearle. 1963. *Recent land-use trends in forty-eight large American cities*. Santa Monica, CA: The RAND Corporation, Memorandum RM-3664-1-FF (September).

Northam, Ray. 1971. Vacant urban land in the American city. *Land Economics* 47:345—355.

Poracsky, Joseph and Michael C. Houck. 1994. The metropolitan Portland urban natural resource program. In *The ecological city*, Rutherford H. Platt, Rowan Rountree and Pamela Muick, eds., 251—267. Amherst: University of Massachusetts Press.

Spinner, Jackie. 2000. Decaying buildings targeted: DC to acquire, repair or demolish 2,000 properties. *Washington Post*, April 8, E1.

Watkins, Alfred J. 1980. *The practice of urban economics*. Beverly Hills: Sage Publications.

Wilk, Richard and Michael B. Schiffer. 1979. The archaeology of vacant lots in Tucson, Arizona. *American Antiquity* 44 (July):530—536.

Wood, Barry. 1998. *Vacant land in Europe*. Working paper. Cambridge, MA: Lincoln Institute of Land Policy.

附　录

该调查问卷的目的是：①估测美国城市空置土地和废弃建筑物的数量；②发现和评估与空置土地相关的城市政策；③分析与空置土地和城市政策相关的因果关系。具体而言，调查问卷涉及以下问题：

- 美国城市中的空置土地有多少？
- 城市空置土地的数量是在增加还是减少？
- 空置土地数量的变化是由什么因素造成的？
- 空置土地的所有权情况是怎样的？
- 城市政府采用哪些政策来调控空置土地和废弃建筑物的供给？
- 空置土地与地区、人口变化、城市财政状况或城市政策等因素相关吗？

为了找到这些问题的答案，1997年底1998年初，我们给人口在5万以上城市的官员寄出了调查问卷。为了避免歧义，我们将空置土地的定义打印在调查问卷上。

"空置土地不仅包括公有或私有的未使用或废弃土地，还包括那些在其上有废弃建筑物存在的土地。"

一个四页的调查问卷需要城市官员回答以下问题：①城市空置土地和废弃建筑物的起因；②对私有空置土地和废弃建筑物的政府管理；③对城市所有的空置土地和废弃建筑物的政策。尽管问题是固定的，但是答卷者有大量机会来解释这些问题并且用自己的话补充说明。

为了获得较高的答卷回复率,我们先后采用了邮寄、明信片和电话联系方式,最后收到186个回复,调查回复率为35%。小城市(人口在5万到10万)的回复率压低了整体回复率;大城市(197个人口超过10万的城市)的回复率为50.3%。这次调查表明,不存在对某一特定地区或政府结构的明显分布不均衡问题。

第二章

西欧空置土地
——20世纪历史、背景和政策纵览

巴里·伍德（Barry Wood）

英国、法国、意大利和荷兰这四个西欧国家的经验体现出它们对城市作用、再开发的法律和制度结构、政府与私营部门的职能及其相互关系，以及再开发途径的不同态度。"转型中的经济"一词通常指前苏联加盟共和国从计划经济向市场经济的转型。但是，随着市场动力的不断加强，西欧经济也处在一个转型期。同时，欧盟正在制定欧洲统一的管理标准。因此，如果要理解西欧国家对空置土地再开发的不同态度，我们必须要认识到这种情况是非常复杂的，不能简单地说荷兰有更多的公有土地而英国的市场力量更加强大。

一、空置土地的背景

为了对空置土地有一个更全面的了解，我们必须研究各国的历史和文化背景以及这些背景对空置土地利用和再利用政策的影响。例如，荷兰倾向于用公共基金来再开发和再利用城市土地，并且紧凑相邻的大都市地区提供额外费用。然而英国在20世纪限制工业化的过程中对减缓了对城市的再投资。法国一直到20世纪80年代中期才真正意识到空置土地的问题。但是，从此以后，他们十分积极地利用强大的政府力量对空置土地进行管理。意大利的开发方式可能是最受严格管理的了。

1. 英国

英国工业的衰落与位于美国中西部和东北部走廊的工业城市在两次世界大战之间的状况非常相似。在英国,二战对城市的毁坏促进了城市开发和再开发的实质性进展。但是这种发展掩盖了战前开始的城市衰落问题。到20世纪60年代,城市(特别是老城市)面临的问题已经清楚地暴露出来:随着公司向具有吸引力、交通通畅、人口密度低的郊区和小城镇转移,那些比较富裕的人群也向那里迁移,这样,城市遭到经济和社会上的双重削弱。被他们抛弃的城市土地并没有立即得到再开发,一方面是因为这些土地通常被工业污染过,另一方面是因为缺乏对城市土地的整体需求。另外,限制工业化的浪潮,尤其是制造业的衰落,对城市经济打击严重。即使是在伦敦,其影响也是显而易见的;欣欣向荣的服务业与衰落的工业形成鲜明对比。

尽管工业在衰落,1945—1965年间英国人口增长迅速。专家预测到20世纪末英国人口会达到10亿。这种预测掀起了修建公共建筑物的热潮,特别是建立新兴城镇的热潮。但是,20世纪60年代以后,英国人口压力减小,尽管人口持续增长,但到2001年英国人口仅达到5.8亿,而非预测的10亿。现在人口增长本身并不能构成对城市空置土地利用的全国性压力。地方和全国政府更多考虑的是怎样吸引人们回到城市。虽然英国没有一个清晰的城市概念,但是这种复兴城市的动力主要来自对乡村环境的保护。最近,对人口密度高的城市开发棕色地块的支持演变成一种对可持续性发展的讨论。看起来,目前的一致意见认为开发活动应该减少对绿地的侵占。

2. 法国

由于法国的人口密度一直很低,他们并不需要在20世纪初就建立一个对土地进行管理和分配的综合体系。实际上,在20世纪的头五年,法国城市能够通过扩展其边界来支持城市的增长。二战后的重建使城市化的状况发生了变化。主要问题是仅有个别的城市制定了土地利用的地方政策,而大多数城市没有建立适当的城市蔓延管理机构。首先进行干涉的是政府,而且政府也是处理土地问题的主要力量。考虑到国家在法国经济中的强大地位,那么掌握主导权的是那些大银行家、大股东和金融家就不足为奇了。

在法国,高度结构化的计划和发展过程在很大程度上限制着公社的发展①。尽管国家在土地利用方面有很大的控制权,但是总体上来说这种控制正在弱化。在以土地利用为新发展指南的地方,人们强调的是跨公社规划的问题、土地利用的社会和经济背景,以及土地管理等。目前人们偏向于在城市原本的范围内重建而不是像战前那样向外扩展,这样更多的城市空置土地被重新利用,而不是侵占更多的绿地。

目前法国的政策是大力鼓励城市空置土地的再利用和保护城外绿色空间。这种政策是建立在城市文化的重要性之上的。法国人认为城市才是生活和工作的主要地方,而郊区是比较遭人轻视的。这样,空置或废弃城市土地为充分利用现有的城市设施、修建新住房、增加商业活动和绿地提供了理想的机会。与英国相反,法国并不是将空置土地视为增加就业机会的良机,就业选择不是其土地政策的动力。

3. 意大利

二战给意大利留下了千疮百孔的建筑物和基础设施。意大利城市的规划和发展在20世纪下半期经历了3个阶段。在人口方面,人口从南部大量迁往北部。为了满足这种新需求,政府在20世纪60年代开始修建低成本社区。但是,尽管公社②拥有自主权和政策工具,却缺少资金。结果,大量土地仍然处于未开发状态。得到再开发的地方通常是建立了高楼和其他高人口密度的住宅楼,那里没有地方公共服务,处于城市外围地区,交通不便。今天,人们称这些地方为卧城。

从20世纪70年代初起,地方政府的主要目标是为社区提供必需的学

---

① 公社是法国行政系统的最低一级。某一级政府并不一定要服从另一级。公社(城市)有36 000个,包括巴黎以及其他仅有几百市民的小城市。每个公社法律地位平等,而且在理论上权力也平等。当然,小公社不能提供其市民所需要的所有服务,因此需要地区和国家部委的支持。

② 公社(comuni)也是意大利行政系统的最低一级。意大利行政系统分为三级:地区、省和公社。每个地区包括若干省,而每个省包括若干公社。

校、绿地和城市基础建设。与法国的态度不同,意大利城市扩展的途径是发展新的单一功能区。城市不同区域互不相关,每个区域以自己独特的形式而建立。

1978年城市重建法掀起了城市开发的第二次浪潮。这个法令的目的是处理城市开发和保护的关系。城市规划与再开发的环境变得集中化、复杂化和结构化。例如,凡是历史遗产成为一个问题的地方都要制定城市重建计划。这些计划主要是要解决城市空置土地和废弃建筑物的问题,因而成为80年代城市重组的基本架构。政府干涉逐渐加强,但是总的来看还是要建立多个单一功能区,而没有强调不同区域之间的关系。这种对城市空间的理解一直保持到城市发展的第三个阶段。

20世纪70年代晚期和80年代初期的经济危机给意大利城市和地区造成了很大冲击。和西方其他地方一样,意大利工业面临着衰落。相继而来的是供应商、批发商和零售商的衰落。城市不仅没有扩张,其大部分地区反而被废弃,包括工厂、大仓库、铁路站台和军事设施。当初修建时,这些地段是处于城市边缘地带,但是随着城市多年的扩展,它们被包括到城市内部来。这样,限制工业化所带来的城市衰落在实际意义上就更加严重了,因为那些空出来的土地不幸成为了城市新貌的一部分。工厂的倒闭使地价迅速下跌。不可避免的是对周围地区投资的减少。毁弃的土地被看成是一个问题而不是一个转变的机会。另外,限制工业化造成大批工人失业。但是,随着时间的进步,这些空置土地和废弃建筑开始被视为一个为城市赋予新含义的良机。

在旧城区面临投资减少和土地空置问题的同时,人口从城市中心外迁,被称为"反城市化"进程。从城市规划角度来看,这意味着从单一中心的城市系统向多中心系统的转变。

20世纪90年代初意大利公共机构腐败丑闻(tangentopoli)[①]引起的政治危机恶化了80年代的经济危机。这次丑闻事件的关键在于为取得规划

---

① 意大利公共机构腐败丑闻导致了自20世纪40年代开始执政的意大利政党的倒台,并损害了成千上万的政治家、商业家和政府官员的名声。

许可而贿赂官员这一长期存在的腐败行为。这种贿赂通常被认为是建筑成本的一部分,土地推销商(promotore)①因而乐意付这笔钱以换回建筑许可。实际上,这通常是获得许可的唯一途径,因为地方和国家政府极其不稳定,不能执行新的大规划。建筑批准完全不考虑地方的最佳选择和市民的强烈反对。这种腐败最终导致了意大利民众对整个政治体制的否决。90年代进行了政治改革,但是政府官员因害怕被控行为非法而不愿发放建筑许可。

20世纪90年代出现了城市开发的新理念。意大利公共机构腐败丑闻后的政治环境呼吁新的透明机制。在这种要求下,出台了1990年的城市管理法案。第三代大规划诞生,同时废弃土地问题被新选任的市长和广泛的城市政治力量所重视。空置土地的再开发为实施新的和更有效的政策工具提供了一个极其重要的机会。

4. 荷兰

在荷兰,城市再开发集合了广泛的公共力量,政府拥有空间规划权(spatial planning powers)、取代权(supplementary powers)和土地所有权(landownership powers)。实际上,80%的建筑建在城市提供的土地上。这体现了荷兰人对土地发展社会职责的重视和获得理想的生活空间的实际考虑。

荷兰人不仅像法国人那样将城市视为共同的文化财产,他们还欣赏土地本身。这样,几乎每一个建筑都是在与城市政府合作中完成的。然而,如果认为开发是跟着规划走的话,就不恰当了。主动权通常是掌握在那些私人开发商手中。他们不满意现有计划,因而提出新的规划。在这种情况下,如果市政府想接受其提议,就首先必须对计划进行修改。在多数情况下,市政府推动土地利用计划的改变,更重要的是,他们可能根据预期的新计划而采取行动,包括提供服务性土地。市政府的正常规划和积极的土地政策指

---

① Promotore 通常指那些负责将土地再开发推向市场的人。与"开发商"相对应的意大利语是 costruttore 或 imprenditore,指私人投资重新使用土地。

引着荷兰土地开发的进程。今天重新开垦的城市土地大部分都位于以前的工业或港口地区。虽然再开发集中在阿姆斯特丹（Amsterdam）和鹿特丹（Rotterdam）等大港口城市，曾为工业地区的小城市也在进行再开发。

到20世纪70年代末，社会上形成了两股相辅相成的力量，对以前的发展管理政策提出疑问。以前的做法是在远离城市的指定地区进行新的开发。首先，20世纪80年代初兴起的"无增长哲学"使"增长中心"和"增长城"的概念受到质疑。其次，城市越来越担心其最活跃的那部分人口会流失，而只剩下那些只会对社会不断索取的人群。这两种观点与强调城市化的新生活方式相结合。1978年大选后，新上台的社会民主党对城市规划政策进行改革，力图强化城市的地位（即建立紧凑型城市的政策：将高密度发展活动集中在现有城市内部或城市周围）。

紧凑型城市的政策和战略对处理空置土地具有明显的重要性，因为这些政策主张对城市空地进行再开发，而不是在城市外再建立新城市，尽管后者可能会更加便利和经济。紧凑型城市政策具体体现为一种新型整合性规划，包括对住房、就业、基础设施和环境卫生的整合。紧凑型城市政策的主要目标之一是突显大城市对整个国家的重要性。

紧凑型城市政策旨在通过现有城市规划来重新利用空置土地。有些地方认为城市变化符合公共利益，因而支持创建新的城市规划方案。土地利用政策与市场需求和其他公共政策紧密相连。例如，新办公楼必须建立在公共交通方便的地方。这一方面增强了紧凑型城市政策的适用性，另一方面达到了减少汽车使用的环保目标。然而，这个政策的实行与一些需要新绿地公司的利益相冲突。虽然市政府拥有强大的规划和土地所有权，可以抵抗这种压力，它们还必须要保证在现有城市区域内有适合公司发展的地点。市政府提供公共补贴来重新规划土地以便实现新的用途。特别是，市政府可以通过消除污染和拆除旧建筑来保证既易于使用又具有价格竞争性的土地。另外，市政府在主要和次要设施上的大量花费保证可再利用性土地位于城市地区。这些土地易于接近，因而对私人市场很有吸引力，减少了对绿地的压力。

二、工具和实施

由于传统、发展过程和工业历史各异,每个国家在处理空置土地的问题上采取不同的方式,运用不同的政策工具。

1. 英国

空置土地和发展之间的关系一方面与英国的发展局限和动机相关,另一方面与其环境意识的转变也有关系。20世纪50年代大部分主要城市为了避免城市蔓延,保护乡村环境,都在城市周围建立了绿色地带。只有与绿色地带相适应的发展才是允许的,或者在某些情况下虽然土地已经被破坏但是其改良构成新发展的一部分,这种发展也是可以的。一个发展计划的提出,即使只是一个大的全国性计划的一部分,也需要进行广泛的民众讨论。

总的来讲,绿色地带在"增长管理"方面非常成功,一直是一个重要的政策工具。人们都希望住在离绿色地带近的地方,这样一来,这些地方的地价就被抬高了。开发商被迫将其活动局限在城市内部,或者移到绿色地带以外的地方。因此,绿色地带成为一把双刃剑:它们既可以鼓励在城市内部集中发展,又可以鼓励在绿色地带之外的新发展。除了少数例外,这种发展成为过去20年的主要特征。

然而,限制发展本身不能鼓励所有的空置土地的再利用。现在,英国广泛接受的观点是只有当发展不能找到更具吸引力的地方,并且存在对某些城市地区进行补贴的情况下,空置土地才能被再利用。这种观点与将城市作为主要发展地点的认识截然不同。另外还有一些政策工具包括遗弃土地基金(DLG:Derelict Land Grant)、企业区(EZs:Enterprise Zones)和城市发展组织(UDCs:Urban Development Corporations),它们为废弃和未尽其用土地的再开发提供动力。

遗弃土地基金为再开发提供了补贴。起初,由政府机构来投标;到80年代,允许私人土地所有者投标竞争DLGs。国家提供的补贴从50%到

100%不等，100%的补贴是专门针对那些"受扶助地区"。公众的贡献从50%到80%不等。DLG有一个加税补偿的规定，即，因再开发而上涨的那部分地价必须返还给国家。批评者认为这在某些情况下是对再开发的一种遏制。然而，因公共投资而上涨的地价必须返还的规定是和英国的改良税收的理念相一致的[①]。虽然现在DLG被合并到单一再开发预算（SRB：Single Regeneration Budget），其过程和实践仍可施用；实际上，SRB的整体理念是整合现有政策，而不是替代它们。

企业区也是一种公共动力。然而，建设企业区的原则是政府部门通过税收和管理来限制私营部门的发展。在城市贫困地区内划分出特别区，在这里企业获得税收减免和较少的管理控制。每个企业区可以保留10年。最近，政府对"特殊情况"进行了限制，大概是因为这些地区受到了广泛的批评，被认为是代价高昂并怂恿了地方商家的套头交易。这种形式的补贴目前必须要经过欧委会的批准，但通常只有极其特殊的例子才可能得到这种批准。

虽然这些企业区主要是被当成是增加就业机会的工具，它们的成功或许可以说是体现在将荒废的城市土地重新利用。在脆弱的房地产市场，这些企业区倾向于将开发活动集中在某些特定地区；这样，正面的溢出效应就很少发生。当然，在企业区集中开发是非常重要的，尽管伦敦的例子有些特殊。在一些小城市，企业区吸引了所有主要的发展，但是还没有大到足够复兴整个城市并产生大规模的溢出效应。从建立新的事业开拓型城市的意义上来说，企业区明显失败了。基础设施通常是由一个主要的开发商提供的，但是大多数情况下这个开发商是政府机构，因此，EZs要求额外的政府投资。

城市发展组织是一种创新，其运行方式与私人开发商和公共开发机构相似。UDCs由一个理事会来管理。这个理事会是由国务卿（Secretary of State）（SoS）[②]任命的。但是，UDCs对现有的规划进程负责。UDCs实际上管理着土地开发商。例如，它们运用强制的购买力收回和重组土地，计划

[①] 改良税收仅仅推行了10年：从1976年到1985年。该政策由工党提出，从1945年到1975年改良的概念一直是工党政府的主旋律。工党目前的政策与其早期的发展政策有很大的不同。

[②] SoS是负责规划的政府部长。当前负责规划的是副首相办公室。

新的发展,帮助基础设施建设,改善环境,以及提供社会设施。另外,它们为私人开发商提供财政支持,帮助他们弥补开发成本和利润之差。城市发展合作的目标是将土地送还到市场上,而且,更重要的是,使这些地方对私人投资者和占有者具有吸引力。UDCs按照预计需要私人的最大投资,而且运行时间有限,5—15年。从2000年起,所有的UDCs都被取消了,取而代之的是SRB。

英格兰有10个UDCs,威尔士有1个。它们在八九十年代是城市复兴过程的一个重要部分。划归UDC的土地大部分是废弃或空置土地,与EZs不同的是,UDCs控制了转变的过程,显示了对城市衰败的积极反应。它们同时表明了对土地开发进行公共补贴的重要性,特别是在经济萧条的地区。

与EZs一样,UDCs实质上并不是一个在真空中强调空置土地问题的政策。它们是从物理和社会方面为城市复兴提供工具。这样,UDCs被批评为过分强调高技能的服务型工作,昂贵的住房和业余活动,这是以牺牲低技能工作、工人培训和社会住房为代价的。最大的UDC——伦敦道克兰(Docklands)发展组织(LDDC)遭到的批评尤为强烈。批评认为LDDC在存在严重社会问题的地方花费大量的公共资金来补贴高质量的写字楼和主管人员的住房。但是,LDDC的确成功地改造了欧洲至今最大的废弃建筑而且在土地改进和基础设施提供大量投资。

在英国的其他地方,除了地方上最初有一些不满,UDCs还是比较容易地被接受了,因为它们带来了土地发展,基础设施建设和物理发展所需要的补贴,这些都不是地方政府可以轻易得到的。然而,在脆弱的房地产市场上建立新的商业区导致城市其他地方的空房率上升。在这些市场上,和EZs一样,UDCs将经济活动从一个区转移到另一个区,而不是创建新的经济活动。

上述表明土地开发只有作为城市复兴大战略中的一部分时才最为有效,如果仅仅将其视为一个独立的项目,发生在一个隔离的地带,没有周围土地利用者和政府的支持,土地开发成效最差。

1980年以前,开发商通常购买曾经受污染的土地,经过一定的处理,认为土地适合发展。现在情况发生了改变,一方面是由于英国环保意识的提高,另一方面是出台了新的污染土地法。后者由布鲁塞尔领导,以谁污染谁交钱为原则。开发商和投资商越来越不愿意买污染程度没有记录清楚的土地,而且他们害怕以后新的法律规定会要求对土地进行进一步清理。这样,令人奇怪的是,环保主义对土地开发的影响是自相矛盾的。对污染土地的新规定可能迫使开发商放弃旧的城市中心,去寻找绿地以外的发展机会。结果,这些新发展可能会加剧城市蔓延,并吞并更多的农业土地。也许下个十年的城市土地政策会解决这个难题。

2. 法国

法国重视城市的文化意义、作用、功能和吸引力。结果,在规划和发展的背景下,空置土地通常获得了比其空间重要性更重要的地位。

在法国,城市发展被理解为在城市范围内的重组和重建,而不是将城市不断向外扩展,侵占更多的绿地。城市政策的目标是尽量利用现有的空置土地。这种观点来自于将工业和城市空置土地视为主要发展机遇的认识。当前,法国特别感兴趣的是将这些土地的再开发作为增强城市活力的一个工具。因此,关于空置土地的讨论和政策成为城市动态管理战略的一部分。

1986年总工程师拉卡兹(Lacaze)的报告阐述了空置土地问题的重要性。他认为,法国需要制定特殊的政策来解决空置土地问题。自此之后,空置土地成为经济发展和城市规划的一个考虑因素。最初,它只是一个次要因素,而政策的中心认为是工业转型。90年代空置土地政策发展成为工业转型的核心。这是由于工业空置土地的再开发对许多地区的生活环境意义重大。

在众多经济萧条的地方市场上,空置土地通常不具有经济发展价值,因而需要政府的介入。欧洲人认为空置土地问题主要是一个环境问题,要以欧盟的法律为基础来治理。欧盟的相互竞争的政策影响着地方和国家对清洁治理、基础建设和地产开发的补贴程度。

从法律上来讲,法国是一个极端法制化的国家,对政府和私人的创制权(initiatives)关系有严格的规定。因此所有的对策都需要一个法律基础。规划和发展工具以财产私有权的完全保证为基础,但是需要法律指导和管理。财产权应该执行一种社会功能。

尽管法国极端法制化,他们并没有给空置土地下一个法律定义。废弃地(friche)一词被广泛使用,但是对其含义的理解没有达成一个共识。例如,有人用这个词指城外的大面积工业空置土地,而另外一些人则用它仅指城市建筑。中央政府用这个词指曾用于工业及其相关活动,必须下工夫整治才能被重新使用的土地。废弃地的概念可以用来指一个历史用途、环境问题或潜在机遇。一方面,它显示了城市系统的一种失败;另一方面,它代表因城市的蔓延而将城外的地段转移到城内。最后,废弃地还可以被理解为一种暂时的过渡空间,以备未来的使用。这个词定义多样的原因是多年来该词被使用于不同的法律和行政背景下,只是到1986年以后法国才意识到空置土地是一个需要广泛进行政策分析和回应的概念。

在这种法律背景下,自1983年起法国经历了一个主要的分权转变。这个分权转变包括不同程度和形式的权力转移(在三级政府之间:地区、部门(départments)和城市或公社)。这种分权发生在各种公共活动方面:住房、学校、医院和土地利用规划。自1983年起,城市负责土地利用和建筑许可;部门负责农村土地分配和环境保护;地区仅仅对土地规划提供咨询。因此,分权以后,城市发展和地方土地政策管理转移给地方政府,除了在一些超大规模的项目上,否则中央政府的干涉权力会受到限制。分散的土地利用规划权力给法国36 000个城市一个非常重要的开发角色。然而,小城市在财政支持方面能力有限。

法国对那些在城市建成区(build-up area)之外的私人开发进行严格限制,尤其是在其土地计划未经批准的情况下。这导致了对私人开发活动的强大控制,因为所有开发都要限制在建成区。与英国利用明确的土地利用管理条例来鼓励特定地区的发展不同,法国现有城市的发展是由制度结构来推动的。不过,由于市长政治力量、规划细节和辖区大小的不同,各个城市的土地利用也不尽相同。城市可能会认为不合适的非居住用地的发展应该建在现有建成区之外。在一个POS(land use plan)已获批准的城市,市长和选举产生的政府官员决定新发展应该建在什么地方。

虽然空置土地问题一般被认为是地方问题,但是有时候它也被理解为一个全国性问题。例如，曾为煤矿或造船厂的地方超过地方政府的复兴能力。这些大面积废弃地（très grandes friches）通常位于城外没有私人需求的地方。

全面发展区（ZAC：Comprehensive Development Area）和延期发展区（ZAD：Deffered Development Zone）是两种正面的规划工具，可以将政府机构作为开发商因而补充或抵消市场力量。它们创建于60年代（1969年ZAC，1962年ZAD）。ZAC为公共和私人开发商提供合同安排，包括土地整合、基础设施投资和其他与已定综合计划相一致的安排。但是，ZAC的主要贡献是将规划和发展批准权下放到已有获批准的土地利用计划的城市。与此相反，ZAD将土地征收权赋予国家或其他政府。

ZAC和ZAD是法国处理土地空置问题的两个主要工具，因为它们体现一个一体化的方法。例如，一个有废弃地的城市的干预战略会提高废弃地的价值因而吸引更多的私人投资商和开发商。在POS的框架内，这些计划可以是完全私人性的，也可以是完全公共性的，或者是一种分担风险和回报的合作关系。

3. 意大利

规划立法是理解意大利空置土地问题的核心。意大利规划系统的内部争论在80年代与空置土地问题的意识觉醒相关，在90年代作为城市转变的一种战略资源（strategic resource）。

遗弃土地问题尤其与意大利规划进程的最后一个阶段（即第三代总规划）紧密相连。80年代以前，发展项目与总体规划（master plan）相连，但是城市开发商必须面对80年代初期的无增长状态。由于预见不到新的城市蔓延，城市设计主要是对现有情况进行改善。新空置出来的土地给规划者提供了一个新机遇。但是，在这个框架内，我们可以根据80年代和90年代总体规划的特点而区别出第一和第二阶段。实际上，在这两个阶段内总规划的作用截然不同。

第一阶段以城市工程项目（progetto urbano）的争论为特征。由于规划失败及其在处理新的城市问题方面显得无能为力，发展项目与总规划战略毫不相关。这种中间水平的规划——小于城市范围的总规划,但大于单个地段的规划——导致了通过具体项目来进行城市规划,即将城市工程项目作为主要工具。当空置土地项目被视为是一个城市项目时,就有机会使城市大块区域的改善有一个统一的主题。这个管理工具是现有总规划的一个经批准的变量。三个北方城市,米兰、都灵(Turin)和热那亚(Genoa),首先意识到由限制工业化及其负外部性所引起的空置土地问题,这几个城市也是第一批采用新解决方法的城市。

通常,大部分空置土地已经处于公共领域或在国有公司的地产下。这使改造过程容易一些,因为地方政府只需要和少数土地所有者进行交涉。空置土地对那些能够获得变量的开发商以及那些希望在解除管制过程中获得市场自由的市政官员很有吸引力。

管理结构有利于市政府和相对的私人开发商,但是由于很多工业遗弃土地的净化成本太高,市政府被迫与土地所有者进行谈判。另外,考虑到意大利土地征收过程的困难性,与土地所有者进行谈判通常要比试图通过土地征收而获得土地所有权要容易。市政府推动并控制改变的进程,而开发商试图使其利润达到最大化。

80年代的解除管制过程逐渐被90年代的更具规划性的方式所取代。后者强调在综合管理开发过程的同时,还要解决个别项目的要求与城市需要之间的矛盾。在这一时期——意大利公共机构腐败丑闻之后——政治环境发生变化,选举制度得到了改革。一个主要的创新是直接选举产生的市长拥有更大的权力,这样通过对地方经济创制权的直接控制,城市管理更加有效。同时,行政部门在推动城市形象方面发挥了更加重要的作用。因此,很多地方政府开始大力宣传他们的城市,特别是推动城市内的一些开发项目。

随着新市长的产生,一些地方政权开始制定新的总体规划。他们主要关注的是那些空置土地产生的资源。有趣的是,传统上被认为是一个问题的城市空地,现在被看成是城市的资源。

这一时期需要新的、更加具有互动性的规划工具。90年代初,在住房委员会秘书长的支持下,公共事业部长推行了建筑群项目。建筑群项目代表了在处理城市复兴问题方面的一个激进转变。这种做法的新颖性主要体现在规划发挥作用的方式,以及参与者和地区资源的整体性,即土地所有者、开发商和城市互相合作。实际上,谈判过程发挥的作用非比寻常。最新一代规划不仅强调合作问题,还重视财政支持问题,即在规划被批准以前,主要的经费必须到位。

4. 荷兰

发达国家空置土地的两个主要起因是投机(即,土地所有者掌握着未开发土地,希望将来得到更高的收益)和资金不足。在荷兰,紧凑型城市和土地的公有性使投机行为很难发生[①]。因此,污染成了空置土地最主要的成因。

近几年,我们可以清楚地看到许多城市娱乐设施坐落于遭受重污染的土地。90年代环保运动中,清洁受污染的土地成为一个主要的活动。1983年的 Interimwet Bodemsanering(《土地清理临时法》)为该运动提供了法律框架。该法案的目的是当环境和公共卫生受到直接威胁时采取快速行动。省政府可以要求土地所有者在清洁项目中合作,但是并不强迫私人所有者偿付费用。在特殊情况下政府有权征收土地和建筑物。财政责任是这些受污染土地再开发的一个重要关卡。在大规模的清洁治理项目中,市政府负责10%的费用,而全国政府负责90%。全国和地方政府之间的这种财政划分是很典型的。高一级的政府可以要求市政府执行全国性的政策。实际上,随着私营部门作用的加强,对全国政府的依赖在90年代有些减弱,这种变化体现在越来越多的政府和私人合作关系中。

引起空置土地问题的另一个原因是沙石开采。近年来,全国和省政府在政策制定上从被动走向主动。现在省和全国政府有责任为各自的辖区制定运行规划。矿物开采也必须与该地区的物理规划相协调。长期以来,由于历史上不恰当的协议,当开采结束后,地区再开发的目标发生了改变。目前的实践强调建立某种形式的政府和私人合作关系来为城市复兴提供资金。荷兰将多数土地用作娱乐用地的做法与众不同,这在一定程度上是出

[①] 在荷兰,政府对土地的控制力十分强大。相关市政府经手处理大概80%的开发土地。

于其易于筹集资金的考虑。景观修复通常很难筹集资金,目前的政策试图将其列为开采的一个必要条件。

由于拥有一个强有力的法律制度来支持极其理智的土地政策以及拥有强大的公众支持,地方政府并不需要额外的工具。但是,在某些情况下,市政府拥有强制购买和优先购买权。这些工具很少使用。另外,每一级荷兰政府都支持一个强有力的规划过程,保证某些土地可以受到开发保护(protected from development),而另一些经过批准则可以被开发。当城市土地变为空置,土地所有者对一系列法律和规划政策负责。例如,当一个地方空置,所有者负责其情况。地方法律一般会保证土地被良好利用,即使这种再利用不是一蹴而就的(如停车场或风景点)。

三、结论

如上所述,西欧四国城市空置土地的不同状况是由多种原因造成的:工业化和再工业化方式的不同,二战后重建的不同要求,社会对城市政策的不同态度,以及社会政策和文化差异。在英国,现有城市空置土地的处理策略很大一部分是从由地产为引导的城市复兴项目的延展(如,指定的再开发区鼓励再定位、开发商开始期待补贴,以及开发选择随补贴而定)。

在法国,空置土地政策的目的在于再利用这些土地,这些再利用有利于城市恢复城市活力,改善生存环境,即使其经济成本高昂。因此,法国的空置土地利用反映了法国人对城市的重视。

在意大利,空置土地再利用要求改变规划机制和文化。与总体规划相反,城市重视单个项目,这说明在大规模投资有限的情况下,城市变革也可以发生。意大利强调谈判而非管理,这样更多的受影响者可以参与到决策过程中来。

在荷兰,土地空置的速度比其再利用要快。然而,土地清洁治理不是一劳永逸的事情。荷兰正在施行一种循环利用空置土地的公共政策。当然,全国性的土地再开发和土地公有性使得荷兰的情况与众不同,他们的经验表明,只要政府和私人的态度正确,财政支持充足,空置土地还是能够被快速地循环放回到城市房地产市场。荷兰的经验值得其他国家借鉴。

在本报告中,各国的地方政府和中央政府都发挥了重要作用。然而地方和中央政府之间的平衡关系因国家不同而不同。最重要的一点是,在每个国家政府都积极进行了干涉,而没有静等着由市场来应付。政府干涉是必要的,但不是成功的充分条件。在上述四国中,政府发挥作用最大的国家是荷兰。那里的土地空置状况仅仅持续了一个很短的时期。

参考文献

英国

Adams, C. D., A. E. Bau and B. D. MacGregor. 1988. The availability of land for inner city development: A case study of inner Manchester. *Urban Studies* 25:62—76.

Chisholm, M. and P. Kivell. 1987. *Inner city waste land*. London: The Institute of Economic Affairs.

Civic Trust. 1988. *Urban wasteland now*. London: Civic Trust.

Department of the Environment. 1974, 1982, 1988, 1993. *Survey of derelict land*. London: HMSO.

——. 1987. *Greening city sites: Good practice in urban regeneration*. London: HMSO.

——. 1988. *Improving urban areas: Good practice in urban regeneration*. London: HMSO.

——. 1989. *A review of derelict land policy*. London: HMSO.

——. 1996. *Annual report*. London: HMSO.

Elson, M. 1986. *Green belts*. London: Heinemann.

Healey, P., ed. 1994. *Trends in development plan-making in European planning systems: First report of a collaborative project on innovation in development plan-making in Europe*. Working paper no. 56. Newcastle: University of Newcastle upon Tyne.

Healey, P. et al., eds. 1995. *Managing cities: The new urban context*. Hoboken, NJ: John Wiley and Sons.

——. 1992. *Rebuilding the city: Property-led urban regeneration*. London: E&FN Spon.

Kivell, P. 1987. Derelict land in England: Policy responses to a continuing problem. *Regional Studies* 21 (3):265—273.

——. 1989. Vacant urban land: Intervention or the market? *The Planner* (August): 8—9.

Massey, D. and R. Meegan. 1980. *The anatomy of job losses*. London: Methuen.

Meyer, P., R. Williams and K. Yount. 1995. *Contaminated land*. Cheltenham: Edward Elgar.

Nicholson, D. J. 1984. The public ownership of vacant land. *The Planner* 70(1):18—20. Thompson, M. J. and D. A. Edmondson. 1984. Whither derelict land grant? *The Planner* 70(1)16—18.

法国

Acosta, R. and V. Renard, eds. 1993. *Urban land and property markets in France*. European urban land and property markets, no. 3. London: UCL Press.

Baudouin, T. and M. Collin. 1996. L'Après-friches portuaires. *Urbanisme* (291):24—32.

Bergeron, L. and G. Dorel-Ferre. 1996. *Le Patrimoine industriel, un nouveaut erritoire*. Paris: Liris.

Biarez, S. and J-Y. Nevers, eds. 1993. *Gouvernement local et politique urbaines*. Actes du colloque international Grenoble, 2—3 February. Paris: CERAT.

Clemenceau, C. 1997. Adieu l'armée. *Urbanisme* (292):14—19.

Comby, J. and V. Renard. 1996. *Les Politiques foncières*. Paris: Presses Universitaires de France.

Duranton, G. and J. F. Thisse. 1996. Land policy in a spatial economy. *Revue Economique* 47(2)227—261.

Enders, M. J. 1986. The problem of land banking: A French solution. *Environment and Planning: Government & Policy* 4(1):1—17.

European Council. 1993. *Requalification urbaine et mutations industrielles*. Commission des Communautés Européennes—Direction générale des politiques régionales.

La Laiterie. 1993. *Friches industrielles. Lieux culturels*. Strasbourg: Laiterie (Centre Européen de la Jeune Création).

Lacaze, J-P. 1986. *Les Grandes Friches industrielles*. Paris: La Documentation Française. Levy, F. 1995. L'Expropriation des terrains pollués. *Etudes Foncières* (68):27—40.

Malfois, S. 1988. *L'Environnement dans les zones de conversion industrielle. Exemples et propositions*. Paris: DATAR.

Ministère de l'Intérieur et de l'Aménagement du Territoire & Direction Générale des Collectivités Locales. 1994. *Le Guide du maire*. Paris: La Documentation Française.

OCDE. 1992. *Les Marchés fonciers urbains. Quelles politiques pour les années 90?* Paris: Organisation de Coopération et de Développement Economiques.

Renard, V. 1987. Public land banks and private land markets. In *Major urban landowners in Great Britain and in France*. Paris: ADEF.

Renard, V. and J. Comby, eds. 1990. *Land policy in France* 1945—1990. Paris: Association des Etudes Foncières (ADEF).

Savitch, H. V. 1988. *Post-industrial cities: Politics and planning in New York*. Paris, London, and Princeton: Princeton University Press.

Tucny, J. 1996. *Le Traitement des friches industrielles. Logiques d'intervention et procédures de requalification*. Grenoble and Lyon: Institut d'Urbanisme de Grenoble and Institut d'Urbanisme de Lyon.

Wachter, S. 1992. *Redéveloppement des zones industrielles en déclin*. Paris: DATAR/La Documentation Française.

Whitby, M. and J. Ollerenshaw, eds. 1988. *Land-use and the European environment*. London: Belhaven Press.

Williams, R. H., ed. 1984. Planning in Europe. *Urban and Regional Studies* 11. London: George Allen and Unwin.

Wilson, I. B. 1988. French land use planning in the Fifth Republic: Real or imagined decentralisation? *Nijmeegse Planologische Cahiers* 27. Katholieke Universiteit Nijmegen: Geografisch en Planologish Instituut.

意大利

Ave, G. 1996. *Urban land and property markets in Italy*. London: UCL Press.

Bobbio, L. 1990. Archeologia industriale e teziario avanzato a Torino. Il riutilizzo del Lingotto. In *Metropoli per progetti*, B. Dente, L. Bobbio, P. Fareri, and M. Morisi, eds. Bologna: Il Mulino editore.

Forte, F. and Girard L. Fusco. 1997. *Principi teorici e prassi operativa nella pianificazione urbanistica*. Santarcangelo di Romagna, Italy: Maggioli editore.

Russo, M. 1997. *Valutazione e progetto per il recupero della città esistente. La risorsa aree dismesse. Programmi e realizzazioni degli anni 80 e 90*. Ph. D. dissertation, University of Naples "Federico II."

Secchi, B. 1985. Piani della terza generazione. *Casabella* 516.

———. 1986. Progetto di suolo. *Casabella* 520.

———. 1986. Una nuova forma di piano. *Urbanistica* 82.

———. 1989. *Un progetto per l'urbanistica*. Turin, Italy: Piccola Biblioteca Enaudi, Enaudi editore.

荷兰

Aitken, P. 1986. Land renewal in South Limburg. *The Planner* 72(9):25—27.

Davies, H. W. E. 1988. The control of development in the Netherlands. *Town Plan-*

ning Review 59(2).

Dutt, A. K. and F. J. Costa, eds. 1985. *Public planning in the Netherlands: Perspectives and change since the Second World War*. Oxford: Oxford University Press.

Faludi, A. 1994. Coalition building and planning for Dutch economic development: A new long run data set for the Netherlands 1800—1913. *Netherlands Graphical Studies* 211.

Faludi, A. and P. de Ruijter. 1990. *Dutch growth management: The two faces of success*. Amsterdam: Universiteit van Amsterdam Planologisch en Demografisch Instituut.

Fifty years of Dutch national physical planning. 1991. *Built Environment*, special issue, 17(1).

Jansen, A. J. 1990. Land-development in the balance: The position of environment, nature and landscape in land-development policy. Review of the book by P. P. J. Driessen. *Sociologia Ruralis* 30(3—4):364—365.

Janssen, M. C. W. 1996. The price of land and the process of expropriation: A game of theoretical analysis of the Dutch situation. *Economist* 144(1):63—77.

Koekebakker, P. 1991. Land reclamation. *European Environmental Yearbook* 1990, 287—290. Milan: DOC ter Institute.

Koster, E. 1995. *Eastern Docklands: New architecture on historic ground*. Amsterdam: Architectural and Natura.

Lukkes, P. 1984. Re-use of industrial sites in a rural area: A case study of the province of Friesland. *TESG* 75(3):196—201.

Needham, B. 1985. Urban development in the Netherlands: Who decides and who pays? From the international workshop on urban development control, Institute of Regional Policies, University of Lodz, Poland, 16-21 September.

——. 1988. An approach to land policy: Ideas from the Dutch experience. *Urban Law and Policy* 9(5):439—451.

Pellenbarg, P. H. 1983. Moves of industry to central South Holland in light of regional land-use plans: Results of a study evaluating 25 industrial sites. Book review. *TESG* 74(2):142.

Pistor, R. et al., eds. 1994. *A city in progress: Physical planning in Amsterdam*. Amsterdam: Dienst Ruimtelijke Ordening Amsterdam.

Smit, J. G. 1993. Land-development policy and the chances for local development initiatives in the Netherlands: The Ooijpolder case. *Sociologia Ruralis* 33(2):203—219.

Spit, T. 1993. Strangled in structures: An institutional analysis of innovative policy by Dutch municipalities. *Netherlands Geographical Studies* 5.

van Dinteren, J. H. J., D. A. Hendricks and A. Ruigrok. 1992. City-center management. *TESG* 83(2):138—144.

第三章

空置土地经济学

艾伦·W. 埃文斯（Alan W. Evans）

在分析土地空置的经济原因之前，我们必须先弄清土地空置的含义。土地空置存在四种可能性。第一种可能性是土地拥有权属于某人，但是该地未被使用于任何目的。第二种可能性是土地被使用，但是其使用程度低于期望值。在某些情况下，尽管土地被长期使用，这种使用仍被认为是暂时性的。暂时性使用土地的一个经典例子是城市中心地区的停车场。城市郊区的农业用地也可以作为一例。需要注意的是第一种定义是绝对性的，即土地未被使用于任何目的，而第二种定义则是相对性的，其应用过程包含对土地利用可能性的主观评估。这里，我们将以上两种情况统称为未尽其用的土地。

第三种可能性是场地被建筑物或废石场等前期人为活动残留物所占据，而且这种占据状况在短期内不会改变。这种情况有时被称为遗弃地。第四种可能性是土地被污染，并且在其被使用前需要对其进行广泛及高代价的清理整治工作。鉴于其面临的经济问题的相同性，我们将遗弃地和受污染地合称为棕色地块。

值得注意的是对于棕色地块一词的使用可能会引起一些概念混淆。美国的法律条文将棕色地块定义为存在着现实或潜在污染的土地。然而在英国，棕色地块一词在城市规划领域可以指任何曾经用于非农业目的的土地。根据该词在英美两国的普遍理解和使用，本章对棕色地块的概念采用比美国法律定义宽泛,但比英国用法狭窄的定义。

一、未尽其用的土地

这里,我们探讨某些土地可以被开发但未被完全开发的原因。第一个原因是对于未来的不确定性。蒂特曼(Titman,1986)对这种情况进行了经济分析。有意思的是蒂特曼并不是一个土地经济学家,他研究的重点是金融。不过,洛杉矶市中心那些被高楼大厦所包围的停车场激发了他对空置土地的研究兴趣。令他感到疑惑的是为什么这些土地会这样被空置?

蒂特曼认为空置土地的所有权和股票的所有权一样。土地开发等同于进行一种选择。建设开发土地代价高昂,该代价事实上是不可逆转的。过早开发可能会只获得较少的利润。因此,尽管延期开发会有代价——失去开发带来的收益——所有者还是会按兵不动,等待不确定性的消除。这个不确定性可能与指城市或社区的经济有关,或是与国家或地区经济有关,当这些不确定性消除后,土地所有者确定他们知道最赚钱的开发方式,那么这块土地才得到开发,做出了选择。

某些不确定性是开发过程固有的。准备场地和建设楼房需要一定的时间,开发商必须确定最赚钱的开发方式,最赚钱的时机不是在开发开始时,而是在2—3年后施工完成,楼房出租或出售以后。这种不确定性和农村空置土地的所有者面临的问题近似。农村空置土地可能被开发或不被开发为住房用地,市中心空置土地的所有者要决定是否在办公楼建立之前将该地作为停车场。

从理论上来讲,我们可以将不确定性与投机行为区分开来,但是在实际运作中,这种区别很难实现。尼特兹(Neutze,1987)对土地投机行为进行了研究,认为土地所有者可能会由于其对未来的预测而延期开发该土地,或者会正确地判断出目前将土地用于住房最赚钱。他们还可能很有远见地意识到10年以后当周围地区都建设好后,他们将自己的土地开发为购物中心最有利可图。显然,现在将土地用为住房,而10年后将其改建为购物中心是很不经济的。最明智的选择是保留现有土地,等到金融条件允许后再将其建成购物中心。值得注意的是考虑到不确定性,正是开发的高昂代价和长期性导致了土地的空置状况。

投机是将某些土地空置或不完全开发,即使未来的情况是非常确定的。例如,五六十年代英国规划建立了一些小镇,刚开始,市中心附近的土地被空置。这样,随着城市人口的增加,商业中心就可以得到扩展。当城市人口有限时,商业中心也很有限,商业中心和居民区之间可能有一个空置的土地带。如果这种局面是由市场造成的,我们可以将其称为投机。当然,事实上这是由政府规划决定的,并被称做规划。因此说,投机是一种对未来的规划。

如果未来不确定,特别是新城市以外的情况不确定,那么我们就很难将投机与不确定性区别开来。土地所有者可能对未来不确定,认为最好以后再进行土地开发。虽然投机是一个贬义词,以上英国新镇的例子说明,投资本质上并不是一件坏事,至少并不比规划要坏。

当土地被同一个人拥有时,它在短期内可能不被充分使用(Evans,1983)。由于居住者把它们当成是家,因而会对该地有依恋感,不愿搬出或出售该地。例如,城市边缘的小农民可能希望继续耕种,不愿卖地或搬迁。人们可能会通过社会和经济纽带对其所拥有的土地产生依恋感。他们的子女可能在这块土地上长大,而且他们会认为自己已经老得不能再搬迁了。另外,他们可能觉得没有必须售地的紧迫压力。总之,地价增值通常发生在比较长久的基础之上。假设一块用于农业的土地价值 30 万美元,它可以以 50 万的价钱卖给开发商。一个 55 岁的农民可能认为 20 万的利润不够补偿其家庭损失。尤其是考虑到 10 年后就要退休的情况,他可能就会延缓售地。这样,即使当开发有利可图时,土地也有可能继续作为农业使用。

这可以从部分上解释日本城市蔓延的问题。农田规模很小,很少农田是以农用价格出售给城市开发商的。这样,即使当农田全部被城市包围,农民也不愿出售土地,除了万不得已,如为了女儿的婚礼而筹资时,才可能出售一小块土地(Hebbert and Nakai,1988)。这些土地通常很小,所以农民一般是部分时间种地,部分时间干其他工作。这使他们很容易继续务农,尽管从我们的角度来看很难将投机和不确定性与对土地的依恋区分开。

另外还有两种对城市未开发土地的可能解释。它们和土地特性及其与相邻土地的关系紧密相连。第一种解释与对以前开发的可延伸性有关。工厂和办公楼的所有者在当初开发时可能征收了比实际需要量要大的土地。这样，工厂建好以后，周围有一些空置土地，以备以后扩展之用。显然，有些时候，过分乐观比过分悲观要好：如果买的土地太多，可以将其卖掉。如果征收的土地太少，而工厂需要扩张，周围又没有可以购买的土地，那么整个工厂可能必须迁移，造成更高的代价。

是否以及多少土地应该留作日后扩张之用取决于土地的成本。在城市扩张早期，由于土地廉价，获得多余土地的成本很低，所以许多公司购买多于实际需要的土地。当然，后来，当城市边缘外移或规划政策开始限制土地开发，多余土地的价格上涨，拥有这些土地就变得代价高昂了。在这个时候，这些多余土地就可能被售出，一是因为保留它们的代价太高，二是因为是否需要这块土地现在已经变得很明显了。

可能有人会认为这种行为是投机或对不确定性的回应，但是我认为它是一种特殊的行为。在这个例子中，不确定性与工厂的前途及其是否需要扩张相关，它与城市其他公司或家庭对这块土地的未来需求并不相关。

还有一种可能性。因为当时土地便宜，且城市活动征收了过多不需要立即使用的土地，因此城市得到了发展。但是，这与前一个工厂的例子存在显著差异。郊区铁路系统等取得的相邻土地通常由于运输活动而失去价值。例如，在修筑市郊铁路时，铁路需要能够铺设铁轨的土地及其邻近土地。在修建过程中，由于所占用的土地是农田，因此可以以廉价获得土地。但是，当铁路建好后，由于这些土地离铁路太近，噪音和污染会减弱其吸引力，土地需求下降，因而土地失去价值。这样的土地也有可能远离铁路站台和市中心。其负面外在效应导致土地的市场价低于原来的价格，以及建筑成本。

因此，除非土地价值上升到足以开发的情形，否则土地会一直保持未开发的状态。这种情况的发生可能是因为城市蔓延因而土地不再邻近城市边缘，或者因为绿色地带或城市增长带等规划限制导致市内地价上涨。尽管这些地点从环境意义上说位置很差，但是对住房、工业或商业来说具有经济利益。伦敦的情况就是这样。对市区以外土地的限制导致市内地价的上涨。20世纪初售出的市郊交通线周围的土地在七八十年代被开发为住房之用,当然噪音和污染导致的建设成本偶尔也会非常可观。

二、棕色地块

棕色地块一词在不同国家和不同背景下含义不同。这里,我使用我自认为最常用的含义。首先,棕色地块上可能曾经建有建筑物,但是现在这些建筑物被废弃了。其次,棕色地块可能曾经用于某些活动因而受到污染。无论哪种情况都存在一个共同点,即在土地被再开发之前,需要花费大量资金来清除污染。

从狭义上来说,棕色地块可能仅仅指受污染的土地,如在美国的法律概念中,从广义上来说,可以指任何曾经开发过的土地,如在英国的规划概念中。在后者的情况下,由于这种说法表示的不同意义而引起人们的误解。普通民众将这个词理解为曾受污染或有废弃建筑物的土地,因此主张将其作为住房之用,而不是绿地。政治家和规划者将棕色地块定义为所有曾被开发的土地,包括花园和运动场这些民众不愿开发的场地。

从经济学的角度来看,当现有使用产生的年收入低于维护该建筑物的费用时,棕色地块就会产生。由于现有土地利用方式无利可图,所以就要放弃这种土地利用方式或是另寻别处承载这种土地利用方式。改变一块土地的利用方式可能会既耗资金又耗资源。建筑物必须被摧毁,土地必须被清理或消除污染,然后必须投资开发土地作为新用途。我们可以假设在大部分城市地区总有一些土地利用是有利可图的。最有利可图的方式决定土地清洁后的价值。如果清洁费用大于施工后的利润,这种清洁工程就不值得进行。用土地所有者的眼光来看,土地最好是留着不进行改善。

这样留给我们的就是一个棕色地块,无论是被遗弃的、被清除污染的,还是两者兼备。这样,一是没有替代使用的办法,二是相对其产生的收入来说,现有建筑物本身的运行成本又太高。实际情况可能比这里分析的更糟糕。事实上,当建筑物被废弃后,土地价值实际上成了负值。但是,土地或其他财产不能以负值出售。这样,土地所有者将对土地标一个正价,等着别人来购买。这里谈及的土地价值呈现。价格为负值意味着必须付钱给某人让他来从土地所有者手中买走地产。

使问题复杂化的另一个原因是土地所有者的法律责任,即他们对建筑物负责。为了尽量减小对建筑物和人员的可能伤害,需要在安全和维护方面耗费一定资金。既然有了花费,建筑物可能会被继续使用。或者摧毁建筑物,清理场地,这样安去费用和责任风险都会减少,即使没有进一步的开发。

有人可能会受雇佣来购买土地所有者的土地。根据30年代的一个记录,在经济大萧条时期,英国极端贫穷地区的建筑物所有者会将所有权转让给街边的流浪汉。由于没有财产,新所有者不值得被起诉,而前所有者又可以推卸掉他的责任。新所有者得到一些钱,根据法律规定上缴一部分。一个纯粹的礼物不会产生什么法律束缚,但是这种形式的转让是不寻常的。当时另一种非法行为是雇佣一个纵火犯将建筑物烧毁,从而取得保险金。

姑且不谈这些复杂的因素,我们回到为什么一块土地会一直被空置的原因。有几种可能性:现有或新建筑产生的收入与摧毁楼房、清洁场地和建筑新楼的成本相比非常少。或者说,摧毁楼房、清洁场地和建筑新楼的成本与再开发带来的收入相比太高。因此,空置土地的可能原因不可避免地包括这种关系的各种变化,这是一个基本的经济问题。

这一点在农村地区体现得最为明显,因为一般来说,在可选择的土地利用方式中,作为农业用地是土地的最佳利用方式,而这样的土地价值就会很低。人们已对农村的废弃建筑物习以为常了,如公路旁废弃的加油站。在边远地区,我们可以见到曾被牧羊人或农民居住的废弃房屋,或者以前的矿场废墟。废弃的农场建筑物可能和新建筑物并排存在。如此种种都是很寻常的情形。实际上,当建筑物被废弃而不是遭摧毁或重建时,人们能够意识到其中的经济关系:人们知道建筑物被废弃是由于其不能产生收益,而当唯一的选择是农用时,摧毁和清洁成本又太高。

城市地区的经济地位与农村的是一样的,但是我们不习惯这种现象,认为它们是反常现象。我们对城市和农村的不同理解是由两个原因造成的。首先,城市内的地块通常都会有某种用途,因此很少被废弃。实际上,建筑物在其自然寿命结束前都会被重建。其次,农村的废弃建筑物并不妨碍邻居,因为其附近通常没有居民,而有时偶尔的观光者还可能认为这是一种独特的田园风光。但是在城市,绝对会有相邻居民认为应该对这种建筑物进行处理。

然而,从经济角度来看,除了负外部性,城市并不比农村拥有更强大的理由来处理废弃建筑物。我们可以把荒废地围起来,这样就不碍瞻观了。实际上,这可能是对清洁费用极高的地方的最佳处理方法,因为该地曾被化学物质污染,需要清除污染。这种土地可以被改建成开放空间,围当地工人和居民提供娱乐场所,同时可以在其他地方建立绿色地带。开发荒废地的迫切要求有时需要被克制。

三、为什么是现在?交通费用的下降

空置土地和废弃建筑物总是与我们相随。前罗马小镇,如南英格兰的锡尔乔斯特(Silchester),之所以能被考古发掘,是因为该地被废弃并逐渐被埋没。据说,罗马在中世纪时仅仅是一个废弃的城市,人们居住在城市废墟上。但是,这种大规模的废弃是很罕见的。大部分的废弃规模较小,可能是因为人口太少,所以开发的土地也小。

由于世界人口的增长和城市扩张,我们对空置或废弃土地更加关注。在大多数发达国家,人们开始意识到土地数量有限,应该作为稀少资源被保存,不再接受将已开发土地废弃的简单做法。

世界范围内发生的经济和技术变革的观念转变可以解释城市空置土地的存在。过去,城市内部的交通费用太高。由于位于市中心的土地可以节省交通费用,它往往比位于城市边缘同等面积的土地价格要高。土地价格或租金的梯度分析显示土地价格与其距市中心远近的关系(Clark,1951,1966)。但是近年来,交通技术发生了变革,就像火车和汽车替代了马车和步行一样,摩托车替代了火车和汽车。市中心附近的土地不再那么有利。随着对中心性需要的减少,交通费用也下降。土地价格坡度变得相对平缓。当今,在一些城市,市中心的价值实际上可能非常小。对大部分城市来说,那些坐落于传统城市边缘的校园式办公公园,为一些工业提供了纤维光学设施和低人口密度的环境,这样就显得市中心的土地更没有什么价值了。

从以上分析,我们可以看到,一方面土地价值下降,另一方面土地清洁费用并没有下降。这样,城市内部土地的价值可能比50或100年前要低甚至可能是负值。我们现在比以前更可能看到城市空置土地。原因表现在两个方面:首先,由于我们习惯于将城市废弃土地视为异物;其次,而很多人居住在城市废弃土地附近,这种地方比美国西部废弃煤矿产生更大的负面外在效应,因为很少人会知道或见到后者。

还有一个因素影响着城市土地的经济状况。在农村,土地通常没有农业或林业之外的其他用途。多年来,农村土地价值变化不大,而城市土地价值却有很大变化。一块曾经价值不菲的城市土地将来可能有更大价值。正是这种对未来和现在价值的不确定性使得土地所有者手握土地伺机而动。如果他们现在就将土地出售,通常会将增值因素考虑在价格之内。

假设一块荒废地的当前经济价值为零,废弃建筑物被清理后的土地价值就相当于清理费用。土地所有者会将土地以此价格推向市场吗?他们大多数情况下是不会的,而会考虑其他替代使用方式。市场可能会变好或变坏。如果变坏,他们继续拥有该地就不会有什么损失。如果经济状况改善,地价上涨,他们就会赢利。因此最佳战略是将土地以大于零的价格推向市场,等到经济状况变好时,以这个价格将土地售出。尽管乍一看将一块不值钱的土地标上一个不错的价格很不可思议,这背后是有经济原因的(Evans,2000)。

最后还有一个原因导致报价和实际价值的出入。首先,如果一块土地以可观的价格买来而随后价值下降,所有者就遭受经济损失。然而,尽管在纸面上他遭受经济损失,这种损失只有在将土地出售时才会体现出来。其次,值得注意的是政府尤其不愿在遭受经济损失时出售土地。于是,土地的市场价格可能与其本身的状况和前景无关,原因在于政府预期未来情况会改善,以前的纸面经济损失就可以被弥补回来。但是,这两种情况是有差异的。在第二种情况下,政府实际上维持一种纸面上的经济损失,但在第一种情况下,土地所有者手握土地希望得到某种回报。

四、不完美的市场

我们以上的讨论基于一个常见的经济学假设,即土地和房地产市场的运行相当有效率。这要求满足以下条件:众多购买者、众多出售者、单一产品和完整的信息。而事实上这些条件并不能完全满足这些条件——产品不是单一的,交易不是频繁的,信息不是自由享用的,因此土地和房地产市场不是完全有效率的。实际上其市场效率是 90%(Evans,1995)。在大多数情况下,这已经是一个很高的效率了,这种不完美性不会导致土地的长时间空置。当然,这可能减缓土地所有权转让的速率,因而导致土地在短时间内被空置,但是这并不是我们所关心的问题。

然而,有一种形式的市场不完美性非常重要。一个标准的经济学假设认为市场的参与者,如土地购买者、出售者、所有者和占有者,总是力图将其收益最大化。但是有时这种假设并不成立。众所周知,在英国很多空置土地为政府所拥有;80 年代中期的调查显示英国政府拥有一半以上的空置土地。由于政府受市场压力较小,他们的做法可能使土地看起来没有任何经济价值。有时,政府还可能以私营部门无法达到的方式征集大量土地以备开发之用。当初征收的土地和建筑物后来可能被延缓或取消开发。在六七十年代,地方政府通常为了清除贫民窟而购买居民区,在楼房被摧毁后才发现政府政策的改变使资金不足以致难以完成该计划。以最近发生的事情为例,英国公路局购买了通往牛津(Oxford)和伯明翰(Birmingham)的 A40 路段两边的住房,准备扩宽公路。但是 1997 年他们突然发现准备了 30 年的计划竟然被取消了。公共决算委员会批评他们在计划被批准前就着急地摧毁房屋,清理场地,而这些房屋还是维护较好、值得保留的。

这些例子说明,由于没有竞争压力,政府不一定寻求地产收益最大化,部分原因在于他们没有从大部分投资中获得直接收益,就像公共决算委员会的批评一样。英国公路局可以买下筑路所需的土地,但是他们并没有从中获得收益。因此,他们主要关心的是怎样减少征收成本。有时,土地可能属于一个大政府,所以没有人对其负责。据说,在 70 年代,如果一块土地被空置很多年,利物浦公司(Liverpool Corporation)就会在其上树立一个白色的小屋,表明"利物浦公司所有"。如果没有人投诉,这块土地可能就归属于这个公司了。

有时,问题的发生是由官僚主义的拖延而造成的。一个真实的例子是,一个社区大学寻求一些暂时的楼房来作为汽车工程专业的训练基地。他们发现了一个理想的地方——空置的汽车仓库。这个汽车仓库是由县理事会拥有并修建的,当时正在被转让到镇政府手中。这种转让正在接受中央政府的审核,但是还没有被批准。由于决定还没有下来,县政府和镇政府都不想出租这个仓库,当然如果他们两者中的任何一个地方政府控制着这个仓库,他们就会将之出租给这个大学。

政府的行为可以被解释为不试图追求利润最大化。或者,他们可以理解为缺少将其土地标价和估计其可能用途所需的完整信息。然而,精确的解释并不真的是物质性的。关键的一点是他们对土地市场的参与本身使得这个市场不完美,这样土地就会不受保障地空置下来。

市场的不完美性可以以两种方式通过私营部门来影响市场。首先,私人土地所有者可能由于缺少开发资金而保留小片空置土地,而这片空置土地所属的地区或许应该得到开发从而取得规模经济效应。但是,开发这样一大片地区,需要开发商意识到获得规模经济效应的可能性,与土地所有者谈判,完成购买,而且取得开发许可(大多数国家都要求获得土地开发许可才能进行开发)。但是,从事这项开发的开发者可能还在同时进行其他开发项目;不同土地的所有者可能对土地价值有不同的估量;而且他们的开发许可可能被延期。所有这些表明土地市场是不完美的,这种不完美性可能导致土地被持续空置。

这些不完美性解释了为什么通过政府来解决土地空置问题是非常困难的。将一个本质上不完美的市场改造成完美的,几乎是不可能的。

五、结论

我们在本章阐述了土地空置或未尽其用的经济原因。关于未尽其用的土地，从土地所有者的角度来看，它们的存在可能是完全理性的。简而言之，这些原因取决于土地所有者出售或利用这些土地的未来收益大于其当前收益的可能性。

关于棕色地块，情况稍微不同。城市荒废或受污染土地的存在取决于清理费用、可获利润和建筑成本之间的关系。这些因素决定着清理后的土地的价值。鼓励再开发这些城市空置土地的政策力图改变其中至少一个因素——减少清理费用、降低建筑费用，或者增加可能的收入。其中任何一种改变都会增加土地的价值。土地价值一旦从接近零或负值转变成一个正值，再开发就变为有利可图并且可以实施了。

最后，我们指出土地市场是一个以缺乏信息为特征的不完美市场。由于土地所有者没有意识到土地如果被开发的价值或者政府没有对经济动力做出回应，土地就有可能会被空置。

参考文献

Clark, C. 1951. Urban population densities. *Journal of the Royal Statistical Society*, SeriesA 114:4.

——. 1966. *Population growth and land use*. London: Macmillan.

Evans, A. W. 1983. The determination of the price of land. *Urban Studies* 20: 119—129.

——. 1995. The property market: Ninety percent efficient. *Urban Studies* 32:5—29.

——. 2000. On minimum rents: Part II, a modern interpretation. *Urban Studies* 36: 2305—2315.

Hebbert, M. and N. Nakai. 1988. *How Tokyo grows: Land development and planning on the metropolitan fringe*. London: Suntory-Toyota International Centre for Economics and Related Disciplines and London School of Economics.

Neutze, M. 1987. The supply of land for a particular use. *Urban Studies* 24:379—388.

Titman, S. 1986. Urban land price under uncertainty. *American Economic Review* 75: 505—514.

第二部分

空置土地和棕色地块的再开发过程

第四章

将棕色地块转变为社区财产
——再开发障碍

拉维·布拉赫曼（Lavea Brachman）

在过去的十年里,棕色地块的再开发已引起了政策制定者、政府实体、非盈利组织甚至私人开发商的广泛关注。对于那些在公共或非盈利部门的人来说,棕色地块的再开发意味着对于城市衰退和城市蔓延这些孪生问题提出了部分解决方案。对于私人部门来说,在正确的境况下,这些棕色地块意味着一次投资机会。然而,所有这些部门也许都高估了棕色地块的潜在价值,他们认为棕色地块能作为经济和收入增长的跳板。如何将棕色地块转变为社区财产,尤其是在目前下降和衰减的邻里关系背景下,这一挑战始终困惑着公共政策制定者和社区负责人。

由于某些原因,促进棕色地块再开发的政策只是取得了部分的成效。首先,联邦法令和州法令对于市场的运作有着超出预期之外的影响。管理棕色地块的环境法案的通过,只有一个目的:即加强对于污染物的清除。但是,正如法案与市场相互作用的其他许多领域一样,它们都不幸地产生了新问题。例如,州和联邦法令对于财产所有者强加了严格的责任(为了补偿某些公司的污染代价),这就导致许多公司和个人放弃他们的财产或者宣告破产来逃避这些法令,因而也阻碍了私人投资者复兴这些财产。第二,在过去的40年里,美国的制造商的数量已经减少,尽管一些制造商已经将其生产区位转移到了低花费的生产地区,例如美国南部甚至是海外。第三,由于经常存在的环境质量和经济发展之间的紧张局势,根除棕色地块的努力变得越来越复杂。这两个目标,一直以来都不一致,他们的成功经常必须以另一方的付出为代价,这将阻止棕色地块再开发项目的进展。由于环境问题并不局限于行政界线,他们在联邦政府这一级已经得到了适当的控制,在州政府这一级得到了很好的执行。然而,在联邦政府和州政府这两个等级内控制环境质量受到了当地市场的财产发展的干扰。由于房地产交易往往局限于特定的区域,关于房地产的政策通常来说属于当地政府实体的职权范围,而非当地市场的职权范围。

本章分析了这些棕色地块问题的影响以及政策补救方法。它阐明了棕色地块扩散的历史和原因;描述了典型的棕色地块再开发的步骤;将再开发问题分解为三个方面:制度上的、法律上的和经济上的;考虑了现行政策和解决方案的缺点;并最终列举了一些针对棕色地块的新认识。

一、背景:棕色地块问题的根本原因

在过去的 50 年,棕色地块的数量大量增加。从 20 世纪中叶开始,工业部门的持续萎缩导致了越来越多的闲置厂房和生产中心,这在老工业城市和老工业区遗留下了大量的棕色地块。伴随着由生产业主导型经济到以服务业主导型经济的全国性转变,生产设备亦向内陆转移,这就导致了棕色地块的大量增加。由于社区愈加关注环境污染对健康和安全的威胁,政府颁布了相应法令限制土地利用,这样就更加恶化了全球经济变化对于土地利用的负面影响。

在 19 世纪七八十年代,国会通过了几个联邦和州危害废物清理法令[①]。特别条例规定所有过去的、现在的和将来的财产所有者对于清理其所属财产上的污染具有严格的责任,无论所有者是否有过不良前科,也无论所有者所作的贡献有多大(也即财产者是否做过对社会产生不良影响的行为,对社会所作出的贡献有多大)。这一政策给财产所有者带来的忧虑导致

---

① 其中一个法令是环境对策、补偿和责任综合法(CERCLA),42 U.S.C. Secs. 9601 et seq.,也被称为超级基金、资源保护和恢复法案(RCRA),42 U.S.C. Secs. 6901 et seq.

了许多人放弃了他们的财产,或者宣告破产来逃避清理污染这一经济上的责任。结果,潜在的投资者尽量避开这些财产,导致了许多城市、郊区和乡村衰败的景象。同时,公众对于环境问题的关注日益增长,包括自然环境的保留以及污染的清理和阻止,使得棕色地块问题变得更为重要。由城市到郊区再到远郊区的生活和工作模式的转变,导致了棕色地块以及将来的土地利用无法避免地与如何抵制城市蔓延现象这一问题联系在了一起。最后,早期的清理标准经常要求实施所有的补救措施来达到初始的自然状态。这些最早的标准没有参考财产未来的使用情况,有时也缺乏实践性,因为它们并没有考虑什么组成了真正的自然状态。

政策制定者和经济学家开始承认:如果没有政府的介入,市场力量会自动促使绿带或者未开发土地的开发,但是这些土地大多远离城市核心区;另外,再开发棕色地块所带来的公共利益——使未尽其用的土地得到"最高和最好的使用"——将更加难以实现。为了改正这些市场带来的意外影响和与此相关的负面社会经济趋势,我们需要相应的法律政策。问题是,这些法律政策是否正确? 它们是否已经获得成功?

在州政府这一级上,志愿清理法令(voluntary cleanup statutes)已经在40多个州通过,这一法令鼓励财产所有者通过效率化清理程序(streamlining the cleanup process)来补救;鼓励积累基金来抵消财产评估的开支;鼓励那些再开发棕色地块的州减免部分企业税和房地产税。另外,一些州已经颁布了新的法令(修改现有法令来适应棕色地块的情况,或者是针对这些问题而制定新的法令)加速取缔对财产所有权的限制,例如退缴税、抵押或者是留置权。在联邦政府这一级上,工作也有了一定的进展。2001年国会通过了《小企业责任免除以及棕色地块复兴法案》(The Small Business Liability Relief and Brownfields Revitalization Act)[①],免除小企业及某些财产拥有者的"超级基金"责任,阐明"所有适当询问"(all appropriate inquiries)[②],要求自认为无法律责任的土地所有者必须进行自我辩护,另外还制

---

① P. L. 107-118(2002).
② 事实上,美国EPA仍然在协议的规则制定进程下发展联邦标准。他们这样做是为了阐明土地所有者必须要满足"所有合理的调查"。

定了新的基金机制。1997年,联邦免税代码得以修改,允许公司扣除"符合条件的补救开支"[1],这些开支以往是作为资金开支的,这一行为将使得税收收益延迟好几年。同时,为了响应联邦法院"权利丧失条件"(Fleet Factors)[2]决议(这一决议声明在一定条件下,担保贷方将失去超级基金责任的免除),国会通过了一项法案:贷方必须"事实参与机构运作的管理或操作事务"[3]才具备法律责任。与此类似,社区再投资法案(CRA:Community Reinvestment Act)[4],尽管不是具体针对棕色地块而制定的,但它要求银行对低收入社区进行一定比例的投资——那些棕色地块里的财产就符合这一条件。

除了这些法令,联邦政府的努力主要局限于管理的决心或者是为机构提供基金。在90年代中期,美国环保局(EPA)采纳了预期买方协议(PPA:Prospective Purchaser Agreement)。这一协议主要用于被超级基金项目所恢复的地区。根据这一协议,在一定条件下,未来土地所有者和使用者的责任可以得到免除。当前的联邦基金包括:环境评估基金(Assessment Demonstration Pilots and Grants),它为棕色地块详细目录的编制、规划、环境评估(EAs)和社区发展提供基金;棕色地块清理贷款基金(Brownfields Cleanup Revolving Loan Fund Pilots and Grants),它提供基金以便用于清理棕色地块的贷款资本化;棕色地块工作培训基金(Brownfields Job Training Pilots and Grants),它为棕色地块社区的居民提供环境意识的培训;棕色地块清理基金(Brownfields Cleanup Grants),它直接支持在公共绿色空间、娱乐用地或其他非赢利用途用地上的清理活动。

尽管这些联邦政府努力以及州政府法令的存在,然而,根据一份报告,在所有40万—60万棕色地块中,只有一小部分得到了再开发(Northeast-Midwest Institute,2000)。这样,尽管棕色地块的再开发吸引了许多的关

---

[1] I.R.C. Sec.198. 符合条件的补救开支指的是发生在1997年8月5日之后与消除或是控制有害物质相关的花费。

[2] 901 F.2d 1550 (11th Cir. 1990)."权利丧失条件"(Fleet Factors)决议认为,如果贷方"通过参与企业的金融管理到达能够影响该企业处理有害废物决定的程度"(901 F.2d at 1557)时,贷方将丧失其《环境对策、补偿和责任综合法》规定的豁免权。

[3] 42 U.S.C. Secs. 9601 et. seq.

[4] 12 U.S.C. Secs. 2901 et. seq.

注和兴趣,私人投资者和市场并没有作出相应的反应,这是因为棕色地块优惠交易的经济学基础常常并不发挥作用。让人并不感到惊奇的是,棕色地块的明显的公共利益——例如周边财产的增值,工作机会的增多,更高的税收收入,减轻的城市蔓延,公共绿色空间的保持以及污染的治理——并不作为投资回报而为投资者所占有,这就限制了私人投资者对于这些棕色地块的需求。棕色地块经常位于市场较弱的区域,所以即使是治理过的地区都不是特别的适于销售。为了发展这些棕色地块,需要在私人和非盈利组织中(同时也应包括多种政府实体)寻求多种解决方案。

二、棕色地块再开发过程的模型

理想状态下的棕色地块的再开发开始于对于所有权状态和财产情况的调查。典型的是,在一个潜在的购买者考虑购买某一棕色地块并决定其最终用途之前,需要对该地块的再开发需要进行一个全面的调查,在这期间,该潜在购买者应调查财产所有权并进行环境评估。这一点是与购买一块普通的房地产所不同的。因为棕色地块经常为所有者遗弃,因此通常都存在留置权、抵押、未交纳的退缴税等负担,这些负担在购买者能合法的进入或拥有该地块之前必须被偿清。根据不同的州和郡,移除这些负担的过程包括一下几个步骤:所有权搜索、由州长或郡负责人签署的出售许可、公众告示,以及通知前所有者或拥有股份的其他实体。此过程之后,郡将宽免所欠的退缴税债务,并且以往的留置权将被取消。

同时,购买者需要承担第一阶段或许还包括第二阶段的环境评估来决定污染的程度和地点。第一阶段的环境评估通常并不包括任何取样调查,而是对于地块使用历史的调查以及当前情况的描述。它能指出第二阶段的环境评估是否必须。第二阶段的环境评估包括实地土壤钻孔、测试、以及额外的取样分析。第二阶段所决定的污染的地点和类型对于最终用途(例如工业、商业等等)以及地块发展规划将有重要的影响。例如,受污染的地块需要被用作停车场用地,而不是作为开敞绿色空间。第二阶段环境评估也将有利于形成一个污染治理规划,该规划将有助于决定再开发的时间表以及地块再利用规划的结构。

当地政府介入棕色地块再开发的程度随着权限的不同而差异颇大,然而,除购买者和开发商的调查之外,市、郡政府或准公共发展团体可以收集这些地块的信息,例如所有权和环境数据,来确定最好的再开发前景并建立棕色地块详细目录清单。由当地政府执行的初步所有权搜索或环境评估对于购买者有很大帮助,因为这些将提供信息以降低由于状态未知而可能存在的危险,并且使得该财产更适于销售。当地政府也可以申请公共棕色地块补助金或贷款,以免除企业的部分金融风险。

根据这些信息,购买者和开发商会与销售者协商,达成协议以确定地块清理的责任,然后再取得地块所有权。如果它是一块无拥有者的地块,开发商需要首先偿清所有退缴税和留置权,然后才能取得所有权(临时所有者可以带着所有权证明去清除留置权,或直至地块被清理)。同时,开发商将与金融机构以及潜在投资者协商来为项目安排融资。

开发商然后可以召开一个公共会议来讨论对于该地块的裁决及规划。社区通常会对这些地块有特殊的兴趣,这是由于其相关的历史。并且他们关心其重新利用的安全性以及潜在的健康危害及其可能发生的周围地块的贬值。因此,社区的投入对于再开发成功意义重大。事实上,社区可以坚持介入再开发的过程,以确保能获得恰当的公众权益。

一旦初步调查完成并且新的所有者取得财产拥有权,开发商将获得资金(有可能包括公共贷款),并且拟定规划方案来清理地块的污染。开发商需要获得州环境署对于该地块规划的批准,以使其能享受州政府提供的未来责任免除。与其他私人投资者或开发商的合作关系将依赖于这些州所授权的责任免除。如果资金出自常规来源,那他们通常需要提交第一阶段和第二阶段的环境评估信息。

三、当前棕色地块再开发的障碍:法律上、制度上、经济上的障碍

棕色地块再开发成功与否取决于能否将开发障碍最小化,这一过程与

绿地再开发非常相似。它同时也取决于将棕色地块固有优点最大化的努力,例如现存基础设施以及其区位。当前,棕色地块再开发还面临着比再开发绿地更严重的挑战。为了便于讨论,再开发的障碍可被分为三类:①法律上的障碍;②制度上的障碍;③经济上的障碍。这样的分类有助于检验它们与当前政策之间的关系,并评估新的补救措施。

1. 法律上的障碍

(1) 责任

在某些情况下,清理污染所必须承担的财务责任是所有再开发绊脚石的源泉。建立再开发的障碍,降低股东介入棕色地块项目的兴趣,增长开销以及干涉财产转让,以上这些行为都歪曲了棕色地块交易市场。因为我们的社会依赖法定责任体系来约束各个团体,使其对导致地块污染的行为负责,因此在限制责任的前提下促进再开发,与继续约束这些团体使其对自身的行为负责,这二者之间的冲突始终存在着。

强制责任的立法,原本是用来强调公众健康和福利事业的。作为立法提案的一部分,法律责任良好的意图为:阻止诸如发生在腊夫运河(Love Canal)[①]和密苏里州泰晤比奇(Times Beach, Missouri)[②]的空难将来再次出现;发现一种方法,促使开发商内部化(internalize)其危及公众健康及环境的行为,并使其承担这一行为所产生的代价。理论上强制责任能确保真正有责任心的团体负起责任,并且确保制止其将来会危害环境的行为。如果得到正确使用,对于有责任心的团体,责任强制是一种非常有效的工具。

然而,责任却成为了开发和投资决策的障碍物,并且也影响了财产所有者的处理决定。它对于棕色地块项目的预开发阶段有着极大的负作用,并

---

① 从19世纪40年代中期到19世纪50年代,一家化学公司使用位于纽约州北部的腊夫运河作为有害废物的垃圾掩埋场所。然后该运河被土覆盖,并卖给了当地教育局。第二年,该地附近新建了一所小学也一些家园。20年后,这些家庭遭遇到了化学废料导致的健康问题。腊夫运河案例成为了通过超级基金立法的主要推动力。

② 密苏里州泰晤比奇,是一个拥有2 240人口的小镇,它坐落于圣路易斯(St. Louis)以西17英里的地方,在1985年由于二氧(杂)芑污染,被宣布为超级基金地块,附近居民被完全撤离(除了一些拒绝离开的老年夫妇)。该小镇如今成为了野生鸟类栖息地和州立公园。

使得这些项目很难开展。例如,在环境评论的初始阶段,责任成为调查是否真正存在污染的障碍,这是因为所有者担心将承担责任,以及随之而来的财政罚款。如果污染未知,责任是无法确定的。事实上,污染的潜在可能性,例如地下水的污染及其相应责任人,将导致无法计算的清理费用,这也将给该财产笼罩上一片阴云。经验显示,场所评价一经完成,国内许多小地块的实际污染小于人们所预期的污染。因此,认为地块受到污染的这种感觉并不完全准确,而关于污染的类型及程度的相关信息通常能有助于降低不确定因素并分配责任。

(2)财产转让决策

责任对公司或大型的财产所有者决策的影响有别于对小型财产拥有者的影响。如果所有权已明确,责任经常也是财产转让或再开发的一大障碍。典型地,大企业选择最好的方法来最小化其责任,其方法是权衡比较保持所有权、继续拥有财产或是重新开发、卖出该财产两种情况下的总花费和总收益。由于没有强制对其所拥有财产进行污染整治,世界500强公司不考虑是否应该或怎样处理它们的财产。把两种方法区分开来的好处是,当仅仅承受最低的维护费和交纳财产税的情况下,可以防止由于某些对财产的新用途所引起的相关法律责任。或者,如果他们选择再开发,他们能控制其用途并确保污染整治是正确的且高效的,以防止任何可能增加他们责任的行为。公司称之为最低风险法。如果他们被法律强制执行,他们情愿自己来进行污染整治。尽管维护财产需要持续的花费,但是大公司也不愿意放弃维护财产转而自愿对之进行污染整治。他们认为其花费超过了售出或者再开发的利益,当然也超过了这些公司的"好邻居"(good neighbor)策略,即帮助社区来整治污染。甚至当一个公司决定维持所有权,如果其主要的商业目标是生产,它通常既没有专门技术亦没有意愿来像一个房地产开发商那样来进行污染整治。

尽管非诉讼条约存在于州法令下,并且州政府与联邦政府之间的条例确保这些条约将在联邦范围内得到承认,执行的不确定性导致许多大公司拥有的土地无法得到开发,或被"封存"[①]。在90年代初,公司往往选择不理会位于康涅狄格州或马里兰州的财产,这并不是由于法令造成的。该决定是来源于一个商业决策:维持财产并且财产税的花费相对较低于污染整治及再开发的费用。同时,这些财产不易被开发为轻工业用途,这是因为污染的存在将导致一个更为昂贵的清理标准,同时增加了清理地块以用作居住或商业用途的复杂性。又如另一个例子,由于仅在州政策中存在灵活性以及财产所有者的大量主动权,因此一家多国炼油公司决定不封存位于北印第安纳州的旧生产厂房[②]。对于该公司的这项决定,一个更好的理解是,这样做能导致重大的公共政策出台,例如不同的税务政策或鼓励拥有者转让其财产的政策[③]。

在某些地方,公司决定封存其财产会严重地危害社区。这些被封存的财产将会降低财产的价值,使小的财产所有者不愿意进行再开发,最终限制整个区域的经济发展。例如,在印第安纳州凯里(Gary),据估计有350英亩的土地被荒置,这些土地原先是用作一钢铁制造基地的。这还不包括位于凯里或邻近城市的其他钢铁公司所拥有的未充分利用的土地。

责任对于小块地产与大块地产的不同影响表明有必要制定新的政策方案来鼓励再开发,当然再开发要与地产的规模、开发业务的所有者、开发业务的规模,以及有助于业务再投资的当地实际等相适应。

(3) 影响小地产的场地控制及所有权问题

责任是一把双刃剑,它不仅使得企业负有责任,同时也导致所有者放弃财产以及企业破产,当由个人或小团体所有小地产(20英亩以下)时,情况更是如此。小的地产拥有者显然缺乏资源来维持一份不产生收益(更有甚者是不断消耗其财富)的资产,或更糟的情况,即地产不断地消耗其财富。对责任的恐惧导致了诸多放弃,同时阻止了新的团体购买地产。清晰的所有权能允许新的所有者拥有合法的权利来进行地产评估,进行开发,并进行要求的环境治理工作。开发商不能开发其不具备财产所有权的地产。财政

[①] 没有关于封存地块的详细统计资料,只有一些现有的例子。
[②] 来自2001年8月与该公司现行项目经理的电话谈话。
[③] 见赫什和威恩斯泰特(Hershand Wernstedt,2003)。

和公共基金亦取决于所有权。

由于所欠的退缴税（back taxes）、留置权（liens）以及抵押（mortgages）等所导致的所有权问题使得地块控制变得极为复杂。它们不但阻止了所有者对转让契约进行记录，还阻止了所有者取得所有权保险。清理所有权的烦琐过程以及重复的通知所有的前财产拥有者妨碍了所有权转让并延长了开发时间表。例如，位于印第安纳州北部的一座城市，有一荒废的铸造厂，其地产为一个已破产的公司所有。破产托管人没有兴趣宣称对于该地产的权利，这是因为潜在的责任声明以及托管人没有钱来偿还留置权或退缴税[1]。如果任之而为，这些所谓的孤儿地产将永远得不到重新开发。一些州已经通过缩短其通知期限来加速处理过程[2]。

存在此类问题的许多周边小地产进一步地阻止了地块控制，这是因为将这些小地块集中起来统一进行再开发困难极大。这通常需要合并几个相邻的地块使其处于单一所有权之下。许多土地也许并不是单个拥有者，或者进入重要道路或交通干线的唯一入口是通过相邻的、不属其所有的地块。存在非单一所有的相邻空地或棕色地块是很常见的，这是由当地的区划格局或工业区的历史成长造成的，因而也为地产合并提供充足的机会。

担心责任问题的出售者，例如大的地产所有者，或那些希望通过协商获得更好价格的所有者，也促进了封存地产的发展。有时没有公司愿意购买这些地产，尤其是在污染得到整治之前。只有当地产是清洁的，购买及销售协议含有保障条款，保护其免于对以前污染的任何责任，购买者才会感兴趣。这些问题要求整治措施不是针对于单个地块，而是针对全面规划和大规模的再开发，以及当地政策可协助地产所有权进行管理。

---

[1] 该财产和其他提及的印第安纳财产是由北印第安纳土地重新利用中心（NICLR：Northern Indiana Center for Land Reuse）所做的部分工作。

[2] 在19世纪80年代末的一个案例中，保管信任（custodial trust）成为了处理"孤儿"地产的一个创新方法。依照司法许可法令，建立于1989年的保管信任在马萨诸塞州渥波（Woburn）取得一块120英亩的、邻近一块企业所有的超级基金地块的孤儿地块的所有权，并将管理其环境整治和二次开发事项。详见威恩斯泰特和普罗布斯特（Wernstedt and Probst，1997）。

2. 制度上和政策上的障碍

（1）不情愿的股东和官僚式的拖延

当前的政策歪曲了重要股东的决策，导致他们不愿意介入棕色地块交易。法律上和财政上可能的责任阻止了投资者、金融机构和新的财产所有者介入棕色地块交易，同时介入这些地产开发的时间、花费，以及延迟阻止了对这些地产的需求。新的州法令——包括过去的5—10年内通过的自愿清理程度——提供了法律上的保证以确保新的财产所有者不用承担额外的环境整治，因而提升了这些土地重新利用的前景变得更加光明。随着更多棕色地块交易的完成，以及工程保护措施的完善，金融机构变得越来越适应责任保护。

尽管这些契约减轻了一些公司的忧虑，地产所有者仍然担心最终的责任。并且法律改革有其自身的缺陷，包括官僚作风、批准地块整治和公布契约中的拖延，以及州环境部门整治等级的不连贯性和某些地块不适于州程序。这些问题导致了地产所有者对于契约的长期可执行性缺乏信心，担心未来的诉讼费用，以及怀疑管理这些程度的官僚作风。对于及时弥补市场空缺的需求以及渴望明确答复往往导致开发商和终端用户选择其他地方而不是棕色地块。

因为棕色地块包括经济发展和环境保护事项，所以，在大多数州，通常需要没有联系的两个部门进行合作。这是一种挑战。但同时，拥有专门针对于棕色地块的财政拨款程序的州法令，例如在宾夕法尼亚和威斯康星州[1]，较没有拨款的法令取得了更大的成效。（这些州的好情况可能由于许多因素，但存在基金及拨款程序确实非常重要。）例如，在俄亥俄州，在2001年俄亥俄州环境整治复兴基金（CORF：Clean Ohio Revitalization Fund）[2]诞生之前，州环境法与经济发展动机之间一直都存在着很大的隔阂。不同的部门——环境保护局和发展部——有着不同，有时甚至相互抵触的任务。

---

[1] 详见赫什和威恩斯泰特（Hersh and Wernstedt, 2003）关于威斯康星棕色地块政策和程序的进展。

[2] Ohio Rev. Code Ann. Secs. 122. 651—659.

尽管在1994年通过了俄亥俄州自愿措施项目(VAP：Voluntary Action Program)，然而该项目并没有提供降低棕色地块再开发成本的经济动机；所以只有相对很少的棕色地块得到了再开发[1]。从CORF的通过之日起，在两年内35个项目得到了每个项目最高三百万美元的基金援助。然而，基金对于棕色地块再开发的真正影响以及它对于财产价值和市场的影响仍然有待确定，并且有可能受到其他制度或经济因素的制约。

(2) 缺乏当地政策意愿和领导阶层

拥有有力的当地领导阶层的支持绝对是棕色地块再开发成功的必需条件，这无论对于单一项目或多个项目都是正确的。领导阶层是指一个积极的社区领导者或选举的官员，例如市长或城市委员会成员，他们会拥护再开发，申请基金，从不同的部门取得支持。缺乏领导阶层将导致再开发努力的失败。在一个北印第安纳小镇，市长是再开发的主要支持者，他在关键的时刻被撤职，造成了领导权的空缺。城市委员会因而无法支持债券发行，而该债券是用来为与几个市中心地块再开发相关的基础设施升级提供基金的。该再开发长期停滞。所有潜在的当地政府角色要求社区支持，没有社区支持，当地政府领导者不可能甘愿冒政治风险来扮演再开发支持者的角色。

一些因素阻碍当地棕色地块项目的建立并削弱地方和领导的支持。这些因素包括对实现棕色地块再开发的必要条件认识不清，以及对经济发展的挑战缺乏深层理解。原有的社区划分会导致再开发目标的冲突，特别是在市场较弱的情况下。将项目支持和潜在收益结合起来，便能缓和这一冲突。该冲突的根源往往来自经济情况以及种族差异。在未投资地区，特别那些需要重新开发的地区——这些地区往往有许多空地和棕色地区，社区往往缺乏组织性，对于再开发棕色地块此类复杂项目缺乏经验，并且对于外来团体并不信任。然而，当地支持对于再开发的成功是非常关键的，这体现在两个方面：在项目层面，它批准用地许可证及区划变更；在政策层面，它带动了再开发。

---

[1] 绿色环境联合(2001)。该研究发现在7年运作之后只有11个地块成为了俄亥俄自愿措施项目。

区位和地产状态造成了不同的社区支持。一块地产的状态、以往用途，以及对于公众健康和计划的未来用途的影响，会促使社区反对再开发，这种情况在懂得如何进行棕色地块再开发的社区也依然存在。这些地块往往位于或邻近居住区或零售区，并且一般不属于工业区。社区的抵制也许是有道理的，并且发现对于社区有益的重新利用会导致社区购入这些地块。受这些因素影响的社区能受益于当地非政府组织的领导，例如对于社区发展有投资的大学或医院。

相对孤立或者位于工业区的方格形地块的争议较少，并且明显地适用于工业或商业用途的再开发。例如，一片70英亩的旧化学物品生产基地，坐落在俄亥俄(Ohio)河与阿帕拉契(Appalachian)山脉之间，并位于西弗吉尼亚州一中等城市的外侧，该基地相对独立，并且一直提供了大量的就业机会。社区，当地政府实体(郡和市)，以及区域经济发展组织均支持再开发。另一个例子是关于印第安纳州的一旧铸造厂，该地独立于居住区和商业区，并且位于工业区。在那个城市，当地经济发展正在进行，主要是因为当地经济发展组织和城市本身是再开发的支持者[1]。

相似地，在空地占很大比例(大多数地方是30%或更高)的社区[2]，这些问题超出了棕色地块的范畴。这些社区通常缺乏经验，缺乏政治动力来进行变革。经常地，多种因素阻碍着新的使用者在购买或租赁这些地产，这些理由包括高额的财产税，高犯罪率以及该地块的不良历史。例如，对于印第安纳州的加里(Gary)城和芝加哥南部郊区的鲁宾斯(Robins)、芝加哥海斯(Chicago Heights)、道尔顿(Dalton)和里弗代尔市(Riverdale)情况就是如此。这些城市不会为开发商或公共项目的私人投资商提供技术支持，或及时地提供开发商和建筑公司所需要的用地许可证。这些地区最需要当地政府的特别干涉或总体规划。

遭遇这种情况的地区通常缺乏政治意愿或能力来进行针对性的立法修

---

[1] 尽管该地块的再开发存在一些问题，包括所有权问题，延长的预开发时间，但是最终都得到了解决。

[2] 关于全国范围内空置土地比例的更多信息，可参见帕加诺和鲍曼(Pagano and Bowan, 2000)。

编来帮助这些社区并重新开发地产。这种当地政府行政能力的不足使得社区运行整体再开发规划可能性更低，并且更不可能由于单一地块的再开发而导致附近地产价值的升值进而促使其他的再开发。在密歇根州的弗林特(Flint, Michigan)有大量程序上的变化。佛林特所属的县采纳了一些极端方法来处理空置土地再开发的问题，即通过直接获得地产所有权，重新区划，并与私人及非赢利开发伙伴合作。然而，要评估这些重新开发地产，根除城市衰退的做法能否最终成功，现在还为时过早。

3. 经济上的障碍

尽管制度上的障碍仍然存在，与此同时也出台了新的法令以致力于解决某些法律问题，金融协助程序也已经开始打破经济壁垒，并使棕色地块的地位上升至与绿地同等的高度。然而，真正的破坏棕色地块交易的经济屏障依然存在，这些障碍或者作为现行政策的预期之外的结果而存在，或者与这些政策毫不相关。

棕色地块的残留同时取决于宏观经济形势以及经济行为人的行为。在宏观经济的层面，逆工业化和技术变革导致了工业厂房的遗弃。同时，工厂所有者有时不能正确地处理工业废物，因而导致了地块污染。作为一个社会，我们仍然承受着这些过去的行为所带来的代价。这些情况在过去和将来都会得到治理，其方法是通过法令革新使得私人投资者承担这些代价。问题仍然存在，谁该支付这些外部化的费用？这些费用以及因而导致的经济屏障出现在棕色地块再开发过程的每一个关键步骤里：在开发策划前、预开发阶段、开发阶段，以及改善阶段。这些地块的贫瘠状态被夸大化了，这种情况下经常发生在大规模城市投资缩减存在的地区，或自愿清理法令不健全的地区。这些项目只是部分地专注于昂贵的和耗时的预开发阶段，而这一阶段往往会使棕色地块开发热度骤降。

(1) 冗长而艰辛的预开发阶段

冗长而艰辛的预开发阶段增长了开支。开发者需要进行投资来收集信息以确定污染的程度和种类。除了第一阶段和第二阶段的环境评估，需要进行进一步的调查来满足要求，这将大量增加棕色地块预开发的开支并延长开发时间。尽管预开发阶段的环境评估以及其他艰辛的工作相对于污染整治并不是特别昂贵,但它们被认为是很冒险的,因为投资的潜在回报非常低。除了通过环境评估来描述污染(理解其类型、程度和位置),由于发展计划需要考虑前面所讨论的所有问题,整个进程被延长。其他昂贵的预开发活动包括场地准备(分级、拆除现存建筑,以及清理垃圾),处理未知等级的场地或者地下水污染,阐明治理计划以便取得管理部门批准,举行社区会议。早期的当地政府干涉以及信息收集提供了策略援助。

(2) 环境整治费用和不充分的公共基金

一般而言,环境治理——包括环境评估和拆除旧建筑——占整个项目成本最少 50%[①]。这些开支如今至少可以由公共基金部分满足,但是管理环境治理项目的州部门由于缺乏灵活性,也可能增加再开发的成本。例如,当有许多不同成本的环境整治计划时,州政府机关将批准一个在同样保护人身健康的前提下较为便宜的计划。这将帮助私人投资者改善项目的财政情况,使之更易于成功。同时,与政府管理部门就整治计划和适当的清理等级事项进行的协商所产生的交易成本上升了。然而,特定交易的经济情况会由于财产本身可以忽略的购买价格,以及使用多种联邦和州程序而有所改善。以上的成本和拖延的累积效应会大大增加进行棕色地块交易的开支以及资金成本,因为该交易也许会进行很长一段时间。这些起激励作用的项目有意要缩减成本开支,其方法是通过使整治标准与未来使用相匹配,使法律条令简化并更具效率,以及减少官僚式的疏忽。

诸如城市投资缩减此类的情况不会单单由于公共棕色地块基金而有所改善,而必须要求有一套完全不同的程序和政策来专门解决这些问题。本章建议服务于单一地块的公共基金是必须的,但是这种基金本身并不足以应付再开发棕色地块的经济挑战。

[①] 该估计值是基于俄亥俄发展部的信息,该发展部监视了该州的棕色地块再开发项目。环境整治支出占总项目支出的比例在包括较少公共基金的项目中可能有所不同。

四、解决方案:增补当前政策的空缺

当前政策所产生的不当——预开发阶段的冒险性成本和时间拖延,对于法律责任的不明确,获得地块控制所产生的问题,股份介入的障碍物,以及再开发棕色地块普遍存在的挑战——需要由更加目标明确的法令以弥补。另外,新的制度调整,例如当地政府的项目,更为活跃的非赢利组织的介入,以及在不同使命州政府部门之间的合作政策的制定,对于补充公共政策是必须的。

各州已经意识到有必要修改法令,例如财产处理法,使之与当前的空置土地问题挂钩。棕色地块不仅仅是环境问题,认同这一点对于打破再开发的障碍以及从一个更全盘的角度进行考虑是至关重要的。然而,改善棕色地块再开发前景的最可行方法是当地政府和非赢利组织的介入,并将现行的政府项目和私人投资者相联系。当地方政府承担起消除棕色地块项目的领导角色时,成功的可能性更大。这些角色包括鉴定地块、进行目录清单记录、安排交易,以及拥有或开发地产。某些当地政府介入的例子,例如取得地块控制权,已被证明是非常有效的。

1. 私人投资机构:缩减开支及限制责任

前期开支被认为是风险很高的。公共基金的确存在,但公共基金与私人开发商投资意向之间的差距显示了对于私人基金机制的需求。幸运的是,这一棕色地块投资缺口已受到了关注,并且新的机制正在一些地区形成。有一个基金,被称为"大湖区再开发创制一号基金"(Great Lake Redevelopment Initiative Fund I),将为伊利诺伊、印第安纳和威斯康星州的棕色地块项目提供全程技术援助、贷款和股本投资。这将为投资者从金融机构和政府基金处为符合条件的项目取得贷款[①]。除此之外,该基金还有一个创新点,就是金融机构的直接介入,而这些金融机构以往是不愿意对污染

---

① 详见 www.chicagoredi.org。

地块进行投资的,因为它们担心责任以及使用棕色地块作为抵押品。

尽管这此金融机构的标准不尽相同,它们主要被用于预开发阶段和改善阶段。它们为再开发项目提供债务便利,或为开发早期阶段保证绝对的公正。除了投资回报,银行还有资格凭借联邦社区重新投资法案而取得信誉,当然,其前提是银行提供资金的地产必须位于低收入或中等收入地区。这类基金通过分散法律和金融责任专门致力于解决金融机构对责任的担忧。多团体介入而导致的风险分担,金融机构与项目的紧密关系,环境保险,以及有限责任公司的使用,统统降低了风险。这样,总库基金(pooled funds)既限制了责任又管理了开支,同时也解决了棕色地块投资普遍存在的不足。

对于棕色地块再开发的公共和私人解决方案是相互关联的。例如,理解场地污染的程序和类型不仅限制了责任,消除了棕色地块财产的不良印象,为形成污染整治规划提供了关键信息,同时也为周边社区提供了重要信息。社区因而能采取有力的措施来保护公众健康。

州项目应该与其他限制责任的各项机制配合使用。对于政府的法律责任的免除并不保护地产所有者免受第三方团体、邻近地产所有者、未来拥有者或任何其他可能宣称受到损失的团体的诉讼。保险也能缩减地产所有者的责任风险,这些责任往往来自地产售出后被发现存在污染。

在过去的10年里,环境保险机制由于管理第三方责任已经变得越来越完善并受人欢迎。例如,当贷方遭受抵押品贬值的危害,当借方由于污染整治开支而无法偿还贷款,当贷方需要为取消抵押品赎回权的地产所存在的环境问题负责时,担保贷方保险(Secured Creditor Insurance)可以为贷方提供保护。清理费用限制保险(Cleanup Cost Cap Insurance)涵盖了远超出预计的清理费用,这样也就管理了成本。环境损害保险处理第三方的个人损害或财产损失,并且支付为在政策实施时未知的污染进行整治的开支[①]。

另一个控制未来所有者责任的法律手段是有限责任公司(LLC:Limited Liability Corporation)。有限责任公司作为地产所有权和投资的载体,

---

[①] 详见迈耶、扬特和威恩斯泰特(Meyer Yount and Wernstedt,2002)。

对于合伙人有税务上的利益,对于企业有责任保护,这意味着没有个人责任。LLC被用于除棕色地块以外的许多不同领域。在印第安纳州密歇根市(Michigan City,Indiana),一个非赢利组织取得一个地产的所有权,然后转让给了一家有限责任公司,这家有限责任公司继承了所有权并加速了交易和再开发。这就允许组成LLC的团体为其责任而感到骄傲:只有LLC的财产才能解决任何预期外的花费或是责任。

最后,依照环境评估而进行的环境整治规划可能包括制度上的和工程上的控制,以补充其他责任保护。制度上的控制能通过政府控制(例如当地区划要求、州法令)、合同控制或使用财产法机制来实行。工程上的控制通常是建立围墙等屏障。

2. 将当地政府的介入制度化

虽然结构适合当地政府介入,然而,法律和政策框架并没有鼓励当地政府的介入。虽然一些州基金或贷款项目要求当地政府是申请者,并且城市通过每一项目均要涉及的区划或开发审查过程而参与到每一个项目中。但是当地政府和社区组织(CBO:Community-based Organization)能担当一个更为重要的角色。通过缩短预开发时间和开发时间,确定地块的用途以及平衡不同的地产等手段,当地政府介入能增加棕色地块价值,因此为这些地产带来市场。当地政府的角色不尽相同。他们能:①开发并维护棕色地块目录清单;②通过土地银行开发棕色地块和其他空置土地;③建立社区总体规划;④为再开发确立税务激励;⑤使用法律机制来免除退缴税并改善场地状况。从大城市,例如芝加哥,到小城市,例如俄亥俄州的春田市(Springfield),目标明确的项目使棕色地块开发率产生了很大的改变。芝加哥是全国第一个设立棕色地块工作组的城市[1]。拥有6万人口的春田市,其

---

[1] 1993年,来自芝加哥环境部、规划与发展部、建筑部、法律部和市场办公室的代表集合在一起商讨促进对该城市棕色地块的进行污染清理和再开发的对策。棕色地块论坛——一个由房地产开发商、实业家、银行家、律师,来自当地政府、州政府和联邦政府的代表,环境倡导者和社区组织组成的广泛的公共及私人团体——就是城市对策的产物。在1994年12月和1995年6月,该论坛成员参加了工作会议,并发展了促进棕色地块再开发的建议。结果,在过去的十年里,几百英亩的棕色地块得到了开发。

30%的可开发土地是棕色地块,它有地产目录清单、社区投资项目,以及积极的评估项目[1]。这些预开发努力帮助春田市成功地获得了几项联邦基金以及州基金来进行棕色地块开发。

不同的解决方法是否合适,依赖于地产所处社区的特点。在投资高度缩减的社区,城镇也会拥有较多的棕色地块,其解决方法与拥有很少且分散的棕色地块的地区大不一样。除了当地政府的介入,起补充作用的以社区为基础的参与也是需要的。有些讨论会允许社区参与决策制定过程,或参与提示关于地块历史及污染信息的过程,这些讨论会公开了以上程序,增加了参与再开发团体的信任,并最终导致了社区的支持。良好的社区往往能更好地参与再开发,特别是在管理开支及获取实地控制时更是如此。

教育努力最初由非地方组织领导。在小的社区,他们能提供重要的催化作用以鼓励社区通过环境整治及再开发来遏止地区衰退,并最终提升当地生活质量。乔治亚州的一个小镇的土地主要是一整块棕色地块,其再开发是由一个当地领导人实现的,并同时也有一个外来团体的介入。讽刺的是,这些最需要帮助的孤立社区往往并不信任带来重要信息的外来团体。社区组织能担当某些角色以补充或增强当地政府的行为来将棕色地块转化为社区财产,这些角色包括:作为交易经纪人或股东间的仲裁人;作为地产所有者;作为全社区范围规划者来安排棕色地块和闲置地块;作为社区提倡者以确保重新利用能够为社区带来利益;甚至作为开发商(Brachman, 2003)。

对于拥有大量闲置和废弃土地的社区,棕色地块只是问题的一部分,一块一块进行土地开发的工作模式不再有效。只有大规模的经济开发计划才有机会吸引新的使用者以进行再开发。一般而言,在这些社区,大规模的经济开发规划与实施——不仅仅限于棕色地块再开发——是致力于解决吸引新使用者进行再开发的唯一途径。训练当地非赢利组织从事棕色地块相关工作,或建立新的当地经济开发组织来从事这些工作,能支持这些大规模开发计划的形成与实施。

---

[1] 见www.ohiobrownfields.com,附录C,和www.ci.springfield.oh.us。

一个芝加哥的非赢利中间组织已经成功地实施了一系列的方法①。通过与位于芝加哥南部郊区的低收入村庄的紧密协作,该中间组织为村庄带来了资源及社会关系,组成了一个当地社区组织并描述了其发展计划和工作现职,推荐了一些经济开发工具来实现再开发规划。通常,社区组织并不致力于解决棕色地块,而是关注于可支付住宅、犯罪以及创造工作机会提供。他们认为棕色地块过于复杂、昂贵、风险高以及不确定。另外,这类大规模的经济开发和规划有很长的持续时间(至少5年)。

甚至没有大量空置土地的社区也受益于总体规划。在威斯康星州中部的一个城镇将一棕色地块再开发规划与一交通改善规划相结合。该交通改善规划拥有全面的社区支持,这是因为人们对长期的交通阻塞深深不满。一旦该城市发现棕色地块和其他空置土地的再开发将有助于改善其交通状况,并建立起针对这两方面的整合规划,它就会同时带来社区对于棕色地块再开发的支持②。

3. 加速场地控制

再开发计划说明书可以依据财产及其历史有不同的形式。当一个地产正进行环境整治以准备进行再开发时,利用公共投资者或非赢利组织作为过渡期土地所有者的做法正变得越来越普遍。除此之外,当地产要不给公众健康带来危害,要不欠有很多退缴税时,城市没有其他选择而只能控制该地产。联邦税收法规定,如果捐献棕色地块给非赢利组织,该地块所有者能获得税务方面的好处,因而联邦税收法也为地产所有者转让财产提供了动力③。当地产所有者的地块对于某一项目特别有价值时(例如,提供了重要的交通入口的地块),当地政府会选择采取更为主动的姿态去取得地块所有权。当地政府有诉诸于其最终所有权的权力,只要它给财产所有者提供了

---

① 这指的是芝加哥土地再开发协会(REDI:Redevelopment Institute)的工作, a 501(c)(3)数据协会成员。
② 见布拉赫曼(Brachman,2003)。
③ 捐赠的好处各个地块有所不同,它依赖地块目前及整治之后的评估价值。考虑这种形式的财产转让的人应该调查并决定哪一种是最有效率的。

补偿[1]。然而,考虑到这个国家几乎神圣的私人财产权力,许多社区不愿意诉诸于这种强行取得土地的方式。

许多地区也许有不愿意出售土地的人。在这些地区现行的法律职权——给予当地政府权力来获取所有权而不必诉诸于强行获取——正被应用于棕色地块范畴。例如,印第安纳州地方政府有法律权力来声明某地区处于衰退状态,从而取得这些特定地块的所有权。这种情况的唯一前提是地方政府拥有州衰落区法案(Blighted Areas Act)所规定的再开发规划[2]。在一个位于印第安纳州北部的项目,该项目并不欠有退缴税,有一最大的场地与剩余的四块棕色地块相连,该地块的所有者拒绝出售该地块,尽管该地块未得到充分利用并有一个10万平方英尺的废弃建筑物。该城市再开发委员会考虑到使用其权力来取得该地块的所有权,但是最终否定了这一想法。在俄亥俄州,处理地块控制的法律措施可用于棕色地块控制,其方法是授权当地政府在通过接收过程来取得所有权(尽管该法令的连贯性受到了法院的挑战)[3]。然而,政府实体按照这些法律程序来执行可能会非常昂贵。另外,这些要求严格依照法令的程序可能为期很长并因此而被削弱。从容不迫的速度是必须的,否则将会丧失发展机遇。

非赢利组织在财产转让中发挥了主要的作用。公共或非赢利所有者来自几个不同渠道,它可以是永久的或暂时的。在印第安纳州铸造厂的那个案例中,该财产存在着留置权和退缴税。在所有权能转让之前,必须进行协商以免除留置权。同时,免除了退缴税,按照法律程序取得财产所有权,并按照法律要求将所有权转让给一家非赢利组织(以确保没有私人实体通过转让而谋利)[4]。非赢利组织保留着该地产直到它被转让给一家有限责任公司。有限责任公司成员一般是两个非赢利组织,它们建立公司的目的主要是重新开发地产。其他州也有相似的程序在长期退缴税的情况下取得财

---

[1] 美国宪法第五修正法案。在19世纪90年代,一系列的最高法院案件通过给"补偿"设定更宽广的含义,来逐渐增强了财产权利保护。

[2] Ind. Code Secs. 36-7-14-1 et seq.

[3] Ohio Rev. Code Ann. Secs. 323.49-51.

[4] Ind. Code Secs. 6-1.1-24-1.5.

产所有权[1]。

公共或非赢利团体是这一阶段有力的拥有者与合作伙伴,因为他们对财产的所有权能加速这一进程。在多个所有者拥有几块相邻空置土地时——例如在加里、印第安纳州——再开发政府拥有的、由公共或非赢利团体管理(例如通过税收偿还进程来管理)的地块是有意义的。在这种情况下,所有权问题将不会成为障碍,为公共利益的再开发更为可行,并且风险也较低。而且,在许多地方,公共或非赢利团体所在者会将财产转让给私人团体或私人开发商来进行再开发。然后,这些地产的再开发会促进周边私人拥有地块的再开发,这是因为这些地产的潜在价值升高了。

五、结论

当前将棕色地块转让为社区财产的解决方案经常显得不够充分,我们需要其他的研究来分析使开发前景更加光明的因素,并根据这些研究成果实行新的政策。最后,并不是所有的棕色地块都能被开发。然而,由于拥有基金项目以及责任保护机制,再加上当地政府强有力的干涉以及对于不景气市场的特别关注,再开发将变得更为可能。这些项目的内容根据大小、区位及城市历史等因素而有所不同。当地政府的主动介入对于刺激市场变化极为重要。所以,将来的政策应帮助增强当地政府的因地制宜开发棕色地块的能力。非赢利机构——包括社区团体和其他非政府组织,例如医院和大学——将担任一个极为重要的角色。

第二,政策应针对大地产所有者面临的财产转让问题,以及小型交易中普遍存在的地块控制问题进行修改。许多情况下,地块所有者选择放弃地产,因此未来的对策最好是针对于因此而导致的所有权问题。例如,新泽西州州刚制定的法律就考虑了废弃地块所独有的发展限制问题[2]。同时,任何能够提高私人领域投资者法律满意度和财政满意度的项目都会提高公共

---

[1] 见 Ohio Rev. Code Ann. Secs. 1728.01-13。
[2] 新泽西废弃财产修复法案,P. L. 2003,c. 210。

项目的平衡能力。

第三,与棕色地块整治法令相结合的基金项目是最成功的,并且针对于棕色地块预开发阶段的基金最能大大增加再开发的前景。然而,任何金融解决方案都应该针对前面讨论的城市投资缩减问题,而不仅仅是单个的棕色地块交易。同时,任何增长私人投资者财政情况的项目都将加强公共项目的影响。

第四,某些情况更易于促进政府与私营部门的配合。随着针对私人投资者所关注问题(例如责任等)的公共法令的出台,私人投资者建立了创新的市场以及法律机制来推动这些项目的完成。为了使棕色地块的再开发能够发生,公共法律、私人投资机制和当地政府支持,这三者的结合必须存在,否则各种各样的再开发障碍将持续存在。

最后,环境质量与社区和经济发展之间的矛盾仍然存在,但是它可以通过机构之间的积极对话来部分地解决。开发项目的规划者越多地注意到可持续性问题,这些项目就会产生更多的公共利益。

总之,棕色地块的"瓶颈"也许会存在,这就回答了为什么无论政策、市场机制或其他对策如何进行调整,有些地块始终都得不到开发。根本上,对于房地产开发项目都存在一定的需求量,在当今全球经济一体化的背景下,这种需求也许不足以满足供给。棕色地块由于障碍太多而不能保证投资的收益,因而需要进行适当的整治或政府机构的控制,直到新的政策出台刺激其需求。

六、感谢

我非常感谢三角洲研究中心(The Delta Institute)的工作人员,我有幸在此参与了本章中讨论到的许多项目。我也很感谢俄亥俄开发部(Ohio Department of Development)的工作人员,感谢他们提出的宝贵意见以及倾心的投入。最后,我非常感谢美国林肯土地政策研究院的经济资助,以及罗莎琳德·格林斯坦(Rosalind Greenstein)能对我的前期草稿进行有价值的意见反馈。本人独自承担剩余错误。

参考文献

Bartsch, Charles and Elizabeth Collaton. 1996. *Coming clean for economic development*. Washington, DC: Northeast-Midwest Institute.

Brachman, Lavea. 2003. Three case studies on the roles of community-based organizations in brownfield and other vacant property redevelopment: Barriers, strategies and key success factors. Working paper. Cambridge, MA: Lincoln Institute of Land Policy.

Breggin, Linda. 1999. *A guidebook for brownfield property owners*. Washington, DC: Environmental Law Institute.

City of Gary Route 912 industrial park: Conceptual master plan. 2001. Prepared for Gary Urban Enterprise Association by Northern Indiana Center for Land Reuse, The Lakota Group, and V3 Consultants. May. Unpublished.

Gerrard, Michael B., ed. 2001. *Brownfields law and practice: The cleanup and redevelopment of contaminated land*, vol. 1. New York: Matthew Bender and Co., Inc.

Green Environmental Coalition. 2001. *The State of Ohio's voluntary action program: Findings and recommendations*. http://www.greenlink.org/brownfields/findings/VAP_findings.html.

Hersh, Robert and Kris Wernstedt. 2003. *The brownfield bargain: Negotiating site cleanup policies in Wisconsin*. Discussion paper 03-52. Washington, DC: Resources for the Future. December.

Howland, Marie. 2003. Private initiative and public responsibility for the redevelopment of industrial brownfields: Three Baltimore case studies. *Economic Development Quarterly* 17(4).

Meyer, Peter B., Kristen R. Yount, and Kris Wernstedt. 2002. Brownfield redevelopers' perceptions of environmental insurance: An appraisal and review of public policy options. Working paper. Cambridge, MA: Lincoln Institute of Land Policy.

Northeast-Midwest Institute. 2000. Brownfields: A state by state analysis. Washington, DC: Northeast-Midwest Institute.

Pagano, Michael A. and Ann O'M. Bowman. 2000. *Vacant land in cities: An urban resource*. Washington, DC: Brookings Institution Center on Urban & Metropolitan Policy.

Wernstedt, Kris and Katherine M. Probst. 1997. *Land use and remedy selection: Experience from the field—The Industri-Plex site*. Discussion paper 97-27. Washington, DC: Resources for the Future. July.

第五章
污染是城市内部工业复兴的障碍？

玛丽·豪兰(Marie Howland)

随着规划者、学术界、开发商和市民对"理性增长"(Smart Growth)及更适合人类居住的城市的热情不断升温，城市内部棕色地块的再开发成为一个备受关注的问题。为了使限制棕色地块开发合理化，城市政府必须在现有城市范围内找到可以建造的土地。污染——环保法律欠缺[①]和工业历史的遗产——被普遍认为是中心城市复兴的一种阻碍因素。

相对于土地价值来说，清洁费用是否太高，以至于政府必须提供补贴？中心城市工业用地市场是否因缺少银行金融支持或污染风险和成本信息欠缺而导致市场机制失灵？污染及其他因素对中心城市复兴的阻碍程度有多大？本章力图通过调查巴尔的摩西南某一占地5 500英亩以上的工业园区的所有销售、价格、现存污染和市场停留期来回答上述问题。这种访问和广泛采用数据的研究方法有利于我们理解污染和其他相关因素阻碍市场需求的程度。定量分析法解释污染对土地销售和价格的影响，而访问法从细节上反映污染和其他因素是如何影响销售和价格的。例如，如果没有对一个地区范围的所有销售的分析，我们就不可能知道污染地段在没有政府补贴的情况下被出售，而且销售不出去的原因是标价太高。访问法揭示了非量化因素对销售和价格的影响。

---

① 美国联邦政府于1981年通过了《环境对策、责任和补偿综合法》。

定量分析结果表明从90年代中期起,污染地段被推向市场,而且市场因污染而调低地价。实际上,当土地用于工业时,污染并不是一个阻碍因素。访问表明为了认真地推进"理性增长"和中心城市复兴,倡导者必须解决旧工业区的一些经常被忽视的问题,如关于土地面积的过时数据、不适合现代卡车通行的道路、老化的基础设施、不协调的土地利用和对土地潜力不现实的估计。将注意力单单放在污染上掩盖了阻碍中心城市工业区再开发的其他同等重要的因素。

一、文献综述

虽然受污染地段在农村和郊区城市也有存在,化学和放射性污染通常被视为一个属于中心城市的问题(Staley,1996年;De Sousa,2001)。国家优先名单上的925个地段中,17%在市中心,57%在大都市地区(Wernstedt and Hersh,1998,460)。但是,比中心城市的总体规划更重要的一点是这些地段比低人口密度地区更容易产生负面外在效应,并且更容易为"理性增长"制造障碍[①]。

污染被看做城市工业区再开发的最主要障碍。这一结论是由两个原因引出的。首先是从定义上,美国环保局将棕色地块定义为"被废弃、闲置或未尽其用的工业或商业设施,其扩展或再开发由于现实存在或潜在的污染而复杂化"(U.S. EPA,1997)。这个定义没有考虑到那些虽被污染但的确被开发的地带,因而夸大了污染对开发的整体阻碍作用。其次,文献和公共政策过分强调污染是再开发的障碍,因为现有的数据全都证明这种情况。作为棕色地块研究的最常见方法,个案研究通常不是强调最佳实践(ICMA,1998;Wernstedt and Hersh,1998)就是强调再开发的阻碍。对后者的研究注重清洁费用、对未来责任的担心,获得私人资金支持的困难(Bartsch,1996;Swartz,1994;Yount and Meyer,1994;Staley,1996;Yount,1997;De Sousa,2000;De Sousa,2001),以及与购买协定和收集责任方造成

---

① 这里,我们特指在已有基础设施的地区进行新开发的理性增长战略。

的损失相关的法律和诉讼成本(Duff,1994)。这些案例通常把注意力放在由于缺乏私人投资商的兴趣而引起公众关注的地带,这样就给人造成污染是中心城市工业再开发的主要障碍的印象。另外,个案分析法研究孤立的个别土地,因而政府官员和政策制定者可能忽视土地保持闲置是由于出售者标价太高的事实。

尽管大量文献指出地价不能太低,地价至少要补偿拥有一块受污染土地的代价、风险和责任(Bartsch,1996;Bartsch and Collaton,1996;Green Leigh,1994;Greenberg et al.,2000;Page and Rabinowitz,1993;Schriner,1998),几十年来再开发成功的例子说明开发商有可能使购买、清洁和再利用受污染土地变得有利可图(Pepper,1997)。迈耶斯和莱昂斯(Meyers and Lyons,2000)记录了在没有政府干预的情况下,私人公司再开发棕色地块的例子。他们发现这些私人开发商喜欢位于高地价地区、私人所有和较大的土地。这种个案研究并没有估计与污染相连的价格折扣,也没有将污染与可能导致再开发失败的其他情况结合起来作统筹分析。

有三个研究调查了与污染相关的价格折扣。迈格拉斯发现现有数据表明再开发发生在有价格折扣的受污染地段。芝加哥市的工业土地市场非常有竞争力,而且成功地对污染责任进行了标价和资本化(McGrath,1995,18)。通过对巴尔的摩港口两年半的销售追踪,豪兰(Howland,2000)发现打了折扣的受污染土地可能以"清洁"土地出售。佩奇和拉比诺维茨(Page and Rabinowitz,1993)发现3个州的4个工业项目得到了10%—50%的地价折扣。

格林伯格(Greenberg,2000)通过对新泽西州棕色地块的研究和对城市估税员的问卷调查,发现了除污染之外的再开发阻碍因素,包括州和地方政府法规、治安不好的社区、工业衰落、更有吸引力的周边地区、缺乏学校和交通不便。

本研究的贡献在于我们可以决定污染对再开发的阻碍程度、与污染相关的地价折扣幅度、污染在土地销售和相继再开发过程中发挥的阻碍作用,以及与其他阻碍中心城市再开发的潜在因素相比,污染的相对重要性。

二、巴尔的摩与其他工业城市

巴尔的摩是美国东北部一个典型的工业城市。它同样经历着制造业萎缩和服务业兴起的结构改变。与其他棕色地块受到关注的城市相比,巴尔的摩的区域制造业地区比芝加哥、底特律、费城、波士顿、克利夫兰(Cleveland)、亚特兰大和匹兹堡等大都市统计地区(MSA:Metropolitan Statistical Areas)衰落得厉害,而且比整个巴尔的摩市衰落得更加厉害(图 5.1)。1991—2001 年,该地区每年平均失去 1.3% 的制造业工作岗位。1991—

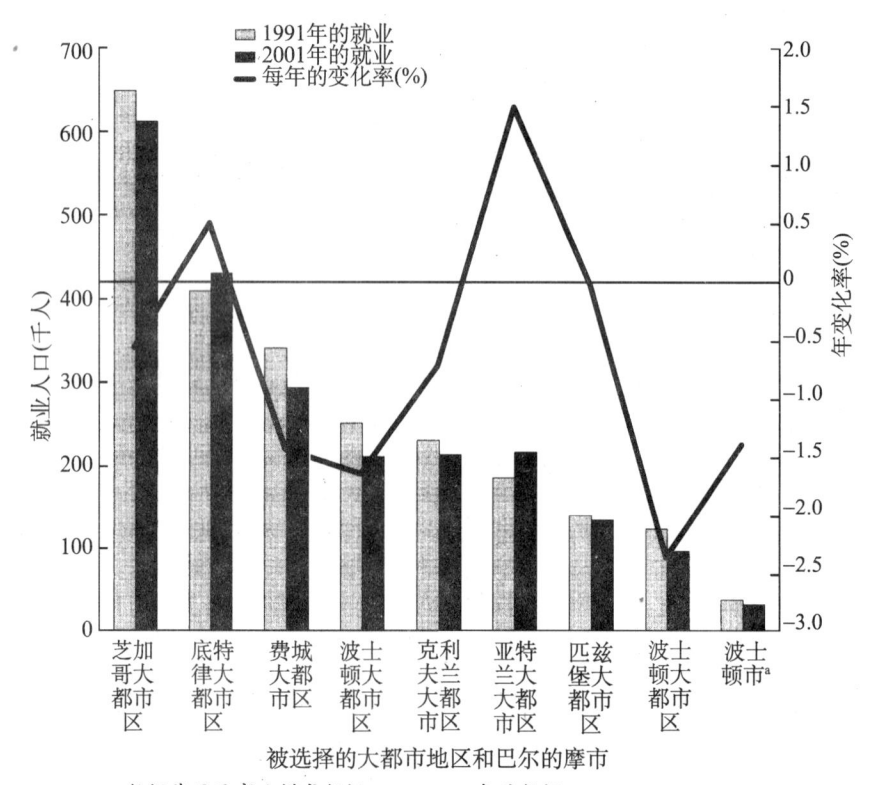

a.数据基于县商业模式数据1991—1997年的数据
资料来源:U.S.Department of Labor,Bureau of Labor Statistics,1991 to 2001,and County Business Patterns.1991 to 1997.

图 5.1　制造业就业状况变迁

1997年,巴尔的摩地区失去了2.27万个工作岗位,其中23%集中在城市中心[1]。

使用桑伯恩地图(Sanborn maps)进行分析,开洛开顿区的工业活动可以追溯到19世纪90年代中期。根据1890年的地图显示,开洛开顿区存在着玻璃、砖瓦以及铁制品制造区域。琼斯(Jones)瀑布的水电站、邻近一个港口和铁路线的存在构成该区域的区位优势[2]。在其后的10年内,该地区人口增长,面积增大。巴尔的摩统一煤气公司(Baltimore Consolidated Gas Co.)建立了一个煤气工厂。联合铁路和电力公司(United Railway and Electric Company),建立了机械工厂和煤仓。巴特利特(Bartlett)和海沃德(Hayward)开了一家铸造厂,这样整个地区成为一个酿酒厂、清漆厂、纸箱厂和玻璃厂的产地。到1915年,工业活动扩展到华盛顿大道以外,琼斯瀑布沿线,包括一个货站、一个制铜公司、猪牛羊剪毛厂和高档皮革厂。到1951年,开洛开顿出现了钢铁铸造厂、木材堆置场、家用产品制造厂、金属废料处理场和大型仓库(Sanborn Map Co. 1890,1901,1915,1953)。我们的研究范围包括近5 580英亩和740个工业区。自1990年3月2日起到2000年11月2日止,161块土地(占全部土地的22%)走向了市场,16块(2%)待售。所有具有一定规模的土地当时都走向了市场[3]。

三、开洛开顿(Carroll Camden)的早期历史

1. 定量数据和销售交易

巴尔的摩发展组织(BDC:Baltimore Development Corporation)为我们提供了开洛开顿的原始边界,它由该市的一个"企业区"(enterprise zone)和巴尔的摩开发公司的研究范围为准进行定义。事实证明这个区域范围太小,销售数量太少(少于10起交易),不够我们进行有效的研究。实地调查

---

[1] County Business Patterns,1991 and 1997.
[2] 该地段与B&O后甲板舱室(roundhouse)相邻,是美国有铁路交通的最早城市之一。
[3] 根据对巴尔的摩发展组织开洛开顿地区规划者理查德·埃斯卡兰特(Richard Escalante)、巴尔的摩发展组织棕色地块协调员埃文斯·波尔(Evans Paull),以及地方房地产公司——麦肯锡集团(Mackenzie)的访问。

显示工业用地和建筑物超出企业区和 BDC 研究地区。因此，我们扩大了研究区域(图 5.2)。

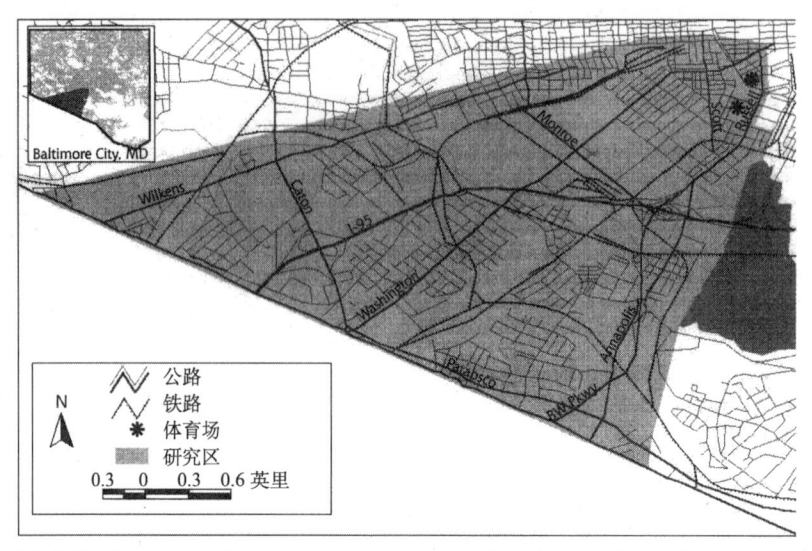

图 5.2　开洛开顿研究区域

资料来源:Urban Studies and Planning Program. University of Maryland at College Park,2001.

底图是根据巴尔的摩公共建设工程部(DPW：Department of Public Works)土地文件而绘制。我们从六个渠道获得了实际地产交易的数据。第一,1990—2000 年的销售和价格数据来自巴尔的摩公共建设工程部不动产税收记录。此外,我们用来自巴尔的摩发展组织、马里兰州税务局(SDAT：State Department of Assessment and Taxation)、美国全星房地产信息集团(COSTAR)和麦肯锡集团(MacKenzie)的数据作为补充和对照检查。巴尔的摩公共建设工程部和马里兰州税务局的数据包括已售出的土地信息,而美国全星房地产信息集团的数据库为我们提供了通过房地产中间商而销售的商业土地的信息。全星房地产信息集团的记录包含联系方式、报价、地段特征的描述,以及现在市场上的土地以前的销售记录。巴尔的摩发展组织提供了一些土地所有者直接销售土地的信息。麦肯锡集团补充了土地出售前在市场的停留时间,如果该值遗漏,我们就通过对出售者和中间商的亲自采访和电话联系来补充。

从这些来源，我们建立了一个涵盖研究区域所有工业土地的数据库，包括1990年后再未在市场上出现过的、现在正在出售的，以及在1990年1月和2000年1月间出售的工业用地。我们对土地所有者、地址、售价、出售日期、销售历史、在市场上的停留时间、土地面积、地段的独特特征、改良的或未改良的状态属性，以及公路可达性进行了地区编码。最后的结果是在图5.2所示界限内的750个工业记录。10年间走向市场的土地一共有161块。这个数字包括通过中间商和土地所有者销售的土地，其中有38块土地的销售价格缺失。

2. 环境信息

为了探索我们研究范围内每个工业区的环境状况，我们从三个地方搜集资料：美国环保局、桑伯恩地图和马里兰州环境部（MDE：Maryland Department of Environment）。我们搜集了每个地点环境状况的详细资料对所研究区域的潜在污染水平进行分类，分类如下：①马里兰州环境部无进一步要求地段（No Further Requirements Determination）[①]；②无明显污染；③邻近受污染地段；④潜在的历史污染；⑤已确认的污染。

桑伯恩火险地图（Sanborn Fire Insurance Atlases）是确定潜在历史污染的主要资料来源，因为很少有其他资料提供土地的历史使用。我们查阅了1890年、1915年、1951年和1953年的巴尔的摩西南部的桑伯恩地图。该地图集为土地原始边界、历史活动和活动分布提供了良好的信息。我们依靠这些地图是因为污染程度和污染类型与工业活动类型之间经常有联系。专门研究历史污染和责任问题的公司通常都使用桑伯恩地图。

3. 定性数据

我们进行了一系列采访来决定阻碍土地销售和工业再开发的因素。受

---

① 马里兰州环境部对数据进行筛选，决定土地状况是否对人类健康或环境构成威胁。MDE根据数据筛选结果决定是否对某块土地提出进一步要求。MDE和EPA Region Ⅲ签订了一个协作备忘录，它可以为参与者提供保护，使参与者免受自MDE发布无进一步要求地段或是完成证明之后所发生的联邦行动的威胁。

采访者是那些土地在市场上停留两年以上或因未能出售而撤出市场的土地所有者和中间商。另外,我们对曾经购买或出售污染土地的私人公司进行了面对面采访。在所有的例子中,土地购买者都将土地为己所用[1]。我们采访了市政官员,确定了被闲置并且未投放市场的土地[2],我们还对每个已出售或待售的土地进行了实地访问。

我们还对考帕斯(Koppers)地段进行了深层次的个案研究。考珀斯地段被该市认为是最难再开发的棕色地块。我们选择了存在问题最大的案例来探讨棕色地块再开发的界限。

4. 结果

自1990年3月2日到2000年11月2日,被投放市场的土地有161块,共计379英亩,其中有144块出售,至少有一块土地因未被售出而被撤出市场。截至2000年11月2日止,市场上存在16块土地。这些市场活动大部分都发生在90年代后期。144块土地中只有16块是在1995年前出售的[3]。这16块土地并没有全部体现在图5.3,因为10年间有38次交易遗漏。

在这144块交易中,已知19块土地受过污染,23块被怀疑曾受过污染。表5.1显示这些交易是如何根据污染程度和出售时间而划分的。

虽然大部分出售的土地都是清洁的,13%的出售土地已确定是受过污染的。只有2%的怀疑或已知受污染的土地参加了自愿清理项目(VCP: Voluntary Cleanup Program)。我们猜测,大部分土地没有参加自愿清理

---

[1] 典型的购买者是那些用这些土地开办自己公司并且自筹资金的创业家。

[2] 受采访者包括当地房地产商查克·富兰克林(Chuck Franklin)、罗伯特·米尔豪斯(Robert Milhauser)、凯特·麦克唐纳(Kate McDonald)、戴维·图法罗(David Tufaro)和比尔·米勒(Bill Miller),巴尔的摩开发公司的埃文斯·波尔(Evans Paull)和理查德·埃斯卡兰特(Richard Escalante)。电话或当面采访对象是投放市场2年以上的15块土地的销售者、购买者、开发商和中间商。每块土地的采访对象都接受了采访。另外,4个采访针对污染土地的购买者和销售者。

[3] 1995年之前交易之所以较少可能是由于数据缺乏。我们有1996年以后销售数据、巴尔的摩公共建设工程部记录和马里兰州税务局数据的两个来源。因此,我们可以从另一个数据库中补充数据。1996年前的情况我们仅仅依靠DPW数据库。这样,如果巴尔的摩公共建设工程部缺少1996年前的交易,我们也就无能为力了。

第五章　污染是城市内部工业复兴的障碍？ | 89

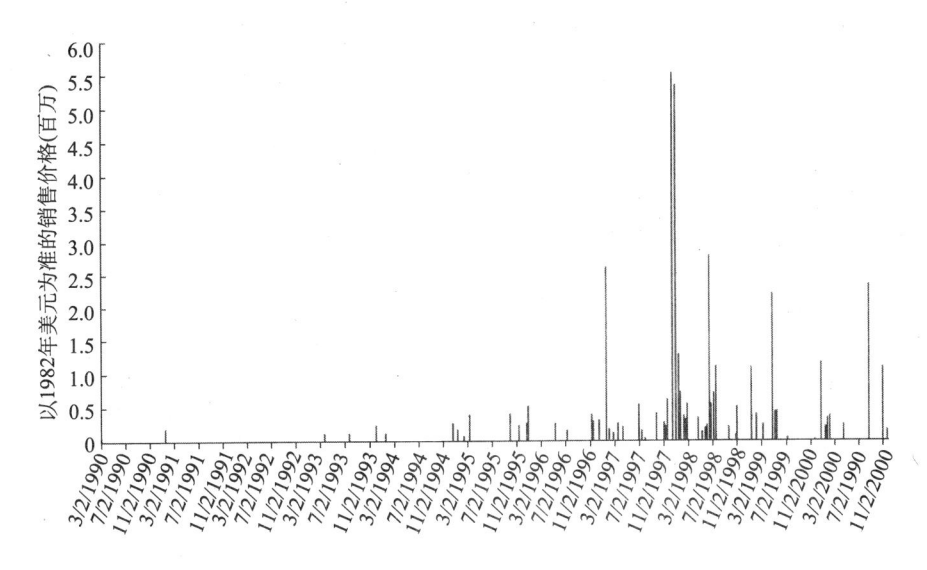

图 5.3　开洛开顿已售土地的销售价格，1990—2000 年

项目的原因有两个：第一，这个过程包括会增加商务成本的拖延；第二，大部分土地是用于购买者自己的工业用途，因此，他们并不寻求未来诉讼的法律保护。当土地再次被购买，开发商收到"无进一步要求"的信并获得一定的补偿，这样就保护售地者不受购买者的诉讼。我们认为为再销售而购买的土地是通过自愿清理项目过程的。

表 5.1　按污染类型归类的销售

	1990—1993 年	1994—1996 年	1997—2000 年	总销售（块）	销售百分比（%）
马里兰州环境部"无进一步要求"信	0	1	2	3	2
无明显污染	5	13	53	71	49
邻近污染土地	1	6	21	28	19
潜在的历史污染	4	2	17	23	16
确定的污染	2	2	15	19	13
总计	12	24	108	144	100

与当前盛行的观点相反,有现实污染或是潜在突然的土地存在着一个活跃的市场,其土地价格根据与污染相关的成本进行了调整(图 5.4 和图 5.5)。对受现实或潜在污染的土地、邻近污染土地的土地打折,土地市场以这种方式运行。在过去的 10 年间,受现实污染的土地享受 60% 的价格折扣;存在潜在污染的土地享受 31% 的价格折扣;邻近污染土地的土地享受 8% 的价格折扣;参加马里兰州自愿清理项目的土地享受 14% 的价格折扣(图 5.4)。受污染的土地享受 60% 的价格折扣,这表明:①因测试和寻找整治技术而导致的延期;②清洁治理产生的代价和时间延迟;③由于难以获得银行支持而导致的需求减少;以及④拥有一块受污染土地所带来的其他风险。

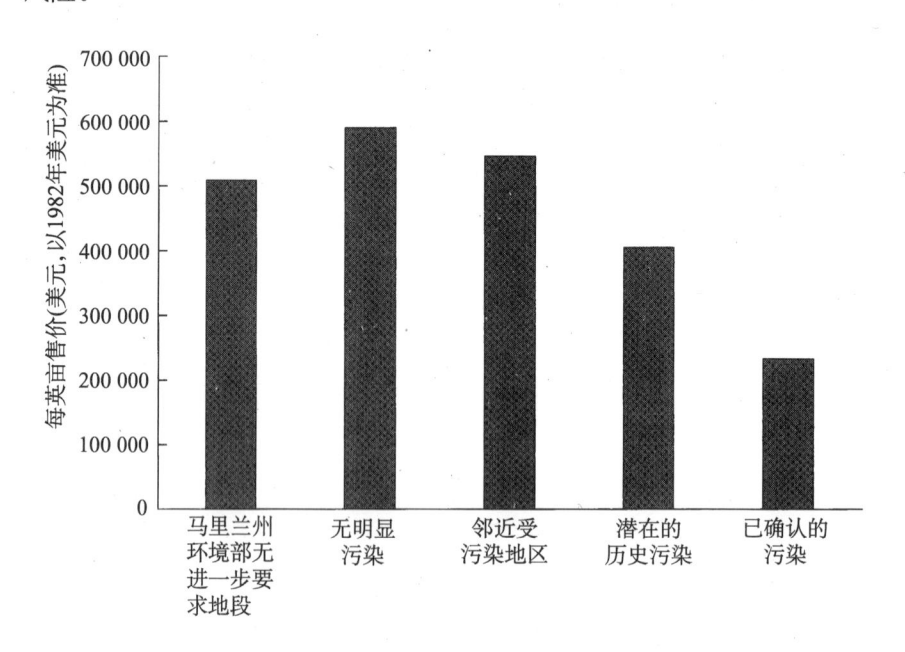

图 5.4 开洛开顿所有售出土地的平均每英亩售价,按污染程度分类,1990—2000 年

不足为奇的是,污染土地的交易要少于清洁土地的交易(表 5.1)。虽然关于土地在市场上停留时间的数据大量缺失,但是显而易见的是,参加马里兰自愿清理项目的土地和与受污染土地相邻的土地出售前在市场上停留

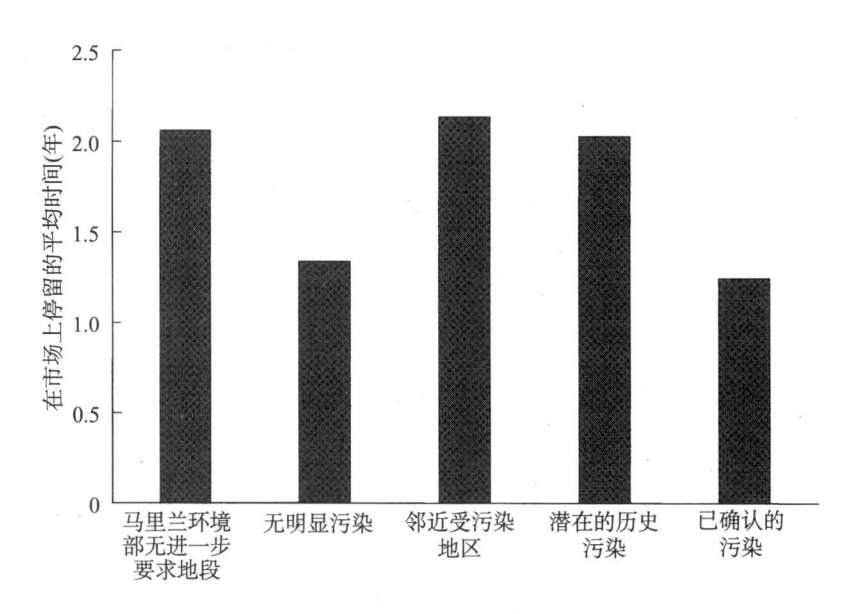

图 5.5　开洛开顿已售和待售的土地在市场上的平均停留时间，
1990—2000 年

的时间最长(表 5.5)。马里兰自愿清理项目的参加者或是收到了无需进一步要求的信，或是收到了表明州政府要求的清洁治理已经完成的证书。在这两种情况下，以后的购买者可以根据这些文件，不需进行进一步的清洁治理工作。与污染土地相邻的土地和确知有污染历史的土地在市场上停留的时间比受污染土地停留的时间要长。这可能是因为污染土地的购买者出于需要，不得已使用自己的资金来购买[①]。

当我们把这 10 年划分为 3 个相等时间段，就可以看到在 90 年代，工业用地的购买者和出售者逐渐适应了污染造成的复杂性。在这 10 年间的前两个时期，即 1990—1993 年和 1994—1997 年，受污染土地很少有被出售的。这些被怀疑或证实存在污染的土地在市场上长期停留，仅有的一些出售并没有反映污染导致的价格折扣。然而，在这 10 年的最后一段时间，1998—2000 年，市场整体状况强劲。由于花费和污染风险上涨，价格下调，

---

① 所有接受采访的污染土地购买者都使用了自己的资金，因为他们得不到银行贷款。

因而导致销售增长(图 5.6 和图 5.7)。

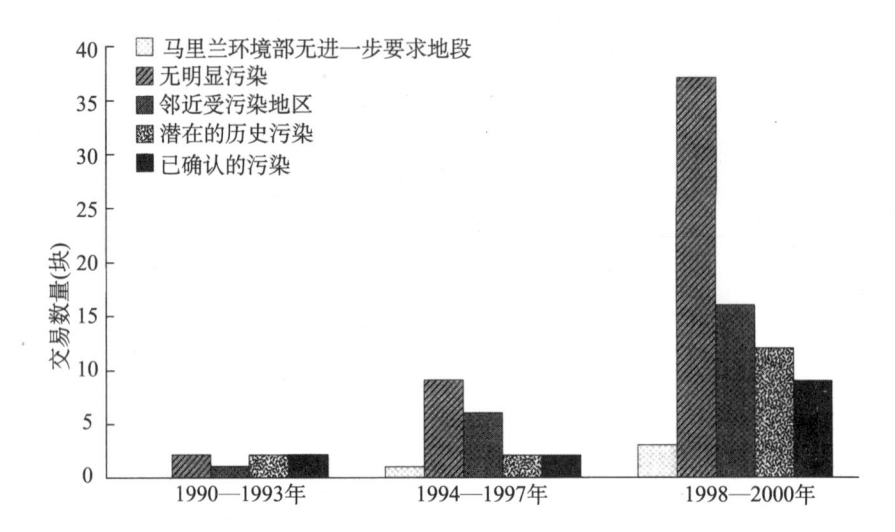

图 5.6　开洛开顿交易数量,按时间和污染程度,1990－2000 年

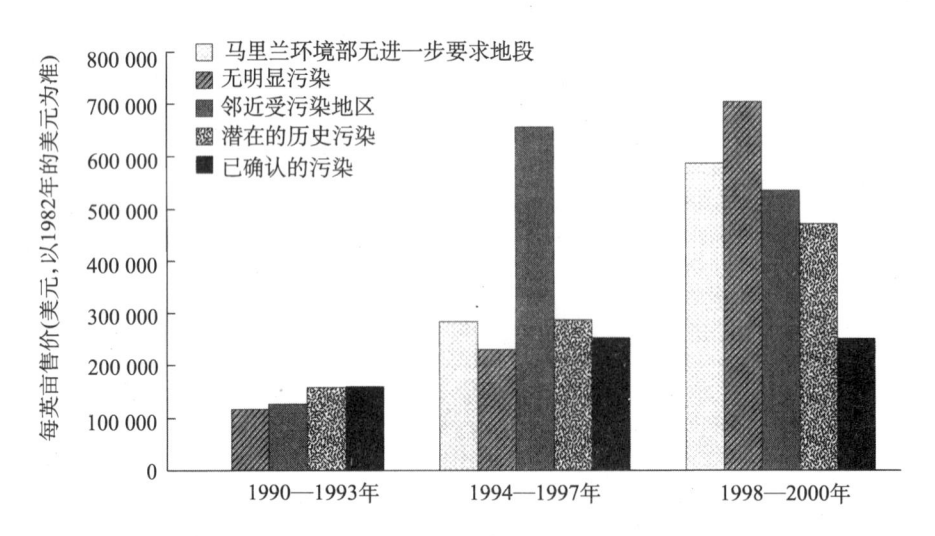

图 5.7　开洛开顿平均每英亩售价,按时间和污染程度,1990－2000 年

在第三个阶段,参加马里兰自愿清理项目的土地获得了 17％的价格折扣,邻近污染地的土地获得了 24％折扣,历史上受污染的土地获得了 65％的折扣。购买者、销售者和金融家在风险评估和清洁技术方面更加自信,而

且根据这种风险调整报价。

2000年11月在市场上的16块土地反映了相同的价格折扣方式(见5.8)。但是,邻近污染的土地和被怀疑有污染的土地在市场上停留的时间长于清洁土地的停留时间。截至2000年11月2日,清洁土地在市场上平均停留1.5年,邻近污染地的土地停留3.3年,被怀疑有污染的土地停留3.1年(图5.9)。

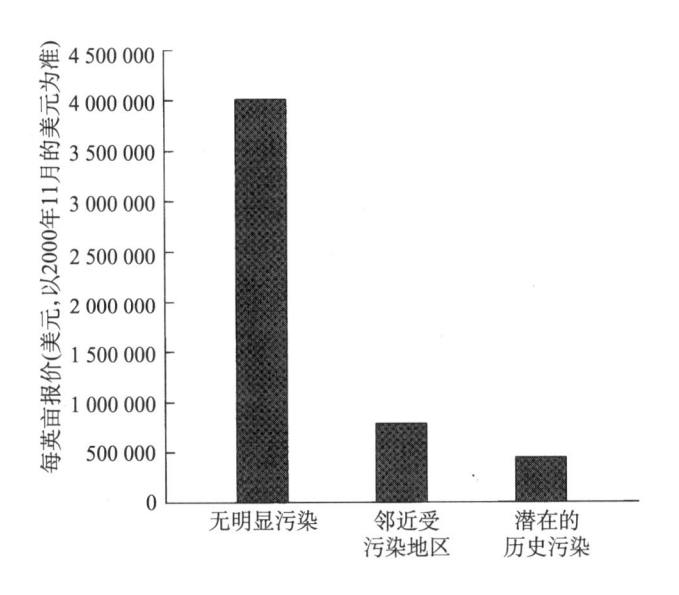

图5.8 工业用地的每英亩报价,按污染证据,2000年11月2日

四、销售和再开发的障碍

对市场上长期停留或迅速出售的土地的研究,反映出工业土地销售的障碍。表5.2对2年以上才能被售出的土地和1年以内就售出的土地进行了比较。比较结果显示,污染看起来并不是销售的阻碍因素。快速售出的土地比缓慢售出的土地更可能被污染。一个明显的特征是快速售出的土地平均每英亩售价31.4万美元,而2年以上才能被售出的土地平均每英亩售价82.6万美元。截至2000年11月,在市场上停留2年以上的土地平均每英亩报价为79.8万美元。再开发的一个障碍是某些出售者错估自己土地

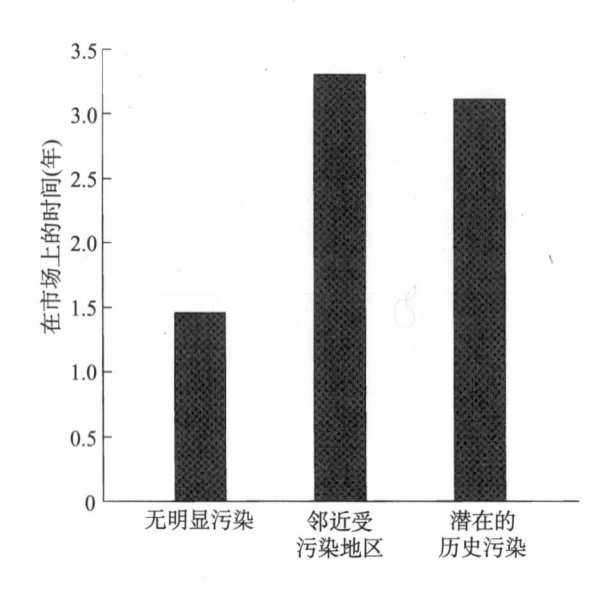

图 5.9 待售土地在市场上的停留时间,按污染类型,2000 年 11 月

的价值。房地产公司猜测这些估价过高的土地所有者是想等政府来高价购买这些土地,就像当年政府购买土地修建开顿棒球场和橄榄球场一样。豪兰同样发现在巴尔的摩东南部,对受污染和清洁土地来说,价格是土地市场停留时间的一个决定因素(Howland,2000,418)。

与迈耶斯和莱昂斯(Meyers and Lyons,2000)的发现和以前的发现(Howland,2000)相反,小规模土地并不影响开洛开顿土地销售的速度。在开洛开顿,快速售出的土地平均要比缓慢出售的土地要小。在旧工业区,未加改善的土地是一种优势,因为破旧的楼房必须在再开发前被清理掉。但是,未加改善土地在快速售出的土地和缓慢售出的土地中的比例并没有区别。实际上,开洛开顿地区未加改善的土地很少。这个地区长期的工业历史遗留下大量状况良好的建筑物。

没有迹象表明快速售出的和缓慢售出的土地集中在某个特定地区。图5.10(快速售出的土地)和图 5.11(缓慢售出的土地)显示这两种土地分布在整个工业地区。表 5.2 表示土地的可达性。70%的缓慢售出土地位于主要道路之一,没有哪块土地是属于极难达到的,即需要 3 个以上的转弯才能达到主路。这个变量并不测量道路的质量或宽度。

我们的定量分析存在一些缺点。污染程度和清理费用只是被简单地测量。土地所有者不愿告诉我们真实的清理费用,结果使得我们难以量化污染的严重程度。困难表现在两个方面。首先,在没有真实的清理费用的情况下,我们无法比较集中在地块某一部分的严重污染和分布在整个地块的不太严重的污染。其次,除了污染和距主路远近之外,土地售价还受其他因素的影响。例如,土地形状,与工业用途不协调的邻近土地,以及破旧的临街道路。为了抓住定量数据缺乏的细节,我们进行了一系列的采访,试图找出阻碍土地销售和工业再开发的决定性因素。

表5.2 在市场上停留2年以上和1年以下的土地特点

	缓慢出售(两年以上)		快速出售(一年以内)
	待售	已售	已售
土地数目(块)	8	9	16
每英亩报价/售价	$798 319	$825 937	$313 920
面积(英亩)	2.92	2.73	1.7
污染程度(%)			
马里兰州环境部	0	22	0
无明显污染	25	11	37
邻近污染	25	22	6
历史污染	50	44	31
污染	0	0	25
未加改善(%)	13	0	13
可达性			
在主路上	0	70	25
一个转弯到主路	50	20	62
两个转弯到主路	50	10	6
三个以上转弯到主路	0	0	13

受采访者包括房地产公司、其土地在市场上长期停留的土地所有者、污染土地的购买者和市政官员。这些采访揭示了阻碍再开发的因素,包括小规模、形状怪异的土地,拆除无用建筑物的费用,过时的道路大小和形状,不恰当的基础设施,现有土地利用与工业活动不协调,以及将工业用地改造为居住用地的困难(因为巴尔的摩的住房价格不为清洁费用进行补偿)。这些采访是独立于我们对污染地段的深入个案研究。

我们选择考帕斯地段作为一个典型,将我们的定量研究与文献中污染是开发主要障碍的说法结合起来。考帕斯被市政府认为是问题最严重的棕色地块。

1. 考帕斯地段

开洛开顿问题最严重的地块之一是位于匹克镇(Pigtown)方圆 11 英亩的考帕斯地段。匹克镇的名字来自于赶过街巷被宰割的猪。这是一个正在衰落的社区,社会问题严重,包括废弃房屋,高犯罪率和贫困率,以及从房屋拥有者到租赁者的变迁。从 1901 年到 1915 年,该地归属于"工程师和建造者集团"(Engineers and Founders)的巴来特—海瓦德(Bartlett-Hayward)公司,主要进行铁器制造。1953 年,该地转归巴来特—海瓦德公司的一个子公司——考帕斯公司所有。考帕斯公司从事金属制造、化学、建筑和工程业务,生产火车车厢、火车发动机、大炮和小型武器。考帕斯于 1986 年撤出巴尔的摩,1986 年的一场大火吞没了旧公司的仓库和周围的住房,这样这块地就成了碍眼之物。

市政府于 1993 年以 150 万美元买下了这块地,用于中产阶级住房。考帕斯地段在"联邦强化带"(Federal Empowerment Zone)内。这样,购房者可以得到一些补贴,包括城市"住房创业基金"(Housing Ventures Fund),提供 5 000 美元的首付,和州社区开发管理局的低利息抵押项目。

1993 年,市政府推广"居民开发"的概念,招标开发该地,同意拨款 140 万美元清洁场地。周围社区的居民与市政官员合作制定了新住房的指导方针。他们四面游说,宣传居民开发会给这个衰落的社区带来消费者和新生活,还可以为贫困的社区注入新活力。瑞兰家园公司(Ryland Homes)中

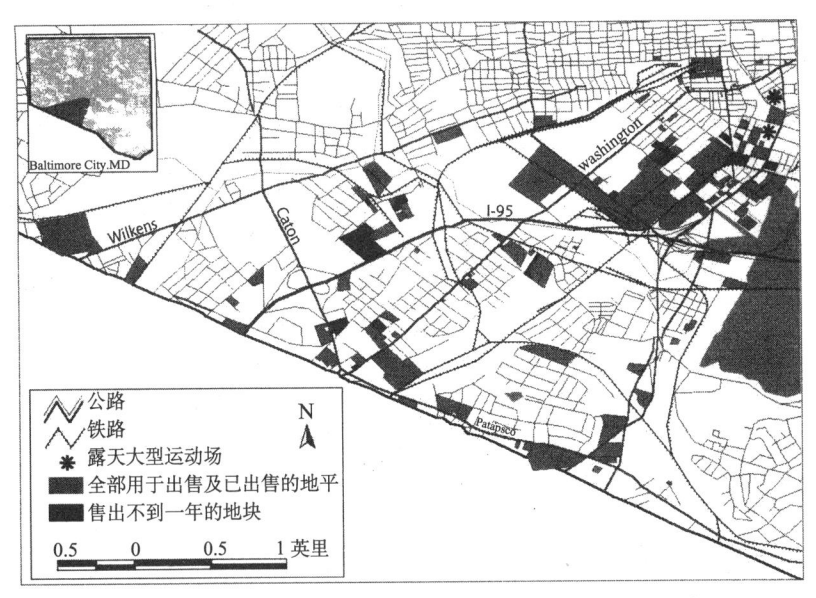

资料来源:Urban Studies and Planning Program, University of Maryland at College Park,2001.

图 5.10 在一年内售出的土地,1990—2000 年

标,计划修建价格 10 万美元左右的中产阶级住房。

该地受印刷电路板、镉、铅、油、多环芳烃和石棉,以及地下储油箱的污染。在耗资 190 万美元对该地清洁治理后,1997 年市政府将该地列入马里兰州资源清理项目,目的是取得无需进一步清理的名分。马里兰州环境部认为需要实施额外措施来治理可能对儿童造成伤害的多环芳烃(MDE,2001)。

1998 年 3 月,瑞兰家园公司以环境考虑为由,决定放弃再开发该地的计划并将该地出售(Nubgart,1998,L1)。同样或更加重要的是,瑞兰开发商注意到邻近社区的住房价格在 79000 美元左右,销售缓慢。更有可能的是,该项目的经济前途是瑞兰确信即使将房价定在 10 万美元,也会很难销售出去(Nubgart,1998,L1)。

1998 年,市政府再次将该地招标。虽然预计四个开发商会竞标(Gunts,1998a;1998b),但是只收到了一个建房计划。这个计划是由城市事业集团(Metroventures)提出的,他们计划建立斯考特社区(Scott Land-

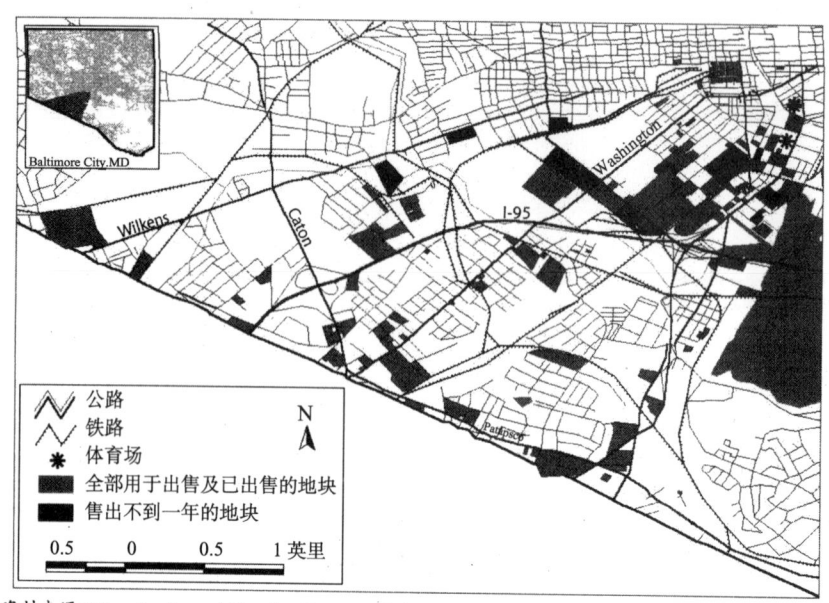

资料来源：Urban Studies and Planning Program, University of Maryland at College Park, 2001.

图 5.11　投入市场两年后才售出的土地，1990—2000 年

ing)，一个价值 1 860 万、拥有 144 所复合型住宅的社区，每所住宅价格在 10.5 万美元以上。1998 年该市将修建权授予城市事业集团，他们计划为周围马里兰大学巴尔的摩校区、马里兰大学医学中心和巴尔的摩市的工作人员修建中产阶级的住房。

截至 2004 年 1 月，该项目由于没有收到"无进一步要求"的信而迟迟没有开工。2000 年 7 月 11 日，马里兰住房和社区发展部公布了马里兰州环境部的回信，信中指出"整治方案需要遵循目前马里兰州环境部对棕色地块的居住开发的指导方针"，现有计划不符合居住标准（Maryland Department of Housing and Community Development, 2000, 2—3）。

旧考帕斯地段再开发的延迟是由一系列原因造成的。首先，市政府将该地由工业用地转换为居住用地的愿望增加了清洁成本，这一清洁成本要高于周围由私人投资进行清理的工业区的清洁成本。民用土地要求较高的清洁标准，因而使得项目成本上升。当这些高成本与巴尔的摩西南部疲软的住房市场相结合,即使有大量的政府补贴,该项目也产生不了经济效应。根据目前的估计,巴尔的摩市有12 259所废弃房屋和24 259空置房屋(维护良好,但无人居住),城市西南部有1 152所废弃房屋和1 483所空置房屋(McMahon,2001)。另外,除了增加的和原来隐藏的清洁费用,考帕斯地段不断上涨的新房预期价也导致了项目的延迟。房价从最初的7.9万美元上涨到12.5万美元。旧考帕斯附近社区的多余住房削弱了该项目的赢利性,使得成本高昂和项目延迟的问题更加难以解决。

其次,该地的污染状况在市政府接管该地之前并不是很严重,因而市政府低估了清洁费用。瑞兰家园公司和城市事业集团都没有预见到清洁治理的复杂性会导致成本上升。第三,在开发期间,马里兰环保部的人员进行了调整。新班子颁布了新的清洁标准,使得项目延迟、成本增加。

2. 再销售的其他障碍

除了欲实现由工业用地向居住用地转变的考帕斯地段遇到的上述问题,即市政府企图将土地从工用转为民用,地方土地和企业所有者和房地产商提出了其他四个阻碍工业区复兴的障碍:不协调的周围地区土地利用;落后的道路状况;不合适的水电通信基础设施;以及过时的城市结构。作为一个世纪之交的工业城市,巴尔的摩仍然存在工业区和居民区相混合的状况。由于工作地点不在步行距离内,这些社区丧失了作为居住地点的吸引力。土地价值很低,房屋条件差,空置率高。重型卡车的经过和肮脏的工业活动(如垃圾处理设施)进一步破坏了该地区住房的吸引力。这种重工业与居民活动并不协调,即使在目前的理性增长环境中也是如此(理性增长主张土地利用的整合)。工业用地的购买者不愿购买与居民区相邻的土地,他们害怕商业卡车会撞上玩耍的儿童,因为重型卡车的晚间作业会打扰居民休息,而且盗窃和肆意破坏率相对较高。

缺少现代卡车的可达性也会阻碍工业土地的销售,特别是在道路狭窄不适合卡车通行的地方。目前的街道形式是为多层次,铁路运输和小型卡车而设计的。铁路运输衰退,取而代之的是集装箱卡车运输。如果现在卡车无法到达,工业土地很难被售出。

尽管人们普遍认为城市内部地段的一个好处是基础设施便利,但是土地所有者普遍抱怨水电通信设施落后且不恰当。在开洛开顿地区,土地出售者、购买者和经营商都抱怨用水和下水管道需要更新和扩建,现代通信设备欠缺。

最后,某些售不出去的土地上存在废弃的建筑物,摧毁代价高昂。例如,一个冷藏库不花费大量的费用是清理不掉的。但是,最终的分析标明,由于土地出售者的报价与摧毁成本和土地生产力不符,这种土地在市场上长期停留,无法售出。

五、结论

开洛开顿工业园区是美国东北部一个典型的老工业区。我们对该区过去10年土地销售的调查揭示出土地出售者和购买者根据污染而调低了价格。在这10年间,受污染土地以60%的价格折扣售出,存在潜在污染土地以31%的价格折扣售出,与污染地相邻的土地以8%的价格折扣售出。通过马里兰自愿清理项目的土地获得14%的价格折扣。对90年代的详细调查显示只有在1997—2000年,市场才开始愿意调整污染土地的交易。在此阶段,污染土地更容易被售出,在市场上停留的时间短,报价考虑到污染责任、清洁成本和时间差等因素。大部分的污染土地没有参加马里兰自愿清理项目。

一味强调环境污染是再开发的主要障碍可能使我们忽视其他阻碍因素。在开洛开顿,这些其他因素包括超出市场负荷的清洁费用,过时的道路状况,古老的基础设施和不恰当的通信设备,工业社区和居住社区的不协调混合,以及摧毁费用高昂的破旧建筑。幸运的是,大部分这些障碍因素都在政策制定者和市政府的管理控制之内。

六、感谢

我非常感谢美国林肯土地政策研究院的经济资助和密歇根大学的玛格

里特·迪尤尔(Margaret Dewar),是她首先向林肯土地政策研究院提出的研究申请。安·皮耶森(Ann Piesen)认真搜集并整理了数据和地图,巴尔的摩开发公司的理查德·埃斯卡兰特(Richard Escalante)和艾文斯·波尔(Evans Paull)帮助处理数据并为初稿提出了有益的意见。我还感谢麦肯锡集团的查克·富兰克林(Chuck Franklin)、特拉诺瓦(Terra Nova)的戴维·图法罗(David Tufaro)、KLNB 的比尔·米勒(Bill Miller),感谢开洛开顿的企业接受我们的采访。感谢马里兰州环境部的莎里·威尔逊(Shari Wilson)为早期的草稿提供了有价值的意见。本人独自承担剩余错误。

参考文献

Bartsch, Charles. 1996. Paying for our industrial past. *Commentary* (Winter):14—23.

Bartsch, Charles and Elizabeth Collaton. 1996. *Coming clean for economic development*. Washington, DC: Northeast-Midwest Institute. September.

De Sousa, Christopher. 2000. Brownfield redevelopment versus greenfield development: A private sector perspective on the costs and risks associated with brownfield redevelopment in the greater Toronto area. *Journal of Environmental Planning and Management* (43)6:831—853.

——. 2001. Contaminated sites: The Canadian situation in an international context. *Journal of Environmental Management* (62):131—154.

Duff, L. B. 1994. Groundwater contamination and property transfer. *Maryland Bar Journal* 27(1):25—28.

Greenberg, Michael, Karen Lowrie, Laura Solitare and Latoya Duncan. 2000. Brownfields, TOADS, and the struggle for neighborhood development. *Urban Affairs Review* 35(5):717—733.

Green Leigh, N. 1994. Focus: Environmental constraints to brownfield redevelopment. *Economic Development Quarterly* 8(4):325—328.

Gunts, Edward. 1998a. City eyes proposal for Barre Station. *Baltimore Sun*, June 2.

——. 1998b. Company to build housing east of B & 0 Museum. *Baltimore Sun*, September 1.

International City Managers Association (ICMA). 1998. *Beyond city limits, best practices from ICMA's 1998 brownfield peer exchanges*. Washington, DC: International City Managers Association.

Hernandez, Angelo. 2000. Economic development officer, Land Acquisition/Disposition Section, Baltimore Department of Housing and Community Development, Baltimore. Interview by author, September 13, Baltimore, and November 19 (by telephone).

Howland, Marie. 2000. The impact of contamination on the Canton/southeast Baltimore land market. *Journal of the American Planning Association* 66(4):411—420.

Karimian, Shawn. 2000. Director, Baltimore Department of Housing and Community Development, Baltimore, Department of Construction. Interview by author, September 13, Baltimore.

Maryland Department of the Environment (MDE). 2001. Barre Station/Camden Crossing project chronology. January.

Maryland Department of Housing and Community Development. 2000. Memo to Art Ray, Maryland Department of the Environment, from Michelle Wright, Maryland DHCD. December 20.

McGrath, Daniel T. 1995. *An investigation into the impact of hazardous waste contamination liability on urban industrial land redevelopment in the city of Chicago.* Chicago: Great Cities Institute, University of Illinois.

McMahon, Patrick. 2001. Personal memo to Marie Howland on OSOSW and Citywide Abandonment. February 8. Neighborhood Design Center, Baltimore.

Meyers, Peter B., and Thomas S. Lyons. 2000. Lessons from private sector brownfield redevelopers. *Journal of the American Planning Association* 66(1):46—57.

Nubgart, Robert. 1998. Clean polluted site too risky. *Baltimore Sun*, March 29, L1.

Page, W., and H. Rabinowitz. 1993. Groundwater contamination: Its effects on property values and cities. *Journal of the American Planning Association* 59: 473—481.

——. 1994. Potential for redevelopment of contaminated brownfield sites. *Economic Development Quarterly* 8(4):353—363.

Paull, Evans. 2001. Brownfields Coordinator, Baltimore Development Corporation. Telephone interview by author, January 19.

Pepper, E. M. 1997. *Lessons from the field.* Washington, DC: Northeast-Midwest Institute.

Russ, Tom. 2000. Spotts, Stevens and McCoy. Interview by author, November 11, Towson, MD.

Sanborn Map Company, Fire Insurance Maps, Baltimore City. 1890, 1901, 1915, 1953. Chicago: Sanborn Map Company.

Schriner, J. 1998. Brownfields still too risky. *Industry Week* (March 2): 18.

Spotts, Stevens and McCoy, Inc. 1992. Environmental assessment report at 250 Scott St., Baltimore, Maryland for Department of Housing and Community Development,

Baltimore. February 14.

Staley, Samuel R. 1996. Environmental policy and urban revitalization: The role of lender liability. *Capital University Law Review* 25(1):51—75.

State of Maryland. 1997. *Brownflelds—Voluntary Cleanup and Revitalization Program*, Senate Bill 340.

Swartz, R. O. 1994. Michigan's approach to urban redevelopment involving contaminated properties. *Economic Development Quarterly* 8(4):329—337.

U. S. Environmental Protection Agency. 1997. Brownfields economic redevelopment initiative. Washington, DC: U. S. EPA, Solid Waste and Emergency Response.

Wernstedt, Kris and Robert Hersh. 1998. Urban land use and Superfund cleanups. *Journal of Urban Affairs* 20(4):459—474.

Yount, K. R. 1997. The organizational contexts of decisions to invest in environmentally risky urban properties. *Journal of Economic Issues* 31 (2):367—373.

Yount, K. R. and P. B. Meyer. 1994. Bankers, developers, and new investment in brownfield sites: Environmental concerns and the social psychology of risk. *Economic Development Quarterly* 8(4):338—344.

第六章
针对城市空置土地及财产重利用的州政策的调查

南塞·格林·利(Nancey Green Leigh)

空置土地对于许多城市既是一个重要的问题,同时又是一个吸引人的机会。尽管有必要充分了解其有利和不利方面,但是却很少有人尝试着手这项工作。1997年,阿科尔迪诺和约翰逊(Accordino and Johnson,2000)调查了人们对城市空置土地及废弃地块的看法,结果发现,在东北,南部以及中西部城市的空置土地及废弃地块被认为是一个很严重的问题,而在西部情况却并非如此[①]。一年后,帕加诺和鲍曼(Pagano and Bowman,2000)首次尝试准确量化美国所有城市的空置土地[②]。这份调查发现,平均每个城市有15%的土地是空置的。尽管这两个调查都有助于阐明这一问题以

[①] 阿科尔迪诺和约翰逊(Accordino and Johnson)的1997年调查也发现城市官员认为积极的建筑物条例执行项目是继税务中止抵押品赎回权(由60%的调查城市使用)之后,最有效的处理空置和废弃土地及建筑物问题的方法。被调查者认为税务中止抵押品赎回权的效果较差,这是由州规定所产生的困难导致的。被调查者认为排第三位的是征用权(42%的城市采用)。城市美化被认为与征用权效果相当,并且有43%的城市使用它。城市美化包括"修建草坪,外立面(exterior facade)装修,为前窗安装窗帘,安装门廊灯"(308)。城市将这些美化的费用作为对于财产的留置权。

[②] 缺少对于空置土地和财产的官方定义或调查使理解该问题变得更为复杂化。帕加诺和鲍曼观察到空置土地的标志被安放在"许多不同类型的未利用地块或未充分利用的地块上——包括周边农用地或未开垦土地、新夷平土地、废弃土地、拥有废弃建筑物的土地、棕色地块和绿地"(Pagano and Bowman,2002,2)。城市内的空置土地甚至包括以前开发剩下的小的不规则绿地,或不适于建造的地块,例如较陡的坡地或蓄洪区。

及城市对这一问题的反应,但是没有一个调查是全面的。为了全面理解这些与空置土地及废弃建筑物相关的问题,我们需要系统而不断更新的数据[①]。

当前地方政府用以测量许多城市的空置城市用地及废弃建筑物的手段并不充分。但是这不仅仅是地方政府的责任,许多的情况下,要解决与空置地块相关的问题并将之重新利用,往往要求州这一级要拥有立法权力。这些权力包括:财产征用权(eminent domain)、增加税收融资(tax-increment financing)的金融手段、停止棕色地块整治的州计划,以及土地银行(land bank)的建立。

有几个州已经成功地进行立法改革以支持城市空置土地的再开发。本章将回顾这些州级政策,然后提供一个城市用地改革议程的模型,该模型将帮助城市将这些存在问题的地产转化成能产生税收的财产。

一、州采用的针对空置土地和废弃建筑物的解决方法

各州运用不同的法律和程序手段,直接或间接地促进了空置土地和废弃建筑物的再开发。这些策略可分为三大方面:财产特别手段,再开发程序,再开发财政手段。表 6.1 提供他 50 个州所采取的不同方法的详细清单。

1. 财产特别手段(property-specific approaches)

有 5 种策略能直接帮助财产再开发。其中的三种围绕财产的获取及处置,它们是:税务留置权中止(tax lien foreclosures)、财产征用权和萎缩财产(blighted properties)的获取,以及土地银行。其他两种策略首要的任务是杜绝问题的出现,它们是:按分离税率税收(split-rate taxation),以及建筑条例改革(building code reform)。

[①] 土地空置多久才能被定义为控制土地?对此并没有一个统一的标准。1998 年,城市调查发现该时间由 60 天到 120 天不等或更长。美国会计总署使用该定义——"空置两年或更长时间的一个建筑物或地块"(Accordino and Johnson,1997)。

(1) 税务留置权中止(Tax Lien Foreclosures)

拖欠税务的财产会缩减公共收入并导致社区衰退。亚历山大(Alexander,2000b)发现不交付或逃避财产税一般是由于以下三个原因所导致的：①经济不景气情况下财产所有者收入降低；②公众抗议过高的财产税率；③财产所有者通过漏税来追求收入最大化。其中最后一个原因对于那些本身是投资者并且决定最终放弃其财产的所有者来说更为典型,并且对于正经历郊区化现象的城市地区极为普遍(Alexander,2000b)。整个国家所有城市都面临的一个主要问题——税务拖欠——可以被看做是"对于市政当局的预警系统,警告其特定财产市场存在着问题……它能够给予政府就即将出现的问题一个可行的信号"(Keating and Sjoquist,2001,5)。

随着税务留置权的中止,城市能将拖欠税务的空置土地及废弃建筑重新投入生产用途。但是州政府财产税法严重影响到该行为的效率。这些系统在州与州之间存在着差异,这是因为,历史上州对于其各自的财产税征收和执行方法上存在着很大的自治性(Alexander,2000b,28)。州法律帮助制定政策,管理地方政府如何处理其拖欠税务的财产问题,这既帮助同时也阻碍了税务留置权中止的进程。例如,马萨诸塞州并没有设定具体的时间期限来控制所有者对税务留置权中止的通知或反应,因而该过程可能会持续几年的时期。与之相反,佛罗里达、乔治亚、马里兰、密歇根和德克萨斯州都采纳了立法改革以使得城市能快速地取消地产赎回权并将之重新投入使用。密歇根1999年法律将该过程缩短至一年半,并通过司法建立了可保险的财产所有权(Fannie Mae Foudation,2001)。

亚历山大关注着会引起法律关注取消财产赎回权的事件。关键是赎回权:即拖欠税务的财产所有者付清税务而重新取得该财产。有三类执行程序:①"只有一个事件,例如公开销售或转让财产给政府,并且不可赎回；②一个事件,但是跟随着一个赎回期限；③两个独立事件……其中初始事件是财产的出售,第二事件是赎回权的终止"(Alexander,2000a,28—29)。亚历山大发现,当政府设法遵循1983年最高法院对"理蒙耐特委员会对亚达姆斯"(Mennonite Board of Missions V Adams)一案的裁决时,第三类执行程序反映出政府面临的诸多问题①。

州可能被分为三类,其根据是它们是否①允许在没有司法程序的情况下执行留置权和销售财产;②在销售期间或终止赎回权期间要求司法介入;③允许通过司法或非司法程序允许执行财产税务留置权(tax lien)。2000年,9个州属于第三类,剩余的州几乎平均分配在另两类(Alexander,2000a)。亚历山大认为,一个信赖法院体系的司法税务执行程序是非常可取的。它提供了一个永久的公共记录以及一个听取意见的机会,这在当前大多数留置权执行体系中是没有的。将来,由司法程序所导致的销售的司法顺序以及最终税务事件的发布,为随后的所有权保险和财产转让建立了基础。换而言之,该程序产生了一个适于销售的财产所有权,并且保险公司愿意为之承保。在这种情况下,该程序解决了转让和投资城市欲开发地产的最主要障碍物。

税务留置权执行体系在赎回期限的长短以及对拖欠税务的地产所征收的利益及罚款数目等问题上有所不同。在最近几年,高罚款(年平均10%)和高利率(16%-18%)已被采纳以避免财产所有者拖欠税务。然而,这些增长的罚款也会增加财产的放弃率。亚历山大(Alexander,2006b)提倡加速赎回权取消过程,以控制罚款增长。他也支持改革税务留置权执行系统,以确保其连贯性,减少拖欠税务的地产数量并缩短拖欠时间,最终降低它们对于城市再兴的负面影响(2000a)。保证该过程的连贯性将帮助城市减轻财政压力。他对改革的提议针对许多取消赎回权程序的现存问题,包括期限过长(有时甚至好几年)和介入的团体过多。应该存在一个尽可能短的单一执行程序。从开始拖欠税务到最终丧失财产权的时间长度应该从财产销售后改为财产销售前。整个过程应由一个实体所控制,并且检查所有权以

---

① 在这个案例中,一个在印第安纳州埃尔克哈特县(Elkhart County)的贷方对于税务留置权中止期间的通知提出了质疑。根据该州法律,在财产被卖出前,未决的销售通知应在三周内每周公布一次。美国最高法院——以前曾经推迟过州的财产税收自治——裁定,第十四修正法案规定政府要为抵押承受人提供有关未决丧失抵押品赎回销售的通知。亚历山大写道:"法院认为,拥有'法律保护财产利益'的当事人,其名字和地址基于'合理的努力'可'合理的确定',该当事人有权根据'合理计算'的时间要求被通知财产的进程"(Alexander,2000a,27)。该裁决使得全国大多数财产税留置权和销售项目都产生了问题。

提示销售所影响的利益。最后,应通过挂号邮件通知关于这些利益的通报,公众通知应张贴在该地产上。

密歇根州最近检查了其财产税取消抵押品赎回权程序。1999年,该州通过立法(Public Act 123),就是通常所称的"迅速没收废弃财产法案"(Certification of Abandoned Property for Accelerated Foreclosure Act),该法案简化了税务归还系统,使取消抵押品赎回权的时间从原来可能持续的7年缩减为2年,并依据各个郡的意愿,将所有权转让给密歇根州各县财务处(Kildee,2001)。废弃财产取消赎回权能在一年的时间里发生。弗林特市已经针对其被弃置的12%的住宅用地着手开发新的政府系统和土地处理方案(Kildee,2001)。

(2) 财产征用权及萎缩财产的获取(Eminent Eomain and Condemnation/Acquisition of Blighted Properties)

征用权——财产所有者因为财产被征收而得到补偿——是对于公共商品的一种管理权力:政府通过没收程序(condemnation proceedings)取得私有财产。每个州至少有一个法令规定了当地政府怎样实行征用权。然而,州与州之间的程序差异较大。在某些州,要求政府在实施征用权之前与财产所有者进行协商。在另一些地方,政府可以在没有预先通知的情况下实施征用[①]。

传统上,征用权往往被用来促进交通、水以及其他基础设施的提供,但是将其用于建立公共公园、历史文化保护区以及美化市容却在很大程度上是创新之举。市政当局——经常通过其经济发展或再开发实体——也能使用征用权来重新获得废弃地产以用作城市再兴。征用权对于城市复兴是非常重要的,但它也受到猛烈的抨击。财产所有者抱怨他们只得到不充分的补偿,或者被指责的地块根本就没有荒废。他们抗议征用的实质是将财产所有权从一个私人拥有者转让给另一个私人拥有者,而并不是所谓的经济发展或城市复兴。

---

① 征用权不限于州、市和政治实体。在许多州,公共机构甚至是管道公司都有权征用私人财产。

在回顾最近的征用权法院案例后,詹宁斯(Jennings,2001/2002)认为,这些仍不足以证明这些案例反映了对于征用权的抵制。他警告各方都应记住征用权必须展示公共利益。他随后写到"将没收权移交给对地产感兴趣的私人开发商,会导致征用权及其过程得到质疑。"因此,他继续到"政府必须小心以建立公共利益而不是个人利益"(236—237)。最后,征用总是必须进行补偿的。

我们应该认识到征用的使用在获取土地以用于公共用途方面仍然是一个广泛使用且可行的方法。另外,许多法庭对侵犯州议会规范土地征用权的行为保持着警觉,会放弃裁决那些可能终止或是重新界定土地征用权的案件。然而,当地政府应用征用权以获取空置土地或废弃土地的能力,往往需要州法律的改革。

土地空置的决定有一个基本原则,没收人(condemnator)必须在通过征用权获取土地之前就建立该决定。一些法院认为即使是潜在的财产萎缩(blight property)也可用于征用,尽管这样的做法不是很普遍。在50个州中的45个,只需有一种萎缩的情况出现就可通过征用权取得财产。其他5个州(科罗拉多州、堪萨斯州、尼布拉斯卡州、南卡罗林纳州和尤他州)要求于一种以上的标准来衡量财产萎缩,其包括以下因素:恶化的建筑物、有缺陷的街道布局、不卫生或不安全的情况、不寻常的地形、建筑物或财产的环境污染(Colorado C. R. S. A. Sec. 31-25-103)、年代、破损、荒废、恶化、个人建筑物的非法使用、过度空置、有害的土地利用或布局(South Carolina SC Sec. 31-10-20),以及许多其他因素。尼布拉斯卡也要求指定地区的失业率至少达到州或全国平均水平的120%,并且居住或商业用地的平均时间至少为40年(Neb. Rev. St. Sec. 58-209.01)。遭遇到大规模衰退的城市正采取主动的立场来对待这一问题。这些城市正使用州授权的征用权和税务留置中止赎回权。以下列举了三个例子。

- 芝加哥

芝加哥废弃财产项目(CAPP: Chicago Abandoned Property Program)由房产部管理。它为开发商提供途径获取或恢复废弃建筑物,或拆除建筑物并重新使用用地。芝加哥废弃财产项目关注拥有一至四个单元的砖混结构建筑物,这些建筑物多空置,危险,欠有两年以上未缴的房地产税和水费,并且其所有者拒绝出庭。

• 费城

"社区转型创制"(NTI：Neighborhood Transformation Initiative)是由市长约翰·F. 斯特利特(John F. Street)倡导的一个项目。它是一个为期5年、耗资2.95亿美元的城市社区复兴计划。完成之时,该项目将拆除掉14000空置建筑,安置4500个贫穷家庭,并且建造总共2000个新的住宅单元。城市将帮助社区开发企业获取空置土地,并潜在地提供开发资金。为该项目提供资金的方案已由城市委员会通过并于2002年3月13日由斯特利特(Street)签署。

• 巴尔的摩

2002年1月,市长马丁·O'马利(Martin O'Malley)开始了一反萧条工程,该工程使5000个空置财产通过中止赎回权重新被获取。这些财产包括整块城市地块,它们将被清理并提供给私人公司用以发展居住或商业,或被设计为公共空间。尽管该城市将征用而不是购买这些财产的所有权,其花费仍达到500万美元,并且拆除旧建筑还有可能会增加几百万的开支。城市官员认为,私人投资者的协助对于为该工程提供足够的资金是非常必要的(Siegel and Epstein, 2002)。

(3) 土地银行

当地政府通常设立土地银行解决城市萧条和促进再开发。这些银行获得拖欠税务的财产并将其重新投入生产性使用。通常地,他们是由州(或当地)政府授权的非赢利性实体,他们能免除财产所欠的退缴税(back taxes),获得和管理土地,并将之卖给非赢利或赢利团体。土地银行为城市再开发提供了灵活和易于管理的机制。将小地块合并成拥有单一所有权的大地块能增长每一地块的开发潜力,因为原告的地块由于尺寸过小而无法吸引开发商的投资。然而,这样的策略也不是没有缺陷的。一块一块地获取土地是非常耗时和昂贵的,特别是如果财产所有者拒绝出售或要求更多的钱。如果计划外泄,土地银行正在寻求的地块就会价格陡升。另外,地块上也许存在废弃或毁坏的建筑物,这些建筑物需要昂贵的修缮或拆除费用。

市政研究和服务中心（The Municipal Research and Services Center，1997）最近揭露了土地银行面临的若干潜在政策问题：

• 土地合并非常昂贵，尤其是与环境整治、所有权障碍等相关的未预料成本出现时，更是如此。

• 土地银行在项目早期阶段要求有很大的资金投入。如果州或联邦种子基金或贷放款不存在的话，需要有强有力的市民支持以获得批准发行债券。

• 当土地由当地政府所有时，它将被免除税务。财产维护在财产被售出之前都是需要的。社区也许可以通过出租这些地产用作临时用途而产生一定的收入以抵消这些花费。

• 土地银行也许不会受房地产业的欢迎，特别是不受那些可能从地产投机中有所获得的人的欢迎。

除了以上这些问题，如果没有征用权的适当使用，实现土地合并、大规模地进行开发是很难实现的。如果使用这些征用权，那么公共利益的实现以及计划的执行将变得十分重要。

有远见的城市能弥补这些土地银行的缺陷，他们巧妙地获取小块空地以形成大的地块，当需要出现时，该地块就能用来开发。通过与郡之间合作以获得所需土地也会促进当地城市的开发。其手段包括：税务拖欠，捐款，以及以其他机构进行交换。一旦积累了整块合并土地，市政当局可以将土地提供给开发商购买，或将土地转让给开发公司进行长期行动。通过介入与私人投资者的协商以及合并地块的销售，城市能用最低的风险、最吸引人的价格来降低公共地产银行对于私人开发商的威胁，因为私人开发商经常将当地政府看做是城市土地投资的竞争者。

亚特兰大市和克利夫兰市的例子说明州政府的介入有助于城市开发。两个城市所在的州立法机构都在90年代早期通过了土地银行相关法律，来使其土地银行在获取和处理拖欠税务地产方面占据领导地位。在克利夫兰的案例中，市与其他郡或当地机构合作以取得地产。该地区因拖欠债务而被取消赎回权并且没有在拍卖中被售出的地产绝大多数被克利夫兰的土地银行接收,并且平均每年有 900 块用地被转让给市。不适于建造的地产被售予邻近的土地所有者,而其他地产被市保留以用作将来开发。

(4) 分离税率税收(Split-Rate Taxation)

分离税率(split-rate)或两级(two-rate)税收在美国很少使用,然而,其倡导者认为,如果充分执行,它将鼓励建筑活动(Plassmann and Tideman,2000)。分离税率税收必须将税收分为两部分:一部分针对土地,另一部分针对地产上的建筑物等设施。对土地征收高于建筑物的税率能刺激所有者投资建筑物并避免所有者持有未开发或未使用的土地。这种做法使得许多城市规划者认为分离税率税收能鼓励建筑开发并阻止郊区蔓延(Fulton,2003)。宾夕法尼亚是最常使用分离税率税收的州,它最近通过了立法来扩展其分离税率税收的范围,使其不仅包括第一级和第二级城市[①],也包括自治市和学校区。到 1999 年为止,宾夕法尼亚州 15 个以上的城市采取分离税率税收(Schwartz,1999),并且其他许多州也在关注分离税率税收的做法(Hartzok,1997)。

分离税率税收的倡导者从亨利·乔治(Henry George)的土地价值税收中得到了灵感。乔治将土地价值税收看做是一种良好的机制,来激励那些有效地使用土地的人,同时处罚那些占有高价值土地却不有效地利用的人。这样,那些想要促进城市土地的有效利用的人将分离税率税收看做是一个极有前途的政策工具。而且,土地价值税对于研究国家财政的人非常具备吸引力,因为它是收入中立性(revenue neutral)的(例如,它不会改变整体税收收入)。土地税不像对生活性行为产物(例如建筑物)的征税,土地税不会改变行为。这就意味着,对于建筑物的征税会减少建筑物的数量,但是对土地征税却不会减少土地的供应。

虽然分离税率税收激起了越来越多关注城市土地再开发的人的兴趣,学术上对其的评价却有所保留。由奥茨和施瓦布(Oates and Schwab,1997)所做的经济分析对匹兹堡(Pittsburgh)的经验提出了详细的理解。

[①] 第一级城市人口在 100 万以上,第二级在 25 万人以上(Pennsylvania General Assembly,2003)。

该分析评价了该城市于1979—1980年所实行的两级税收系统的影响,该时期正好处于匹兹堡和其他许多旧工业城市发生的大规模经济重建之后。该城市的人口从1950年到1980年已经下降了40%,它是奥茨和施瓦布所作研究的15个城市中的唯一的一个经历了"19世纪80年代的大规模建筑市场增长"的城市(Oates and Schwab,1997,2)。两级税收系统能解释这一增长吗？奥茨和施瓦布考虑到了这一问题,并同时考虑到了当时其他的公共政策措施。

一方面,他们认为,对于土地征收更高的税率对发展决策并没有影响。另一方面,因为税收的中立性,"我们期望它对于任何决策没有影响。这正是它吸引人的地方:它不会改变经济抉择"(Oates and Schwab,1997,18)。这样,他们发现更多的经济活动完全与两级税收系统一致,这是因为城市能避免不具备中立性优势的税收体系。对于建筑物征收更低的税率,会影响发展决策,并且可能会增加建造活动。然而,他们的研究没有涉及开发密度的问题,而这一问题往往是反对城市蔓延的提倡者所关注的。

尽管匹兹堡由于其分离税率税收的实施而受到了赞誉,它仍处于进行税收结构改变的中间阶段,这是由城市目前的预算缺口所造成的。根据一系列在匹兹堡 *Gazette*[①] 中刊登的文章,该城市自从19世纪90年代中期就一直面临着财政危机,并且正面临很少的政策和财政抉择。这些抉择包括将城市的财政置于州的管理之下,缩减社会服务,通过提高停车费和垃圾清理费来增加财政收入,以及增加通勤税。这类税收与两级税收在中立性上特点不同,他们会影响开发决策,并且是奥茨和施瓦布等经济学家所极力反对的。

分离税率税收系统的两部分没有固定的税率差别。该税率在宾夕法尼亚的各城市中差别极大。例如,在匹兹堡,地产上的建筑物的税率是地产本身的六分之一;在哈里斯波特(Harrisburg),该城市的经济复兴计划对地产征收三倍于建筑物的税率。地产与建筑税率差别最大的地方是一个叫阿里

---

① 见Wereschagin(2004);Semuels(2004);McNalty(2003);Pittsburghincrisis(2003);Burnham(2002);and Special report(2001)。

奎帕(Aliquippa)的小镇，"在一个有争议的财产税重评估过程后，以及逐渐迫近的市长选举前，使得多等级税收在政策上再也无法立足。"(Catt, 2002)

(5) 建筑条例改革(Building Code Reform)

传统建筑物条例的实施是空置建筑物重新利用的一个主要障碍。复杂的经常过时的条例经常用于新建筑，而且它们不适于建筑物修复。州和当地政府已经开始重写它们的建筑物条例以促进现存建筑物的重新投资。美国住房和城市发展部(HUD, 2001)最近描述了这些州和当地政府的行为并编写了一本手册以便其他州或当地政府在修改它们的条例时使用。美国住房和城市发展部在1997年也出版了"全国适用推荐修复条例"(NARRP: Nationally Applicable Recommended Rehabilitation Provisions)，它是改编于新泽西州的新修复条例(Rehabilitation Subcode)。"全国适用推荐修复条例"打算被用作一个修复规定的典范，它基于两大原则：

可预见性与均衡性。美国住房和城市发展部的模型提供了可预见性，因为对于特定项目的修复要求从一开始就很明确"全国适用推荐修复条例"也确认条例要求是与工作的程度成比例的，这使得修复更易于进行。"全国适用推荐修复条例"从新泽西州修复条例中借鉴了四个概念：

- 六大类工作：修理、革新、改建、重建、增建，以及占有变更；
- 工作区域：被修理或改建影响的部分；
- 补充要求：额外要求，例如安装防火洒水装置；
- 四大危害等级：将建筑物中的具体危险区别对待以提供可预见性。(U. S. HUD 2002)

对于新泽西州州子条例的研究显示，在该条例生效后，被研究的5个城市的修复开销都大大地增加了。而且，据预计该子条例将缩减10%至40%的开发旧建筑花费(Smart Growth America, 2002)。其他采用修复条例的州包括缅因、马里兰、密歇根、纽约和罗得岛(Rhode Island)，并且加利福尼亚和康涅狄格正在考虑立法通过该条例。在城市这一级，特拉华州威名顿(Wilmington)采用了它自身的修复条例(Smart Growth America, 2002)。

2. 再开发项目

具体财产手段不是各州唯一能用以解决空置地产问题的方法。更一般地,再开发主动权也很重要。这里,我们考虑几个具体的能促进再开发的州项目,包括棕色地块自愿清理项目、理性增长决心、企业区划和其他创新手段。

(1) 棕色地块自愿清理项目

以往的放弃地产行为(特别是因为商业和工业动机)通常会污染这些土地,这将会阻碍其再开发。自1980年《环境对策、补偿和责任综合法》颁布之后,再开发棕色地块的障碍成为了经济复兴的最主要问题。对于一个地块存在污染的猜测就能阻止该地块的再开发。历史上,这种事实上的不合格是由于被污染地块所有者所承担的责任导致的,其责任CERCLA所规定,无论所有者是不是真正的污染者,都要承担责任。此外,清洁以使再利用的巨额费用——这些费用并不总是在起初就可以明确计算出——也会导致这种事实上的不合格。由此而导致的这些地块因为环境原因而被取消进行再开发,会严重地降低居住在该地块周边的人们的经济前景,以及危害到城市的税收基础(Leigh,1994)。

作为对这一问题的反应,各州已经开始通过建立自愿清理项目来专门解决棕色地块再开发的障碍,因而"表明有许多不同的方法来进行地块整治和再开发"(Northeast-Midwest Institute,2002,2)。这些州项目的关键因素包括可变的清理标准、工程和制度控制,以及对于第三方行为和公众行为的责任免除。除了北达科他(North Dakota)和南达科他(South Dakota)州之外,所有的州都采用了自愿清理项目。这些项目"在全面性、动机、州保证的责任免除等级,以及全面有效性方面有所不同。它们强调了不同的再开发类型,包括工业、商业、居住、公共空间。一些州很善于利用联邦立法提案权,而其他州却不善于这样做"(Northeast-Midwest Institute,2002,2)。另外,14个州已经与美国环保局签署了理解备忘录(MOAs:Memoranda of Understanding),来为棕色地块开发商提供担保,即只要他们满足州污染整治的要求,他们将可以避免随后的联邦责任或环保局强制执行行为。

例如，宾夕法尼亚州的土地循环使用项目（Land Recycling Program），已经成为了该州再开发棕色地块的重要载体，同时也能促进形成更有效率的城市土地市场。该项目修改了州的清理标准，并简化了棕色地块评估过程。它包括一个工业地块重新利用项目，该项目为社区、非赢利经济发展组织提供了资金。它也为企业投放了一定的低息贷款以帮助它们进行环境研究和执行清理项目（宾夕法尼亚州土地循环利用项目）。该项目通过为所有者和开发商提供责任免除，促进了棕色地块再开发（Scott，1997）。

在2002年1月11日，布什总统签署了《小企业责任免除以及棕色地块复兴法案》，该法案被看做是克服由联邦规定所产生的对城市与州棕色地块再开发所面临的障碍的一大进步，这一障碍由联邦法令引起。联邦经费如今能用于污染治理以及地块环境评估（以前只有后者得到允许）。它进一步为低污染的小型企业，成片地产拥有者，未来购买者，以及无罪的地产拥有者提供了责任免除（Wright and Powers，2002）。总之，法律增加了州自愿清理项目的价值，因为它使那些自愿参加项目的财产拥有者免除了进一步的联邦强制政策。

（2）理性增长填充策略（Smart Growth Infill Strategies）

根据美国环保局和理性增长网络（EPA and Smart Growth Network，2002），"对现存社区加强并指导开发"被列为理性增长的一大指导原则。设计理性增长是用来阻止城市蔓延并鼓励对中心城市进行再投资，它已经成为一个政策关注的焦点。因此，在过去的5年里理性增长立法的引入已经成指数上升趋势。根据美国规划协会（American Planning Association，2002）信息，在1999年至2001年之前有8个州发布了有关理性增长的立法报告，而从1990年到1998年只有10份报告。伴随着这些活动，出现了重要的立法，出台这些法律一部分专门针对地块填充开发，这些法律的出台对缩减中心城市的空置地块和废弃建筑有重要影响。许多立法仍然很基本，只是指导如何建立意见委员会或简单地声明支持理性增长。尽管这些努力都很引人注目，但是我们这里只是关注目前正在使用的、能适用于其他地区城市空置土地问题的那些项目。

作为最古老并得到公认的项目之一，俄勒冈州土地规划法案（ORS，

1973)于1973年颁布。该法案要求城市和郡开展并采用总体规划。为了规定发展活动的界限,专门制定了"城市发展边界"(UGBs：Urban Growth Boundaries)。为了鼓励在 UGB 内再开发,必须提供城市基础设施。在1997年12月,俄勒冈州采用了立法以促进紧凑的、混合用途的开发。州投资可以用于那些城市再开发活动的城市和郡。

从1992年起,新泽西州州已经成为了基于理性增长理论的城市填充项目这一领域的领导者。新泽西州州发展与再开发规划声名显赫,该规划关注于总体规划、公共基础设施投资、经济发展、城市复兴、住房、历史文化风景资源和公共空间、棕色地块开发等方面(NJOSP,2001)。

亚利桑那州颁布了理性增长法来促进城市填充开发,该法案最初在1998年颁布并在2000年得到了更新。这两个版本通过选择适当的位置、确定特别的动机两种方式促进填充开发,例如迅速进行区划、迅速开展工作、免除市政费、免除开发标准束缚(Arizona Department of Commerce,2002)。截至2001年12月31日,亚利桑那州各郡和超过7.5万人以上的市都必须制定总体规划,而人口介于2 500至74 999人的市必须在2002年末之前执行。不执行该规定的城市将会丧失部分项目的州基金。

缅因州最近也通过了填充开发的相关法律。第776章规定州投资只能用于现行总体规划指定的发展区内。另外,州为遵守其理性增长政策的当地政府提供了便利条件。具体地说,市政投资信任基金支持当地政府进行全面的市中心复兴。其他颁布了理性增长相关当选的州包括康涅狄格、罗得岛、田纳西、佛蒙特、华盛顿和威斯康星(Nelson,1999)。

这些理性增长法律已开始影响城市空置土地的再开发。这些项目经常与州金融手段相结合来促进填充开发的执行。

(3) 企业区(Enterprise Zones)

在1994年克林顿政府批准的联邦授权企业区法之前,各州已经颁布了企业区法,在衰退地区集中进行再开发。企业区的做法借鉴了香港和新加坡的经验(Wolf,1990),并在19世纪80年代早期引入美国。到2000年为止,已经有大约40个州采用了各种形式的企业区法。这些企业区提供工作机会,免除销售税,降低财产税,以及提供其他金融措施,它们在设计和地理位置方面有很多不同。企业区并不总是关注空置土地的开发。在对拥有企业区项目的6个州(加利福尼亚、佛罗里达、新泽西州、纽约、宾夕法尼亚和弗吉尼亚)进行的案例研究当中,戈林鲍姆和海因茨(Greenbaum and Heinz,2000)发现企业区并不一定是在最萧条的地区,尤其是当它们要求该地区有发展潜力时,更是如此。事实上,这些项目的重点似乎在于为当地居民提供工作,而不是在于进行资本投资以增加财产价值和减少土地空置。例如,1996年博奈特(Boarnet)和博加特(Boogart)的研究发现新泽西州的激励机制对土地价值没有任何影响。同样地,戈林鲍姆和海因茨(Greenbaum and Heinz,2000)发现这些激励机制对于中等贫困城市有较小影响,但对于严重萧条的城市却没有任何影响。尽管如此,新泽西州的企业区项目还是赢得了全国的赞誉。

(4) 其他创新项目

针对城市空置土地和废弃财产问题,最近出现了许多知名度不高但是很有前途的项目。密歇根的"空置土地城市家园法案"(Urban Homesteading on Vacant Land Act)(Act 129, of 1999),力图快速开发这类空置土地。作为立法的一部分,当地政府可以操作或与非赢利组织签订合同以管理该项目。1999年出台的第131号法案也允许州住宅开发权威机构建立贷款或基金项目来促进该城市家园建设项目。明尼苏达有城乡家园项目,俄勒冈的波特兰市,也有相似的项目。

由城市实施并由州设立的弗吉尼亚州里士满的社区发展项目,专门针对其六大社区存在的严重的土地空置及税务拖欠项目。建立于1999年的该项目,试图加强条例执行项目与该市的住宅开发复兴项目之间的联系(International City/County Management Association,2002)。为了筹措资金,该项目利用了弗吉尼亚遗弃建筑物基金,该基金始建于1997年(Code of Virginia, secs. 36—152 to 36—156)。该基金使得州允许当地政府拥有、拆除或修复废弃建筑(ICCMA 2002, 23n. 30)。一些项目涉及计划进行再开发的特定地区或建筑物,是消除萧条计划的一部分,或者位于官方指定的再开发和保护区、历史区或企业授权区,这样的项目拥有优先开发权。在这种情况下,州财政资源极好地支持了城市再开发活动。

州立法者还采用了另一种创新办法，即要求州政府考虑将其机构设置在市中心。该立法与联邦政府第12072号行政法令一致，它要求努力"加强我们国家的城市"，要求联邦机构在考虑其办公地址时优先考虑中心商务区(Fitzgerald and Leigh, 2002)。宾夕法尼亚已经在其《市中心定位法》(Downtown Location Law)中颁布了这类法令(Zausner, 1998)。缅因州理性增长法也催促州级办公机构和学校设立于指定的增长地区(State of Maine, 2000)。

3. 填充式开发的金融手段

减轻萧条和减少贫民窟的传统金融机制也会间接地促进填充式开发和再开发空置土地。最常用的金融手段包括城市更新发展权力机构、税务增加融资和商业改善区(BID: Business Improvement Districts)。

（1）开发权威机构

19世纪70年代末，伴随着联邦基金用于城市更新项目的结束，许多州通过一系列的立法来支持城市复兴项目(表6.1)。这些项目旨在"消灭和重新开发不合标准的、颓废的或者是衰败的开放空间，以用于工业、商业、居住、娱乐、教育、医院或其他目的"(Mass. DHCD)。它们采用多种形式，并且经常包括再开发机构的建立，再开发计划或策略的制定。这些策略可以包括修复条例，合并与处理土地(包括使用征用权)，商业和居住的迁址，拆除和修复不合标准的建筑，发行债券，投资资金，接受基金，贷款和捐赠。

开发权威机构是城市更新项目的主要载体。它们一般能征税，发行债券，接受公共和私人基金来促进经济发展、提高生活标准。这些机构能被看做是准政府，它们由州立法授权以促进特定地区的发展(Municipal Research and Services Center, 2002)。它们不必只局限于中心城区或市区，事实上，许多开发权威机构有着更大的权限(郡范围的或几个郡范围)。然而，它们一般集中于城市急需要再开发的特定区域。在乔治亚州，市区开发权威机构由当局建立，当局规定其局限于城市内部，指定了其主管。乔治亚州市区开发权威机构购买和处理地产，使用征用权，通过贷款、基金、租金以及债券来为项目提供资金，准备再开发规划，并作为再开发的合法实体(Georgia

表6.1 州政府推动城市空置土地和废弃地产再开发的手段和项目

		财产特别手段			再开发项目				再开发金融手段		
		税务留置中止抵押权	征用权	促进分离税率税收立法	修复条例	企业区	棕色地块自愿清理项目	填充式理性增长立法	城市更新	开发授权	增加税务融资	商业改善区
东北部	新英格兰地区												
	康涅狄格	•	•			•	•	•	•	•		•
	缅因	•	•				•	•		•		
	马萨诸塞					•						
	新罕布什尔	•					•	•				
	罗得岛	•					•	•				
	佛蒙特	•										•
	大西洋中部地区												
	新泽西州	•	•		•	•	•	•	•	•		•
	纽约	•	•	•		•	•	•	•			•
	宾夕法尼亚											
中西部	中北地区东部												
	伊利诺伊	•	•			•	•		•	•		•
	印第安纳	•	•			•	•					•
	密歇根											
	俄亥俄	•	•			•	•					•
	威斯康星											
	中北地区西部												
	爱荷华											
	堪萨斯	•	•*			•			•			•
	明尼苏达	•	•			•						
	密苏里											
	尼布拉斯卡	•	•*			•						•

续表

		财产特别手段				再开发项目				再开发金融手段		
		税务留置中止抵押权	征用权	促进分离税率税收立法	修复条例	企业区	棕色地块自愿清理项目	填充式理性增长立法	城市更新	开发授权	增加税务融资	商业改善区
中西部	中北地区西部											
	北达科他	•	•						•		•	
	南达科他	•	•			•			•	•	•	
	中南地区东部											
	阿拉巴马	•	•			•	•	•	•	•	•	•
	肯塔基	•	•			•	•	•	•	•	•	•
	密西西比	•	•			•	•	•	•	•	•	
	田纳西	•	•			•	•		•	•	•	
南部	大西洋南部地区											
	特拉华	•	•			•	•	•	•	•	•	
	佛罗里达	•	•			•	•	•	•	•	•	•
	乔治亚	•	•			•	•	•	•	•	•	•
	马里兰	•	•	•	•	•	•	•	•	•	•	•
	北卡罗林那	•	•			•			•	•	•	•
	南卡罗林那	•	•*			•	•		•	•	•	•
	弗吉尼亚	•	•	•		•	•	•	•	•	•	•
	西弗吉尼亚					•	•		•	•	•	
	中南地区西部											
	阿肯萨	•	•			•	•		•	•	•	•
	路易斯安那	•	•			•	•		•	•	•	•
	俄克拉荷马	•	•			•	•		•	•	•	•
	得克萨斯	•	•			•	•		•	•	•	•

续表

		财产特别手段			再开发项目			再开发金融手段		
		税务留置中止抵押权	征用权	促进分离税率税收立法	修复条例	企业区	棕色地块自愿清理项目	填充式理性增长立法	城市更新	开发授权	增加税务融资	商业改善区
西部	山区												
	亚里桑那	•	•			•	•	•	•	•	•	•
	科罗拉多	•	•			•	•			•	•	•
	爱达荷	•	•									
	蒙大拿	•	•									
	内华达	•	•				•					
	新墨西哥	•	•				•					
	尤他											
	怀俄明											
	太平洋地区												
	阿拉斯加	•	•									•
	加利福尼亚					•	•					
	夏威夷	•	•				•					
	俄勒冈	•	•				•			•		
	华盛顿						•		•	•		

注释：立法综述截至2002年。立法机关网站的综述基于以下原则：①城市更新或复兴项目；②增长税务融资；③企业区；④工业、市区或再开发的权威机构。研究术语用来决定理性增长创新，包括理性增长和填充式开发、再开发、复兴、空置土地和废弃地产。这里只包括那些明确声明填充、再开发、空置或废弃土地的项目。

* 需要满足超过一个条件来合法宣布萧条的州。

Municipal Association，2002）。

(2) 增加税收融资（Tax Increment Financing）

增加税收融资（TIF）是建立地区再开发所必须的基金的一种常用手

段。48个州和哥伦比亚特区地区都拥有授权法来提供TIF（表6.1）。TIF允许将新开发地区所产生的税收的一部分直接用来对该地区进行再投资，或者用来发行等量债券。成功的TIF项目在全国随处可见。其中最著名的一个是芝加哥的项目，它有20亿美元的收入并提供了2.8万个工作岗位（Local Initiative Support Corporation，2001）。明尼阿波利斯（Minneapolis）的社区复兴项目（NRP：Neighborhood Revitalization Program）也成功地运用了TIF。为了抑制增长的犯罪率及城市萧条，1990年明尼苏达州立法机关和明尼阿波利斯城市委员会为该城市81个社区的房地产和经济开发活动提供每年2 000万美元、为期20年的资金。该项目很独特，因为它是由赢利性的市区开发项目所产生的TIF收入来提供资金的。到2000年为止，1 400多个项目的实施就用到了该基金提供的1.762亿美元（Minneapolis Neighborhood Revitalization，2000）。当然，TIF也不是没有反对者的。批评一方称当地政府当使用TIF时并不总是足够认真地具体问题具体分析，并且称在某些项目中TIF被使用得过于频繁，而这些项目就算没有公共资金其实也有发展。但是，如果得到谨慎地使用，TIF会是一个为当地政府提供资金进行再开发的有用工具，不需要政府运用现有收入或增加新的税收来支付。

（3）商业改善区

商业改善区（BID：Business Improvement Districts）是城市的一部分，它对该区域内所有财产所有者和企业进行额外的税务评估，并将该部分税收用以为该区域的各种发展提供资金。它们是由州立法机关建立来应对特殊公共政策问题的，这些问题往往被忽视或超出了政府的当前能力。从BID所征的税收收入被用来支付政府提供的服务（Seliga，2001）。它一般为发、传统市政服务、社会服务和商业服务提供资金（Briffault，1999）。

管理BID的法律在各州之间存在很大差异，但是BID的建立一般包括市政府和私人投资者两方的正式活动。即使在一个州内部，规则或许也会不同。包括加利福尼亚、宾夕法尼亚和得克萨斯在内的一些州，提供了不止一种方法来建立BID以及相似的实体。一般而言，授权BID形成的法令用特定的语言来详细描述基金收集步骤、所提供的服务、管理委员会的构成和促进政府介入的方法①。布里福(Briffault,1999)的统计标明,1999年全美有超过1 000个的BID,其中40个在纽约市,54个在维斯康星州,35个在新泽西州州,16个在圣地亚哥市。以下城市有一个或一个以上的BID,它们是:安克雷奇、巴尔的摩、布法罗、达拉斯、丹佛、休斯顿、洛杉矶、孟菲斯、费城、圣路易斯、西雅图和华盛顿特区。从1999年起,BID的数量就一直在增长。尽管两个著名的BID——纽约市的时代广场和费城的中心城市区——位于这两个城市的市中心,但是大多数的BID位于大都市区的商业走廊上,并也有被建在郊区或甚至是小镇的(Briffault, 1999)。

BID并不是全新的概念。财政手段一直被用来管理市政当局管辖范围以外的公共投资行为②。BID结合了特殊评估财政手段和特殊用途地区两个方面,但是很好地拓展了这些旧的机制,使其超越了传统的用途。BID与特殊评估不同,特殊评估的钱主要用来为旧地区提供市政服务而不是为新建地区提供基础设施。BID也会提供更多的设施。正如米切尔所述"尽管大多数的BID不介入传统的经济开发活动,但是有一些BID确实介入,这就导致大家认为BID是另一种鼓励社区经济增长的组织机制。"(Mitchell,2001,121)

二、空置土地和废弃财产改革的州议程模型

对于在全国范围内处理阻碍再开发的城市空置土地及废弃财产等问题,各州的项目和政策有所不同。这里我们描述了一个处理空置土地和改革废弃财产的州议程模型。

---

① 尽管BID来源于一个世纪以前的法律结构和概念,但是其具体形式仍然是最近才出现的现象。尽管美国第一个现代BID显然是1975年新奥尔良的市区发展区,但是大多数的BID建于1980年以后,其中大部分建于1990年后(Briffault, 1999)。

② 科罗拉多州有一个评估类型字母表。首字母缩写SID,LID,GID,PID和BID,分别指的是科罗拉多州的郡和市政当局能用来为多种公共基础设施融资的用地类型。特别发展区(SID:Special Improvement Districts)和一般发展区(GID:General Improvement Districts)是由市政当局按照两套州条例组织的,而当地发展区(LID:Local Improvement Districts)和公共发展区(PID:Public Improvement Districts)是由郡按照另外两套条例组织的。在科罗拉多州,BIDs是由市政当局按照另外的州条例组织的混合实体(Wisor and Crawford,2001)。

第六章 针对城市空置土地及财产重利用的州政策的调查

所有的州都需要有空置土地和废弃建筑的区位、情况、所有权和其他相关特征的详细信息。如果不能量化和监控这些信息,没有一个州或区域能成功的解决空置土地和废弃建筑等问题。当前,没有一个州拥有这些信息的一个持续更新的目录。因此该模型首先推荐州进行清单统计,并在地理信息系统内将州范围内统一的数据输入到对应的空置土地或废弃建筑物上。由于建立这样的一个系统尚有许多问题需要解决,因此各州拥有一个当前可用的公共信息库仍然十分重要。

同时,广泛的再开发项目和一般的再开发及融资手段代表了一批能促进空置土地和废弃财产重新利用的良性机制。其中最新的两种机制对再开发的影响最直接:一是棕色地块自愿清理项目,它消除了污染地块重新利用的障碍;二是填充式的理性增长立法,它寻求控制进一步的绿地开发并引导对于未尽其用的城市地块的开发[1]。如表6.1所示,几乎所有的州现在都有一定形式的棕色地块自愿清理项目,但只有19个填充式开发立法。因此,州议程的第二个因素是一种双叉戟式的方法,它一方面促进市中心污染地块的清理,另一方面引导开发远离都市圈边缘而朝着城市中心发展。

开发权威机构、税务增加融资和经济开发所依赖的债券发行能力,是支持空置土地和废弃建筑物再开发的重要财政策略。然而,实践中,这些措施并不是完全就用在城市的衰败地区。因为这些手段利用的是有限的资源,因此各州应将其重点用在衰退的中心城市,而限制在发展较好的地区和绿地的利用。也就是说,各州应该将其财政手段集中在被市场融资忽略的地方。在此情况下,企业区应该特别针对衰退的城市地区,但是调查表明,它们实际上并没有完全针对那些最萧条的社区。而且,它们努力强调的是创造工作机会而不是积累资本。因此,企业区项目应该以中心区项目为补充。这些中心区项目致力于复兴最萧条的、有大面积空置土地的地区,并为开发商在该区域的投资提供最大的金融支持。

---

[1] 美国环保局支持许多可作为州级典型的行为。例如,环保局第一区域拥有针对土地评估项目的棕色地块,该评估项目有助于被污染地块的二次开发。对开发棕色地块感兴趣的公共或非赢利组织可以先完成地块评价,以便使由真实的或假设的地块污染所导致的相关的不确定性降到最低。http://www.rkmc.com/article.asp?articleId=40。

在四个财产特殊手段中，有两个被所有的州所采用，另两个只被部分州采用。所有州都有一些类型的税务留置权中止抵押项目以及授权的征用权。然而，这些系统的现有形式仍然是城市有效且快速解决空置及拖欠税务财产问题的主要障碍。因此，州议程模型呼吁建立一个革新的立法系统。这个系统将使市政当局解决问题的能力最大化。一旦市政当局解决了绊脚石，使用革新的立法系统将确保空置土地和废弃地产问题不再达到现在这样严重的程度。同时，拥有这样一个革新系统，我们就能够建立城市一级的土地银行来促进空置土地的合并和再销售。

所有州都有征用权，但是只有一部分州有衡量萧条的严格标准。公众批评滥用征用权的现象，例如，如果当前建筑承载的商业并没有创造它应该创造的利润时，就判定该建筑为废弃建筑。针对滥用征用权的公众批评是否会影响城市使用该工具仍有待观察。各州鼓励明智的征用权的做法是重新开发最萧条的城市社区的一种有效途径。

最后，这两种特殊财产手段对于空置土地和废弃财产的再开发仍有很大的作用，因此应该成为州议程模型的一部分。税率税收鼓励对于建筑物的再投资，并阻止投机性地、非生产性地占有空置土地。相似地，修复条例大大地增强了重新利用废弃建筑物的可行性。尽管这些通常是市级的财政和法律革新，但是它们经常要求州立法机构的帮助。除了颁布新的立法和创建新的项目，各州也有必要教育市政当局和开发商，以及其他公共和私人机构的成员，告之其这些手段的可行性。该研究的一个发现是现存项目没有得到充分利用。尽管许多项目已经出现了好几年，但是仍然没有被看做促进再开发的机遇。

最后，州政府促进各城市空置土地再利用的兴趣浓厚，并且他们已经将其在当地政府、不动产团体、金融团体以及地产拥有者团体的合伙人的兴趣激发了起来。如果所有的州都能明确并适应其最佳用途、立法改革以及其州议程模型中提到的方法，全国范围内的城市空置土地再开发都将得到增强。

三、感谢

本章摘自"州在城市土地再开发中的角色"——为布鲁金斯研究所城市研究中心(The Brookings Institution Center on Urban and Metropolitan and CEOs for Cities)(April 2003)所准备的一篇讨论文献。我万分感谢乔治亚理工学院城市和地区规划项目(Georgia Institute of Technology City and Regional Planning Program)的林恩·帕特森(Lynn Patterson)和亚历克斯·帕尔斯坦(Alex Pearlstein)的协助研究,感谢罗莎琳德·格林斯坦(Rosalind Greenstein)在税率税收方面提出宝贵意见,感谢亨利·乔治(Henry George)提出自己的观点。

参考文献

Accordino, John and Gary T. Johnson. 2000. Addressing the vacant land and abandoned property problem. *Journal of Urban Affairs* 22(3):301—315.

Alexander, Frank S. 2000a. Constitutional questions about tax lien foreclosures. *Government Finance Review* (June):27—31.

——. 2000b. Tax liens, tax sales, and due process. *Indiana Law Journal* 75:747—807.

——. 2002. Planning for Smart Growth 2002 State of the States. http://www.planning.org/growingsmart/states2002.htm.

Arizona Department of Commerce. 2002. Growing Smarter Legislation. http://www.azcommerce.com/CommunityPlanning/GSLegis.htm.

Boarnet, Marion G. and William T. Bogart. 1996. Enterprise zones and employment: Evidence from New Jersey. *Journal of Urban Economics* 40:198—215.

Briffault, Richard. 1999. A government for our time? Business Improvement Districts and urban governance. *Columbia Law Review* (March):365—468.

Burnham, James B. 2002. Pittsburgh's fiscal crisis: No more rabbits in the hat. *Pittsburgh PostGazette*, October 20. http://www.post-gazette.com/forum/comm/2002 1020edburn 1020pl.asp.

Catts, Timothy. N.d. Pittsburg, Philadelphia mull past and future of property tax reform. *The Progress Report*. http://www.progress.org/philly08.htm.

Fannie Mae Foudation. 2001. State policies are critical to local responses on tax delinquent properties. *Housing Facts & Findings* 3(1):10.

Fitzgerald, Joan and Nancey Green Leigh. 2002. The reuse of office and industrial property in city and suburb. *Economic revitalization: Cases and strategies for city and suburb*. Thousand Oaks, CA: Sage Publications.

Fulton, William. 2003. Creating a land boom. *Governing* (August). http://www.governing.com/articles/8econ.htm.

Georgia Municipal Association. 2002. Downtown development authorities. http://www.gmanet.com/general/default.asp?pagerype=askgma_dda&menuid=AskGMAID.

Greenbaum, Robert and John Engberg Heinz. 2000. An evaluation of state enterprise zone policies. *Policy Studies Review* 17(2/3):29—47.

Hartzok, Alanna. 1997. Pennsylvania's success with split-rate tax reform. *American Journal of Economics and Sociology* 56(2):205—215.

International City/County Management Association (ICCMA). The revitalization of vacant properties. *Document Number* 10000162. *Document Year* 2002; *Project Year* 2001.

Jennings, Marianne M. 200 1/2002. Eminent domain is not what it used to be. *Real Estate Law Journal*. 30 (Winter): 232—239.

Keating, Larry, and David Sjoquist. 2001. Bottom fishing: Emerging policy regarding tax delinquent properties. *Housing Facts & Findings*, Fannie Mae Foundation 3(1).

Kildee, Dan. 2001. Tax reversion implementation and land disposition planning, Genessee County, Michigan. Mimeo.

Leigh, Nancey Green. 1994. Introduction to environmental constraints in brownfied redevelopment. *Economic Development Quarterly* 8(4):325-328.

Local Initiative Support Corporation (LISC). 2001. National survey of urban economic and community development models. http://www.liscnet.org/resources/econdev/best_practices/ent_zone_model.shtml.

Massachusetts Department of Housing and Community Development (Mass. DHCD). 2003. *Urban renewal program fact sheet*. www.state.ma.us/dhcd/publications/fact_sheets/ch 121b.pdf.

McNulty, Timothy. 2003. Pittsburgh begs state for help with fiscal crisis. *Pittsburgh Post-Gazette*, November 11. http://www.post-gazette.com/neigh_city/2003 1111 murphy 1111 pl. asp.

Minneapolis Neighborhood Revitalization Program. 2000, *A program of the people, by the people, and for the people: Progress report* 2000.

Mitchell, Jerry. 2001. Business improvement districts and the "new" revitalization of downtown. *Economic Development Quarterly* 15(2):115—123.

Municipal Research and Services Center of Washington. 1997. *Infill development: Strategies for shaping livable neighborhoods*. Report no. 38 (June). http://www.mrsc.org/Publications/textfill.aspx#E19E.

——. *Public corporations/public development authorities*. 2002. http://www.mrsc.org/Subjects/ Econ/ed-pda.aspx.

Nelson, A. C. 1999. Economic development and smart growth. *News and Views*, American Planning Association Economic Development Division. October.

New Jersey Office of State Planning (NJOSP). 2001. New Jersey State Development and Redevelopment Plan. http://www.state.nj.us/dca/osg/plan/plan.html.

Northeast-Midwest Institute. 2002. Brownfield basics: An issue primer. www.nemw.org.

Oates, Wallace E., and Robert M. Schwab. 1997. The impact of urban land taxation: The Pittsburgh experience. *National Tax Journal* 50(1):1—21.

Oregon Department of Land Conservation and Development. 2001. 1999—2001 Biennial Report to the Seventy-First Legislative Assembly. http://www.lcd.state.or.us/legislative/ TextRpt2001.rtf.

Pagano, Michael A. and Ann O'M. Bowman. 2000. *Vacant land in cities: An urban resource*. Washington, DC: The Brookings Institution.

Pennsylvania General Assembly Local Government Commission. October 2003. Municipalities— How they change. *Pennsylvania Legislator's Municipal Deskbook* 21. http://www.lgc.state.pa.us/ deskbook03/Basics05.pdf.

Pennsylvania Land Recycling Program. N. d. *A clear road to development*. Publication no. 2530-BK-DEP2310. http://www.dep.state.pa.us/dep/deputate/airwaste/wm/landrecy/facts/ roadsign.pdf.

Pittsburgh in crisis: State receivorship? 2003. *Pittsburgh Tribune-Review*, August 23. http://www.pittsburghlive.com/x/search/s_151166.html.

Plassman, Florenz and T. Nicolaus Tideman. 2000. A Markov Chain Monte Carlo analysis of the effect of two-rate property taxes on construction. *Journal of Urban Economics* 47(2):216—247.

Schwartz, Stewart. 1999. Split-rate tax promotes smart growth. *Getting Smart Newsletter*, Smart Growth Network 2(4). http://www.washingtonregion.net/html/article.html.

Scott, Michael J. 1997. Pennsylvania's land recycling program. *State Innovations*. Lexington, KY: Council of State Governments (December).

Seliga, Joseph. 2001. Democratic solutions to urban problems. *25 Hamline Law Review* 1 (Fall):22—68.

Semuels, Alana. 2004. City's parking tax elevated to "sinful" level. *Pittsburgh Post-*

Gazette, January 21. http://post-gazette.com/pg/0402 1/263844.stm.
Siegel, Eric and Gady A. Epstein. 2002. Mayor seeks control over 5,000 houses. *Baltimore Sun*, January 27, 1A.
Smart Growth America. 2002. Rehabilitation codes. http://www.smartgrowthamerica.org.
Smart Growth Network. 2002. What is smart growth? http://www.smartgrowth.org/sgn/partpublist.asp?part=16.
Special report: Pittsburgh in crisis. 2001. *Pittsburgh Tribune-Review*. http://www.pittsburghlive.com/x/tribune-review/specialreports/pghincrisis/index.html.
State of Maine. 2000. Final report of the task force on state office building location, other state growth-related capital investments and patterns of development. January. http://www.state.me.us/legis/opla/sprawl.PDE.
U.S. Department of Housing and Urban Development, Office of Policy Development and Research. 1997. Nationally applicable recommended rehabilitation provisions (NARRP). May.
——. 1999. An assessment of state brownfield initiatives. March.
——. 2001. Smart codes in your community: A guide to building rehabilitation codes. August.
——. 2002. Smart codes spur reinvestment. http://www.huduser.org/periodicals/rrr/rrr_02_2002/0202_2.html.
Wereschagin, Mike. 2004. County proposes assessment fixes. *Pittsburgh Tribune-Review*, April 24. http://www.pittsburghlive.com/x/search/s_190403.html.
Wisor, Dee P. and Kimberley K. Crawford. 2001. Improvement districts for Colorado Counties, cities and cowns. *Colorado Lawyer* (January): 53—59.
Wolf, Michael Alan. 1990. Enterprise zones: A decade of diversity. *Financing economic development*, Richard Bingham, Edward Hill, and Sammis White, eds. Thousand Oaks, CA: Sage Publications.
Wright, Andrew G. and Mary Buckner Powers. 2002. Reclamation. *Engineering News-Record* 248(6).
Zausner, Robert. 1998. Proposed measure could give downtowns a boost. *Central Penn Business Journal* (Harrisburg), May 13.

Statutes and Laws

C.R.S.A. Sec. 31-25-103. Colorado Revised Statutes Annotated Title 31. Government: Municipal Powers and Functions of Cities and Towns, Article 25. Public Improvements, Part 1. Urban Renewal, Section 103—Definitions.
K.S.A. Sec. 17-4760. Definitions Kansas Statutes Annotated, Chapter 17. Corporations, Article 47. Urban Renewal Law, Act of 1955 and Amendments, Section 60.

Definitions.

Neb. Rev. St. Sec. 58-209.01 Nebraska Revised Statutes of 1943, Chapter 58. Money and Financing. Article 2. Nebraska Investment Finance Authority. Section 09.01. Blighted area, defined.

SC ST Sec. 31-10-20 Code 1976 Sec. 31-10-20. Code of Laws of South Carolina 1976 Annotated, Title 31.

Housing and Redevelopment, Chapter 10. Community Development Law, Section 20, Definitions.

Utah Code, 1953, Title 17B. Limited Purpose Local Government Entities, Chapter 4. Redevelopment Agencies Act, Part 6. Blight determination in redevelopment project areas, 17B-4-604. Conditions on board determination of blight. Conditions of blight caused by the developer.

第七章

环境移交与当地能力
——棕色地块在新泽西州四个落后城市的执行

萨拉·S. 加德纳(Sarah S. Gardner)

从20世纪80年代起,当罗纳德·里根(Ronald Reagan)总统率先实行新联邦制度时,移交就被定义为增加环境政策的优势。各个州代表开始广泛行使和执行空气净化和水资源净化的法令。里根时代后的行政管理者开始放弃以市场为基础、由当地公共部门与私人共同合作的这样一种解决环境问题的方法。移交论支持者认为环境移交不但能减少政府开支,简化政治程序,这种分散权威的做法可以使政府更接近群众,这样就能够促进市民参与公共生活[1]。政府权利的保守右派和社会左派激进主义分子都支持这政策。约翰·多纳休认为,大规模的移交要求可以归因于"美国政治家们所认识到的与大众意见保持一致"(John Donahue,1997,4)。

棕色地块项目代表了到现在为止最伟大的环境移交现象。州政府将责任下放到各城市,要求他们确定土地优势,吸引开发商,决定土地净化水平以及确定补救和再利用的方法。通过当地管理和市场刺激,棕色地块项目

---

[1] 例如,参见:阿克曼和斯图尔特(Ackerman and Stewart);安德森和希尔(Anderson and Hill);巴特勒和梅西(Butler and Macey);切普罗和扬德尔(Ceplo and Yandle,1997);奇米泰尔(Cimitile et al,1995);康芝纳(Commoner,1990);克鲁斯(Crews,1996);约翰(John,1994);基尔戈和西尔维斯特(Kilgore and Sylvester,1995);金凯德(Kincaid,1999);伦德(Lund,1995);马勒和菲克斯(Muller and Fix,1980);O'康纳(O'Connor,1999);拉贝(Rabe,1997);林奎斯特(Ringquist,1993);舍恩布劳德(Schoenbrod,1997);斯图尔特(Stewart,1988);斯特鲁普(Stroup,1996);汤普森(Thompson,1997)。

承诺能利用有限的公共现金投入和最小的政府干预尽可能地解决公共问题。

为了完成通过移交政策下放给城市的所有额外责任,城市要求不同种类的资源,包括资金、人员、法律和技术专家和成熟的城市文化。为了获得生产高质量物品与服务的其他必要条件,社会学家们扩大了对资本的传统定义。为帮助劳动经济学家理解工资差别的概念,贝克尔(Becke,1976)将人力资本定义为非物质资产——知识、技能、健康或者价值——通过个人或者家庭的投资进行累积。他认为那些积累了较高和较多人力资本的人应该获得较高的工资。

在过去几十年,政治科学家们一直在强调不同形式资本的重要性,包括社会资本(Putnam,1993,2000;Gittell and Thompson,2001)、城市能力(Stone et al.,2001)、政治资本(Fuchs,Minnite and Shapiro,1999;Fuchs Shapiro and Minnite,2001)和管理资本(Stone 1989,179)。福斯特(Foster,2000)确定了进行有效管理的八种必要资本,它们是历史的、结构的、法律的、社会经济的、发展的、城市的、团体的和政治的资本。这八种资本形式都是当地政治制度发挥作用所必须的。它们为增强跨部门的网络联系,增强市民参与和集中政治努力提供物质资源或者人力资源:总之,它们有助于形成政策联盟,有助于"不同利益团体共同工作",而"不同利益团体共同工作"可以确保其他公共参与者和私人参与者合作去共同管理特殊的政策领域(Mollenkopf,1992,38)。因为这些不同形式的资本对于加强当地管理有类似的影响,它们可以统一在一个共同的标题下——当地能力(local capacity)。当地能力可以简单的定义为发起和实施公共政策项目的资本资源——包括城市的、政府的或者个人的资源。高水平的社会能力、城市能力和结构资本等,都有助于增强当地能力[1]。

本章节认为当地能力在转移项目的实施中起到很大的作用,特别是当其他促进因素(例如强大的市场)缺少时更是如此。转移本身是一个中性的政策方法;将责任转移给当地政府的存在一个问题,就是有计划的结果取决

---

[1] 福斯特(Foster,2000)介绍了一个类似的概念——地区资本(regional capital)。

于城市实施和管理政策项目的能力。经济繁荣的城市拥有有高价值的房地产、强有力的市场、发挥作用的政权①和有效的当地政府。这样的城市可以满足所有移交所面临的资源要求。经济落后的城市充满了矛盾和腐败,通常不能满足移交的要求。当地能力可以弥补经济和结构上的不足。在某一形式上具有高当地能力的落后城市可以有效的制定棕色地块的使用计划,但是低当地能力的城市通常会失败。

新泽西州州四个城市利用棕色地块的表现可以说明当地能力的重要性,这四个城市社会经济与环境落后,它们是纽瓦克市(Newark)、特伦顿市(Trenton)、卡姆登市(Camden)和帕特森市(Paterson)。纽瓦克有可行的房地产市场,相对来说很少使用州的项目,例如土地修改危险基金和再开发条约。另外三个城市大部分都不能成功地吸引开发商。卡姆登市附近地区的高当地能力和特伦顿当地官员的主动性有助于这些城市弥补市场不足的缺陷。帕特森市既没有市场也没有强有利的城市资源和管理能力,因此棕色地块的利用是混乱的。

一、四个落后的城市

纽瓦克市、特伦顿市、卡姆登市和帕特森市是四个落后的城市。新泽西州州财政主要依赖于财产税,占其总收入的52%,而国家整体水平是27%。这种现象主要是由于显著的贫富差距造成的,特别是城市和郊区的差异(Regan,2003,1)。新泽西州八个城市的税率平均来说是国家标准的两倍,但是它们的税收资源少于国家平均值的一半(Orfield and Luce,2003,4)。由于结构性贫穷、老化的基础设施和衰老的住房供给,这四个城市都进入新泽西州州市政落后指标的前十名——该排名是通过经济、社会、财政和基础

---

① 城市政权是"一个非正式组织,某些公共团体和私人利益机构借助这个平台共同作用以制定和实施管理决议"(Stone,1989,6)。这个"非正式的城市组织"伴随着机构的组织能力和机构控制的资源(Stone,1989,232,240)。一个增长的政权类似一个发展的机制(Logan and molotch,1987),因为二者都表现为企业界发挥最大的影响,但是发展机制的焦点仅限于资产发展,政权增长的焦点在于所有形式的经济发展。

设施方面进行综合评价(见表7.1)。腊斯克(Rusk,1995)将三个城市(纽瓦克、特伦顿、卡姆登市)归入他定义的"没有收益的城市"。每个城市都有不同比例的免税措施,包括由新泽西州市政企业区定的免税区。在纽瓦克和卡姆登市,免税区是由美国住房提供部门和城市发展计划社区项目制定的。由于没有税收收入提供基础服务,在"依赖非工业产业"的新泽西州,这四个城市主要依靠联邦政府和州政府的补贴而存活(Burchell,1984;Perry,1987,113)。

表7.1 社会经济数据

	新泽西州	卡姆登市	纽瓦克市	帕特森市	特伦顿市
人口指标					
人口(人)(1998年)	8 115 011	83 546	267 823	148 212	84 494
从1990年起百分比的变化(%)	4.7	−4.5	−2.7	5.2	−4.7
黑人比例(%)(1990年)	14.6	56.4	58.5	36.0	49.3
白人比例(%)(1990年)	79.5	19.0	28.6	41.2	42.2
西班牙人比例(%)(1990年)	12.4	31.2	26.1	41.0	14.1
经济指标					
城市落后指标排名	无	1	5	7	2
人均收入(美元)(1989年)	18 714	7 276	9 424	10 518	11 018
低于贫困线比例(%)(1989年)	8.7	36.6	26.3	18.5	18.1
失业率(%)(1997年)	4.6	13.9	11.0	10.5	9.7
低于标准的住房比例(%)(1990年)	4.1	15.4	14.9	14.3	8.0

资料来源:2000 Country and City Extra: Annual Metro. City, and County Data Book; New Jersey Municipal Distress Index (1997) (NJOSP)。

卡姆登市是美国东北部最穷的城市,也是全国倒数第五贫穷的城市,根据城市规划官员的说法,"9平方英里的居民无家可归,靠救济生活"。在新泽西州州的所有城市中,该市人口衰退最严重、失业率最高、贫穷率最高、犯罪率最高,同时向州上缴的州际间均等的税率也最高。他是新泽西州州暴力最严重的城市,谋杀率很高,其谋杀率是新泽西州州平均值的十倍。人们通常认为卡姆登市受毒品贩子的包围,毒品贩子的势力压倒受困扰的警察部门——在这个小城市中有200多处露天毒品市场(Wilson,1997,36)。卡姆登市的社会环境更像是发展中国家的社会环境,而不像是美国的社会环境:婴儿死亡率是国家平均值的两倍;学生辍学率位居全国第一;家庭暴力也是国内最高的(Hester,1999,B1)。公共健康很落后,城市居民没有医疗保险的比率高,并且慢性病患者,特别是哮喘病患者和糖尿病患者多。卡姆登市几乎没有商业,缺少重要的、有中等收入的居民,而这样的社会群体能够创造对零售产品和服务的需求,同时还能使房地产增值(Smith and Thompson,2001)。大约82%的人口依赖公共救助,三分之一的居民生活在贫困之中(Wilson,1997;USEPA,1997)。学龄儿童的比例是25%(5—17岁),并且有大约70%的老年市民属于极度低收入群体。

因为缺少纳税居民并且有大量的拖欠税收资产,卡姆登市长期处于财政危机状态。卡姆登市的征税基础从90年代开始持续减少,这个城市成为新泽西州州税率最高,但是人均征税基础最少的城市(New Jersey,2001)。那里空置土地的面积与可进行生产的制造业面积几乎一样多(USEPA Region 2,1997),几乎一半的土地价值可以免税(New Jersey,2001)。零售业在二十年内没有增长,曾经忙碌过一阵的商业区现在是一片空地,成为停车场,因为大约三分之二的建筑都已经夷平,没有重新修建。现在,城市里最大的雇主是县垃圾焚烧厂、县下水道处理厂、州监狱和县监狱。卡姆登市是南新泽西州州主要的政府中心,为好几个县、州和联邦政府提供办公地点。但是40年来没有银行在卡姆登市设置分支,但是毒品经济和卖淫经济这样的非正式却很繁荣。卡姆登市的公共投资为卡姆登市提供就业机会,但是它也腐蚀了财产税的基础——新泽西州州城市的唯一收入来源。州政府支助超过70%的城市预算(在过去十年超过30亿)和89%的学校预算(N.J.

Dept. of Treasury,1996)。社区发展阻碍授予项目(Community Development Block Gant Program)每年为这个城市提供三四百万的资金,用于复兴附近地区,发展经济,消灭平民窟,救济中低等收入的家庭。

尽管卡姆登市的财政状况比其他三个城市差,但是这四个城市都经历同样的发展趋势,只是所处的程度不同(表7.1)。州府特伦顿的贫困率是18%。失业率超过7%,是国家和州平均值的两倍,人均收入的中值是11 089美元。除了缺少就业机会外,这个城市缺少空地、娱乐场所和住房。特伦顿的税基极小:89%的由私人所有的房屋价值不到99 999美元,城市97%的收入都来自州政府。特伦顿集中大量的污染土地,并且城市居民的婴儿死亡率和小孩铅中毒比例高。

帕特森市是这四个城市中唯一一个人口有所增加的城市:2000年的人口为149 222人,而1990年的人口是140 891人,人口的增长主要是因为移民的涌入。根据2000年的调查,该市种族构成是:35%的白人,35%的非洲美国人和50%的西班牙人。大约18.5%的城市人口生活在贫困线以下。93%的住房因为使用铅涂料而处于危险之中(Kanter,2000,A1)。2001年的失业率是8.8%,而州失业率为4.2%。大部分的劳动力(67%)集中在制造业和服务业部门,大部分雇主是医院、市政府和工业企业。金融、保险和房地产提供的就业率占总数的7%(PEDC,1998)。毒品买卖和卖淫在城市的贫穷社区随处可见。管理水平低下的公共学校于1991年8月由州政府接管。与其他三个城市比较,帕特森市的土地价值较高,同时,在城市收入构成中,州政府的比例较小——55.6%。

直到最近,纽瓦克仍是一个灾难地区,1990年人均收入只有9424美元,肺结核和艾滋病的患病率、婴儿死亡率与第三世界国家同样高(Schulgasser,2002a)。它是新泽西州最大的一个城市,也是全美除纽约市和泽西市外人口密度最大的城市。它也是美国种族隔离最严重的城市之一(Massey and Denton,1993)。几乎70%的土地为政府、非赢利机构和宗教组织所有,因此不需要上缴地税。纽瓦克急切想寻找税源以充实其长期以来不足的税基,并弥补不断缩减的国家支助。这些努力最终起到了效果。最近,纽瓦克进行了复兴建设,城市中心商业区和附近地区的商业和居住获得了显著的发展。复苏才刚刚开始,在当时研究的这四个城市中,纽瓦克是唯一一个吸引私人投资的城市,这是希望的征兆。

城市在社会和经济方面面临的困境与其环境状况相吻合。大量的贬值土地、受污染的设施和弃置的土地,存在于新泽西州州最恶劣的城市。这些城市一共有799处污染土地和鲜为人知的棕色地块。这是新泽西州州的特点。作为美国50个州中人口密度最高的一个州,新泽西州州受超级受资助的地点居全国第一位,并约有8 000处的污染土地,每个城市至少有一处。新泽西州州的每个居民都住在离有毒垃圾堆十英里以内的地区(New York Times,2002)。为了改善环境,新泽西州州长克里斯蒂娜·惠特曼(Christine Whitman)于1998年制定了废弃和污染土地改善法令(BCSRA),并承诺要"有助于保护公众健康和环境,保留空地,促进经济发展,增加就业机会,使城市和周围地区得到复兴"(N. J. State Senate,1997)。

二、新泽西州的棕色地块项目

新泽西州的棕色地块项目不但已经获得好几个国家菲尼克斯奖(National Phoenix Awards)——这个奖是为了表彰棕色地块项目这个为国家提供了创新模型的杰出项目——而且广泛地被政策制定者和实施者在国家范围内强力推荐。使得从1992年实行的主动净化项目获得扩大与增强的BCSRA,目标是发挥三个必要的功能。首先,它鼓励在城市范围内主动净化受污染的土地,这样就可以消除从城市恶劣环境产生的健康问题和其他问题。尽管城市可以自由地进行污染土地净化,但是几乎没有城市能独立完成这个任务。与其他州的土地棕色地块项目一样,BSCRA通过财政刺激和减轻负债的方式吸引商人和企业家。通常是将再开发土地赠送给开发商。这反过来也刺激第二个目标的实现:通过私人投资实现城市经济的复苏。污染的土地不仅仅会产生健康问题,而且会导致就业机会的下降和税收的减少。BCSRA企图同时解决环境和经济的问题。最后,BCSRA通过将商业与工业活动布局在市区而不是郊区或是乡村地区这种更加经济的做法来保护开敞空间。

为了达到这个目的，BCSRA 授予拥有棕色地块的私人和政府有权利进行土地选择，设定净化标准，选择补救方法和制定再开发计划。这个项目要求州政府提供技术帮助，而不是监管(Ellerbusch,2000，23)，也不强制执行特殊净化标准和补救方法[①]。实际的净化过程最消耗资金，而该过程并没有基金。为了在萧条的房地产市场吸引私人投资，进行污染土地的修复，这个项目提供财政激励措施，例如提供土地评估，为土地修复提供贷款和偿还贷款，以及减少房地产税。

尽管新泽西州在建立修复棕色地块的公共—私人合作关系方面取得了显著的成功，但是这个活动的作用还是有限的。除了少数城市之外，大部分城市还不能成功地吸引商人在受污染的土地上进行投资。这是因为，新泽西州的棕色地块项目假定已经存在能有效培养经济发展的良好环境，同时将促进经济发展的任务交给市场这个看不见的手[②]。

三、棕色地块和市场

所有的棕色地块并不是平等产生的。任何棕色地块再开发的比较研究都应该清楚现在所分析的是何种土地(Wright and Davlin,1998)。第一等级土地往往规模很大，在成为棕色地块之前作为工业或者商业用地使用，这些土地的市场价值高于整治费用。第一等级土地通常位于郊区的主要干道上，或者城市的边缘。这些土地的再开发往往由市场力量驱动，似乎不需要公共补助。它们特别适合开发为工业用地、大规模零售业用地以及主要居住用地。一个经常被引用的例子是位于新泽西州霍姆德尔(Holmdel)、占地 127 英亩的前百合郁金香厂，它的地址和面积使之成为开发的主要项目。该厂在 1999 年被拆除，而后这里被波士顿投资者建设成公共用项目(the

---

[①] 实际上，州就业和生产部门并没有跟踪棕色地块项目的进展，也没有记录有多少的土地进行再开发。一位棕色地块项目的官员对我的调查回答到："如果有人告诉你棕色地块项目补救和再开发土地的数目，他一定在说谎。我们并没有记录。"

[②] 相对于城市，BCSRA 给予农村更多的优惠，并降低环境标准吸引商人的兴趣。有关 BCSRA 特殊结构的政治过程形成的讨论，参见加德纳(Gardner,2001，9-119)。

Commons)——一个多用途的项目,其中包括敬老院、疗养院、办公室,以及由几间大商店和一幢办公大楼组成的零售空间(Garbarine,1999；Van Develde,2002)。

与第一等级的土地相比,第二等级的土地开发潜力较小,并且需要较高的清理费用。他们通常位于城市的商业区或者工业区,并在交通要道附近。第二等级土地的获利能力并不确定:市场价值可能略高于或者略低于土地的购买和清理费用。如果没有政府的用以减少阻碍和降低风险的干预,这些场所通常被闲置。埃迪逊中心再开发计划就是第二等级土地的例子。这块面积为30英亩的前制铁工厂紧邻一号公路这个商业要道,存在土地和地下水污染。虽然它的面积比百合郁金香那块地小,但是需要更多的修复工作,包括正在进行的地下水检测。开发商与新泽西州商业和经济发展委员签订的和约表明,开发商可以获得占处理费用的75%的资金补偿。2000年,该地成为大规模的购物中心,这个项目也获得了菲尼克斯奖。

几乎没有开发商会投资第三等级土地,这些土地一般是城市内的小面积土地,通常位于居住区内部或周围,它们的清理费用远远超过了土地净化后产生的价值。通过市场机制进行对这类土地进行再开发会失败,如果没有公共干预和补助,这类土地的再开发前景一片黯淡。特伦顿的魔力市场(the magic market site)就是典型的第三等级棕色地块。它的面积相对比较小(7.5英亩),并位于人口密度高、低收入的居民区,正对一间小学。这片土地原来包括制造铅酸电池的工业建筑,这是污染和恶臭产生的原因。尽管于1997年以USEPA紧急清除项目的名义对该区进行了第一次清理,但是该区还是得到彻底的修复,私人开发商对这片土地没有兴趣。城市通过抵押品赎回权而拥有这片土地。公开报道——官方报告、报纸新闻和学术文章——常常报道第一等级土地成功的故事,但是,第三等级土地数量也很多,特别是在主要的城市更是如此。

这就突显出市场驱使策略的不足:市政府最迫切需要再开发的土地是那些最不可能吸引开发商的土地。与郊区和边缘城市相比,新泽西州旧工业城市处于极不利的地位。事实上,市中心所有可供开发的土地都受到污染,而新泽西州的郊区还存在绿地,郊区对于开发商而言更具吸引力,因为郊区土地的前期准备工作可以减少很多费用，也简单得多。此外，城市的棕色地块通常比较小；与郊区的棕色地块相比，城市的棕色地块离交通要道较远；与郊区城镇相比，城市征收较高的财产税。

解决棕色地块的一个方法是根据影响因素——例如健康和环境风险或者是周围环境的恶化情况——将需要净化的土地进行分类。但是对于新泽西州的市场机制发挥作用的项目来说，结果是最有获利潜力的土地先获得清理，这样的土地通常是那些最容易进行清理的第一等级土地。这种体制忽略了最贫困的案例，结果是加剧了空间上的不平衡，不但包括城市之间的不平衡。在纽瓦克、特伦顿、卡姆登市和帕特森市的779处棕色地块中，根据污染程度和区位进行考量，大部分属于第三类土地[①]。

对于第三类土地而言，政府干预与补偿市场不足的做法是必要的。市政府想利用新泽西州棕色地块项目的激励机制，就必须首先从自己的主动性做起。根据BCSRA的条款，市政府可以申请发放危险土地补救资金(HDSRF)进行土地补救，还可以通过初步估计和土地调查(PA/SIs)和某些情况下的补救研究(RIs)进行主动补救。克服市场障碍、通过培育社区组织和培育部门之间的持续网络来建设再开发体制的第一步就是要确保获得这些资金。即便已经存在一个发展体制，但是这一过程仍然是一项复杂、涉及层面众多、需要长期从事且投资昂贵的事业，要求有献身精神的创业人能保持一路披荆斩棘的势头，同各方面的公共和私人部门合作。其中有很多不确定性可能使这个项目失败。带领棕色地块补救和再开发项目从PA/SI到最终目的实现，需要一种非物质资源，就是当地能力，但是许多落后城市都缺少。

[①] 研究表明，新泽西州的弃置土地问题最严重，贫困人口最多的市通常也是白人居住最少的市(Greenberg and Cidon1997；Greenberg et al.，2000)。在这种情况下，人们可能会认为，如果不从有毒设施在穷人和少数群体居住地区的分布角度考虑，而是从清理它们的失败可能性角度考虑，以市场为基础的政策就等同于环境歧视。建立BCSRA是否就是为了帮助州所属的城市？这一点并不确定。这或许就是博博和史密斯所说的"放任主义偏见"的例子。他们认为"虽然明显的种族歧视已经减弱，但在自由市场的意识形态下仍然存在制度化劣势和不平等的现象"，他们将这种情形定义为"放任主义偏见"(Bobo and Smith，1998，1)。

四、当地能力和系统功效

当地能力是由一个或几个能够直接刺激公共政策主动性的变化资本组成的函数。社会资本间接作用于当地能力。帕特南（Putman）发现，高密度的社会网络导致高度的群众参与率和强烈的民主过程，但是正如赫夫龙所言，"与社会资本相联系的能量并不总是以市场决策人可以利用的形式存在"（Heffron,2000,255）。然而，通过制造信任和联合这两种文化，社会资本通过"积聚和提升其他发展资本"而培育了区域经济发展（Gittell and Thompson,2001,133）。政治影响对当地能力的影响更加直接：人与人之间的联系是通过主动参与从事政治活动的组织而建立的，包括因为某些问题而动员、联系当地官员和投票（Fuchs, Minnite and Shapiro, 1999; Fuchs, Shapiro and Minnite,2001）。政治资本影响一个"社区沟通、制定协商的条款、确定附近社区的发展方向和控制资源的能力"（Turner, 1999, 16）。福克斯和他的合作人发现政治资本在某种程度上可以由社会资本获得，并且社区内的社会资本能够用来制造政治资本（Fuchs, Shapiro and Minnite, 2001）。

社会资本和政治资本是与个人和社区相联系的资源，城市能力是当地政权使用的资源。城市能力是全民社会的产物，政府范围之外的机构在公共生活中扮演了很重要的角色。这些机构包括非赢利性组织、社区协会和宗教机构。城市能力代表"有意图的努力"，并不仅仅是偶然现象，是"行为者寻找建立能够解决特殊问题背景的意识创造"（Stone,2001, 156）。

如果城市能力可以衡量当地以政治形式为导向的自愿团体的质量，那么，管理或行政能力是公共系统内部操作质量的衡量标准。管理能力是当地行政部门进行管理的能力，其管理行为包括：贯彻公共利益、解决问题、申请资金、获得资助和产生结果。

各种形式的当地能力在确保当地政府应对分权政策的挑战上都起到重要作用。社会和政治能力促进公共－私人合作关系的建立，这种关系对城市的发展起到重要作用（Bogart, 2003）。斯通（Stone）发现在城市能力低的城市,关注的问题是分散且松散的,并没有实质上一致的行动以达到社区的目标;而在城市能力相对高的城市,各参与者能动员起来解决社区问题。

当地能力有助于确定问题空间的范围、平衡实施的共同目标和动用各种资源(Stone,et al.,2001)。这些都是分权项目成功的关键。除非市政府有足够的当地能力以制造项目发起、实施、管理和维护所需要的物质资源和人力资源,否则将环境责任下放给市政府不会发挥作用。尽管当地能力本身并不能将第三等级土地转变成第一等级土地,但是它可以明显地弥补市场刺激机制的缺陷。这也是 BCSRA 项目所依赖的根本。

五、当地能力和棕色地块重建

可以从新泽西州的落后城市在实施棕色地块项目中的差异来体现当地能力。从人口结构角度而言,这几个城市主要由穷人和一小部分低收入人口组成。从环境角度而言,它们都遭受不同程度的环境恶化:空气质量低、水资源污染、地貌恶化,以及存在大量的棕色地块。只有纽瓦克的经济处于上升阶段,而其他三个城市实际上都是没有市场的城市。

由于上述原因,卡姆登市、特伦顿和帕特森市的市领导只能依靠其他的支持因素而不是私人资本进行棕色地块补救。州政府和联邦政府为当地政府提供资助,为企业家提供空间开展公共项目。但是获得当地帮助和促进公共项目要依靠用以申请资金和其他项目的专业技能、效率和激励机制。因此,对于棕色地块项目的成功而言,标准的社会经济指标就不如一些比较不能计量的指标重要,例如市民进行组织的倾向,城市动用外部资源的能力,州政府、联邦政府和商业部的参与程度,以及市长的领导能力。

表 7.2 列举了四个案例城市在棕色地块项目中的数据。第一列列举了新泽西州环境保护部门(DEP)所记录的受污染土地数目,人们普遍认为这个数目低于实际值。其中的一些土地仍然在使用中(例如,建立在受污染土地上的工厂),因此,不能归为棕色地块。棕色地块仅指放弃或者没有使用的受污染土地。第二列列举了各城市从 1992 年起获得 HDSRF 的资助总

额,第三列列举了各场地的 PA/SIs 花费①。有关 HDSRF 的这两列至少是代表每个城市在土地补救过程中所付出的努力。之后两列表明了项目的成功程度、记录了在公共基金的帮助下大概完成的再开发土地数目②,以及同私人投资商协商再开发计划(RAs)协作而完成的土地数目——每个城市一个③。

表 7.2 受污染土地、接受城市棕色地块资助的土地和再开发土地

	受污染土地	接受 HDSR 基金的总数 ($)[a]	接受 HDSR 基金的土地数目[a]	城市再开发的土地数目 (Approx.)[b]	再开发协议[c]
卡姆登市	104	4 122 910	42	5	1
纽瓦克市	411	2 072 962	29	4	1
特伦顿市	97	1 666 011	24	16	1
帕特森市	167	469 042	4	0	1

资料来源:Known Contaminated Site List (New Jersey Department of Environmental Protection); N. J. Economic Development Authority; N. J. Commerce and Economic Growth Commission.

a. 从 1992 年危险土地补救基金成立开始。

b. 从 1998 年棕色地块和受污染土地补救法令通过后算起。

c. 同新泽西州商务和经济发展委员会的公共—私人再开发合作关系。

城市之间的差异并不是因为其相对财富的差异。根据城市落后指标 (1997),帕特森市是四个城市中财富最多的一个城市,然而其成绩最小。特伦顿是新泽西州第二大落后城市,但是在促进棕色地块补救项目上取得了巨大的成功。迄今为止,卡姆登市是四个城市中社会经济情况最恶劣的城

---

① 1998 年 BCSRA 实行的棕色地块项目表明了早期法令的主动性,这些法令包括了 1992 年的工业土地复原法令,这个法令确定了 HDSRF 资助。为了更好地了解新泽西州在出台 BCSRA 之前的土地补救法律的制定历史,参见加纳(Garner,2001,42-68)。

② 再开发土地的数目是个大概值,因为不管是市政府还是州政府都没有这个项目的记录。数字根据同每个城市的官员、同新泽西州经济发展局官员和新泽西州商务和经济发展委员会的官员的谈话进行计算而得。

③ 在四个案例城市执行的棕色地块 RAs 分别为:机场旅馆和套房、纽瓦克机场、特伦顿麦瑞尔特(Marriot)酒店和会议中心、卡姆登市棒球场和帕特森市的机务段。

市,但是在申请 HDSRF 资助方面最活跃,尽管所进行的项目并没有获得成功。城市之间的差异也不是因为需求不同:城市棕色地块的数目和其从 HDSRF 项目中获得的资助并没有联系。一些中心城市边缘的富有小乡镇只有较少量的棕色地块,但获得了与棕色地块数量不成比例的资金,例如,位于特伦顿的郊区的劳伦斯(Lawrence)和位于卡姆登市郊区的格洛斯特(Gloucester)。资金的分配并不和需求相一致,而是与市政府组织水平相一致。城市之间政策动员的差异源于城市之间当地能力的差异。

1. 纽瓦克市

棕色地块的再开发在纽瓦克市获得繁荣发展,因为纽瓦克市有着由迫切需要土地的私人群体和适应情况的市政府所组成的一套积极的发展机构。纽瓦克市估计有 700 英亩的受污染土地,包括 300 英亩的弃置工业土地和分散在商业区和工业区的上千处小面积居住用地。纽瓦克市正在慢慢地复苏,房地产市场也正在经历着一场史无前例的繁荣。纽瓦克市对工业土地的需求极大——城市每天都需要土地,特别是一港口、机场以及中心商业区周遭的土地。在一些地区主要交通要道附近用于集装箱存放的工业土地的要价都达到 50 万美元/英亩,爱恩邦(Ironbound)社区也都开发为交通用地或是政府办公用地,目前,该地价值是 10 年前的两倍(杰克·肯尼迪(Jack Kennedy)的访谈)。私人开发商将爱恩邦社区以前的几个工厂改造成居住用地,居住地产实现了升值;房屋所有权已经高达 24% (Ellerbusch,2000,4)。前拉链厂的再开发就是一个成功的例子,该地曾经是一块 4 英亩的棕色地块,现在已经建造了 40 幢新房子。市场的作用是强大的,以至市政府不需要主动采取措施,来促进土地的补救和再开发。纽瓦克市有 29 处土地获得 PA/SIs 的资助;其中许多土地都有私人投资者负责。自从州项目于 1998 年实施开始①,市政府已经独立再开发了四处棕色地块,并且至少还有超过 12 处的土地正处于补救过程中,至少有超过 15 处土

---

① 这个数字并不包括新泽西州表演艺术中心,该中心耗资 18 000 万美元,是一项州政府投资的项目,开始和结束时间都在 BCSRA 通过之前。

地的补救已经列入日程表。

土地再开发的这种状态并不总是令社会激进分子满意。再开发棕色地块主要受开发商的利益驱使，因此被补救的土地一般是最有利的土地（第一等级土地）。但是还有一些土地没有得到重视，它们是：第三等级的棕色地块、在居民区内的小面积土地，后者暗藏最大的健康危机，如果补救成功最大化地提高社区的生活质量。这种现象加剧了纽瓦克市的双城市化现象，贫穷、恶化的区域与商业中心地区日益隔离。城市激进分子还抱怨说，未经规划的发展导致过度的拥挤和交通堵塞，他们还担心棕色地块可能并没有净化到可以安全居住的程度[1]。缺少规划和远见使城市杂乱无章。由于缺少一个综合的框架，发展只能是一个项目接一个项目地进行。按照前Rutger 大学城市政策发展研究中心主任乔治·斯特恩留布（George Sternlieb）的说法，纽瓦克规划的格言就是："获得你们所想要的和所能获得的，并祈祷它们是合法的，并且能够有所发展"（Drucker，1998）。

长期以来纽瓦克市同社区组织的关系很弱，结果是这些社区组织并没有并入政策过程。拉卡撒得登攀卓（La Casa de Don Pedro）的主任雷·奥卡西奥（Ray Ocasio）抱怨说，"市政府迎合前来投资的开发商，但是在很大程度上忽略以社区为基础的组织"，——拉卡撒得登攀卓是西部的一个社区发展组织。由于纽瓦克市长期存在忽略和腐败现象，不信任的氛围在市政府里蔓延开来。一位政府官员不接受我的电话采访，因为他担心这会被记录。2002 年市政府废除了纽瓦克经济发展委员会这一长期被认为是腐败和机器形式的政策中心。公共领导人和市民组织之间的紧张关系有时会上升到法律纠纷。SPARK 是爱恩邦社区建立的一个组织，该组织在法庭上要求市政府将河岸公园（Riverbank Park）修复成附近小区居民的娱乐场所，而不是将其建设成棒球场。公共官员鄙视市民组织的这种要求。正如

---

[1] 因为纽瓦克市的大部分地区建设在历史悠久的受污染土地上，城市在进行许多项目净化过程中只提出能达到最低环境标准的要求。当被问到城市棕色地块开发情况时，纽瓦克市工程师并没有一丝讽刺地说到，"我们成功地在高速公路附近安置广告牌和集装箱存放处"（拉扎勒斯（Lazarus）的访谈）。作为州政府专门负责纽瓦克棕色地块项目的协调者，史蒂文·科海亚斯（Steven Kehayes）解释到，"这样的使用方式对由城市拥有的土地适用，因为这些土地不需要清理，只需要在上面覆盖（一层沥青），就能从中赚钱"（科海亚斯的访谈）。

一名工程师说到：

> 我并不愿意社区参与再开发项目。他们只会增添麻烦。他们所需要的并不是公共必须的。现在我们正在将一个社区花园建设成一个卫生停车场，却受到社区的激烈反对。但是，我说，"你们并没有租赁合同，因此你们这种做法属于侵权行为。"（巴特勒（Butler）的访谈，1999）

因此，尽管纽瓦克市的棕色地块项目进行得如火如荼，并且由市场主导，但是该市低层次的城市能力引起人们的争论和不满。作为特伦顿市前住房和商务发展部门的主任，阿兰·马利亚奇（Alan Mallach）把特伦顿市与纽瓦克市进行了如下对比：

> 纽瓦克市的城市资产使特伦顿市看起来很可怜。纽瓦克市比美国其他小城市都更具再开发的潜力。该市有许多急需再开发的土地，并且在获得投资方面并没有问题。许多有资金的大公司都愿意在此投资。但是纽瓦克市没有远见。在市区以外，存在着大量的贫穷和悲惨，比特伦顿市最坏的一面还要差劲。对此，纽瓦克市采取了什么行动？除非城市的决策者重新思考他们的操作方法并确定一套如何将城市建得更加健康的方案，否则将会遭遇麻烦。在特伦顿市的每个落后地区，我们都有一套发展策略（马拉亚奇Mallach）的访谈，1999）。

2. 特伦顿市

特伦顿市是我们四个案例城市中最有远见的一个城市。正如市长阿诺德·帕尔默（Arnold Palmer）明确所指出的那样，该市的目标是"建立一个运作的、健康的城市"（Palmer，1998，2）。并且，尽管这个城市缺少私人参与，但它还是朝着这个目标不断地发展。作为州政府所在地，与其他城市相比，该市较少地依赖私人组织，并证明了能很好地利用环境。作为一个被不利社会经济条件包围的城市，其管理能力之高出人意料。特伦顿市"一直是一个由一些有远见的人领导着的进步城市"(Cumbler，1989，189)。城市的政治文化折射出一个执政几十年、拥有亲民意识的政府，该政府总是抓住每个机会提高居民的居住条件。善意的城市官员和城市规划者相信自己知道什么是对居民最好的——与其他城市相比，特伦顿市的远见和主体规划完整且细致得多——他们极其成功地申请到了州政府和联邦政府的资助，并且有良好的机构能力去实施这些项目，同时也有一些强有力的市民组织，最出名的是爱斯兰斯(Isles)。它是一个社区发展组织，不但善于获得资助，还善于宣传他们的工作，在当地名声很好。当地管理人员十分依赖它，使其参与社区活动。这个组织在当地也被认为是市政府的左膀右臂。

尽管特伦顿市的管理能力和亲民能力都很强，但是在拥有广泛的社会资本方面显得比较薄弱。特伦顿市广泛的官僚主义政治文化产生了一个副作用，即造就了家长式的政治文化和冷漠的全体公民。按照住房和发展部门前主任所的说法，"在历史上特伦顿市就是一个礼貌的地区。全市范围内都存在市民和市政府相互依赖的关系。人们认为特伦顿领导会解决他们的问题，因此个人的主动性和积极性就有所降低"(马利亚奇的访谈，1999)[①]。然而，这个城市在与爱斯兰斯联合的同时，也试图回应市民的需求。市政府并不是盲目的追求经济发展，而是"根据土地在周边地区的情况和周边人民的需求来确定开发的目标"(克里斯蒂娜(Christina)的访谈，1998)。在我们所研究的所有城市中，在棕色地块再开发中，在与社区组织进行合作方面，特伦顿市是做得最好的一个城市。此外，尽管居民比较冷漠，但是市民还是比较敏感的，表现就是该城市有三种地方新闻报纸，而卡姆登市和帕特森市却没有。

高水平的城市当地能力有助于其克服再开发棕色地块的市场障碍。特伦顿市有300多英亩的潜在棕色地块，与州内的其他城市相比，在再开发方面获得了更大的成功。从棕色地块法令通过起，特伦顿市进行土地再开发

[①] 马利亚奇认为大部分的城市活动家都是重要的，其中包括爱斯兰斯的发起人，20世纪60年代他在普林斯顿大学研究生院学习时就建立了这个组织。

的数目共有24处,已经完成再开发的土地数目是16处。尽管该市的预算不足,还缺乏私人投资,但是通过向州政府和联邦政府申请资金,特别是申请到美国环保署(EPA)的公共基金,它们完成了这些项目。美国环保署曾几次将特伦顿市列入棕色地块试验项目,并将特伦顿市列为棕色地块模范城市。EPA现在关于特伦顿市的棕色地块处理计划包括61处土地。市民组织也很重要。名为魔力里程碑的棕色地块开发之所以能成功地吸引社区参与,主要归功于爱斯兰斯,该组织与市政府密切的联系使政府官员能接受西北社区改善组织(NCIA)这个社区组织。爱斯兰斯同时还派NCIA的成员去参加为期5个月的有关危险垃圾和土地补救的培训,并且提供技术和组织上的帮助。按照马利亚奇(Mallach)的说法,爱斯兰斯是"社区组织的教父"[①]。通过跨部门的合作,市政府尽责尽力的管理和一些有力的市民组织共同构成了高水准的当地能力,使特伦顿市三次获得菲尼克斯奖。

3. 卡姆登市

卡姆登市在支持棕色地块再开发项目上比较成功,可以说几乎全部归功于其城市能力。长期以来市政府的管理能力都很薄弱,并且城市几乎不存在商业活动。但是卡姆登市的社区组织大多组织良好并且行动有效,缓减了拖沓,为解决在变幻无常的体制中出现的种种问题提供了持续的帮助和动力。

在卡姆登市的政治文化中腐败现象根深蒂固,200年来都有详细的记录。新泽西州州政府的一位律师在19世纪80年代形容当地官员为"最差的公共强盗",费城《日报新闻》的文章描述卡姆登市为"政治腐败的温床……散发着政治恶臭的水池"(Kirp, et al., 1995, 19)。根据一些学者的分析,这些话仍然可以用来形容现在的卡姆登市。最近,三位市长的事件延续了该市腐败的传统,他们在法庭上而不是在市政厅结束了自己的整治生涯。米尔顿·米兰(Milton Milan)于1997年当选,于2001年因为14条腐败指

[①] 尽管社区组织参与了魔力里程碑的土地补救项目,但是由于缺少公共和私人的资金,这个项目还是没有成功。

控被判有罪,在联邦监狱监禁7年零3个月(Peterson,2000,4)。在米兰之前是阿诺德·韦伯斯特(Arnold Webste),他在当选前是一所小学的负责人,因为在市长任期内他仍然接受20000美元的学校负责人的工资而被免职。在韦伯斯特之前是安杰洛·埃里凯蒂(Angelo Errichetti),他因为阿布斯凯姆(Abscam)贿赂案中收受贿赂而被判监禁6年。在米兰下台之后,市政府处于崩溃和破产的边缘,许多居民已经不能再忍受居住在这种环境下,要求州政府进行干预(Record,2000)。新泽西州州政府于2002年控制了卡姆登市市政府,并安排一位主要官员负责处理市长应该处理的日常工作。

腐败现象的滋生并不能归咎于某个政治家,这是由当地政治文化的地方性造成的。正如卡姆登市人民教会组织会长雷夫·海沃德·威金斯(Rev. Heyward Wiggins)所言:"我们必须意识到卡姆登市的困难并不仅是因为几位腐败的领导人"。"任何想将卡姆登市拉回到复兴路上的计划都必须清楚地意识到,造成卡姆登市现在这种情况的潜在原因是缺乏资源"(Paterson,2001,B2)。1995年州政府在对卡姆登市进行审计时发现,由于"浪费、使用不当或者其他更坏的原因",该市每5美元的税收中就有1美元被浪费。审计师建议州政府"继续将锤子放在(市长的)头上"(Philadephia Inquirer,1995)。之后的几年内,来自财政部另一位审计师在描述到这一根深蒂固的问题时,仍然批评了卡姆登市的市政府。这种普遍的政治文化对于城市雇员的决定产生了很大的影响,在这里,通过裙带关系或者政治原因获得工作,而不是根据个人的价值和能力获得工作,许多部门都充斥着大量没有经验和能力的雇员(N. J. Department of Treasury,1996)[①]。

以社区为基础的组织弥补了卡姆登市政府管理的不足。几乎卡姆登市每个社区都有这样的组织,大部分的组织都是历史悠久、组织良好。他们资

---

① 并不是每个雇员都没有能力。一些人在变更市长体制的动乱中仍然勤勉的工作。作为卡姆登市的规划长官,查尔斯·莱昂斯(Charles Lyons)有他自己在卡姆登市做事的方法,"我用我自己的方式尽可能地为社会工作。所幸的是,我的办公室不是在市政厅。在市政府接到任务时,如果我能以社区为工具,从底层制造足够的动力,通过与州政府和联邦政府工作,从上层制造足够的动力,那么,我希望这些动力能使这个城市不要散架"(莱昂斯的访谈,1999)。

金充足,成员都是负责任的专家。因为资金是独立的,卡姆登市市民组织比市政府的独立能力更强,拥有更多的专门技术,并以"非赢利性组织"的方式进行运作(Hula,Jackson and Orr,1997,459)。市政府通常对社区的积极作用产生相反的效果。社区发展组织是卡姆登市最初两个棕色地块项目背后的驱使因素,这两个项目分别是北卡姆登市的诺克斯格雷廷(Knox Gelatin)场地,以及在法定制桶(Cooper Grant)社区的 ABC Barrel 场地。法定制桶社区协会的主席弗兰克·福布鲁克(Frank Fulbrook)说:"在这里想要办成任何事情,都不能按照制度办事。"(福布鲁克的访谈,1999)他的组织帮助法定制桶社区修复了褐色沙石土地,这个社区是城市中最稳定的中产阶级社区之一。但是社区活动者和城市管理者之间的关系并不协调。长期以来,市政府领导人憎恨对其政权产生质疑的团体,不愿意与社区支持的团体合作[①]。

卡姆登市有将近 4 000 处的棕色地块,但是其中到底有多少包含毒性、会对人类健康产生危险,还不清楚。尽管市政府普遍存在组织不完善的问题,但是市政府还是决定棕色地块获得资助的主要力量,与其他城市相比,该市申请和获得进行土地估计和调查的 HDSRF 资助比较多(表 7.2)。但是在寻找私人资本完成补救任务方面就做得比较失败。当地一位 EPA 官员说,"我们有对这些受污染土地感兴趣的开发商吗?没有。我们不能分配这些土地"(迪瓦恩(Devine)的访谈,1999)。然而,卡姆登市已经成功地再开发了五处棕色地块,还有好几处正处于不同程度的开发阶段。

居民对卡姆登市的感觉都是负面的,同时,一些州政府和联邦政府的官员也认为,组织涣散和管理不善使卡姆登市浪费了从州政府和联邦政府获得的用于棕色地块规划的资金。"这个城市没有能力管理这些资助",在

[①] 有记录表明,在市长格温道林·费森(Gewndolyn Faison)和首席运营官兰迪·普赖默斯(Randy Primus)的管理之下,市政府比较愿意同社区组织合作,他们的关系比较友好。最近完成的总体计划就是新政府希望同社区合作的表现。卡姆登市广泛以社区为基础的主要规划项目的资金主要来源于安妮·E. 凯西(Annie E. Casey)基金。最近将 20 次 HDSRF 资金授予该市,这是由于市规划部门组织了小区再开发计划,召开 70 多个小区的专家评审会议作为主要规划进程的一部分。滨水南组织(Waterfront South)是一个管理特别完善的组织,它为本小区的 12 处棕色地块发起了申请资助的过程。主要的计划在 2002 年夏天采用(Smith and Thompson,2001)。

卡姆登市工作的 EPA 工程师断言到,"这是个管理的恶梦。每一项都是场激战——无休止的书面工作"(迪瓦恩的访谈,1999)。一位州政府官员谴责卡姆登市在没有开发计划的前提下申请资助以"掠夺棕色地块资金"(O'唐奈(O'Donnell)的访谈,1999)。尽管卡姆登市并没有将申请的所有资金用于棕色地块,并且也没有再开发计划,但是人们应该意识到他们仍然想改变极其落后的城市状况。为了达到这个目的,公共管理者遵循市民机构的领导。城市在解决废弃土地方面的成功完全归功于其城市能力。

4. 帕特森市

帕特森市并没有强有力的城市能力和管理能力。市政府孤立并排斥社区组织,同经济发展社团之间存在矛盾的关系。市政厅同市议会之间也存在矛盾。帕特森市从来没有反映迅速的市政府。长期以来它的行政部门同社区之间的关系都很差。这个城市不允许有"异议、反对或者选择"(Norwood,1974,53),社区的领导人通常同政治活动脱离。现在,没有一个社区组织参与城市的规划和再开发,因为组织同市政厅没有保持合作关系。不信任的传统不利于社区组织的形成:"人们都不互相帮助,也不互相信任"(Norwood,1974,68)。

对当地居民和市府官员的采访表明,这种紊乱的关系到现在为止仍然存在(Gardner, 2001, 163-187; Schulgasser,2000)。帕特森市长期以来缺乏社区组织和社区组织的参与。根据一位当地活动家的说法,居民害怕组织,社区组织看起来并没有发挥什么作用。"在这里社区组织不能做任何事……城市是在强权政治之下运行的。并没有让以社区为基础的组织说话的平台"(索奥(Soo)的访谈,2000)。一位市领导发展项目的反对者,其下半生都是在警察的胁迫和恐惧中度过。混乱持续了 5 年以后,市长马丁·巴恩斯(Martin Barnes)于 2002 年因为 40 条贪污罪被起诉。市政厅与市议会之间的裂缝阻碍着市政府采取任何积极行动;帕特森市不能听取大多数人的意见,只能任其发展(Schulgasser,2002b)。

这种党派之争降低了帕特森市通过各部门的合作获得棕色地块补救和再开发成功的可能性。在四个城市中,帕特森市理所当然成为棕色地块再开发实施最不成功的城市。在帕特森市大概有 2000 处空地,但是大部分空地规模较小且分散在城市不同地方,许多都分布在居住区。这种典型的土地"大概有 1/4 个街区大,并且处于居民区"(多皮拉克(Dopirak)的访谈,1999);其中已经确定受到污染的有 167 处,其中 75 处可以归为棕色地块。

尽管存在大量的棕色地块,并且它们已经危害到公共健康,但是市政府只获得 4 项进行土地调查的 HDSRF 资助,尽管现在有一处棕色地块开发计划——与商业和经济发展委员会签订的再开发和约——欲建立机务段,到目前为止该市并没有成功开发任何棕色地块。缺少类似纽瓦克市的有力房地产市场,或者类似特伦顿市的有效管理能力,或者类似卡姆登市有组织的社区团体,帕特森市的棕色地块项目处于困境中。

六、总结

新泽西州的四个城市在棕色地块项目上的不同表现表明了当地能力对于环境分权的重要性。市场条件显然是再开发努力能成功的重要因素,但是从纽瓦克市的例子中可以看出,仅有市场条件并不能足以解决问题。由于没有社区的参与,纽瓦克市的经济发展是建立在公共和市民组织破裂的基础上,由此加剧了城市内部因种族和财富而引起的发展不平衡。相反地,特伦顿市和卡姆登市在开发中就非常成功,尽管缺乏私人组织的参与,但是它们一方面拥有高度的城市能力,另一方面拥有高度的管理能力。最后,帕特森市缺少强有力的私人资产,缺少公共或者私人部门,并不能利用 BCS-RA 提供的机会。

传统的经济分析认为成功的当地棕色地块项目是土地价值作用的结果,研究证明,当地棕色地块项目的成功不仅依赖于此,主要还依赖每个城市解决棕色地块问题的城市能力。当地能力高的城市可以克服市场决定论而获得成功。市场价值在棕色地块分析中并没有被低估,但是当土地价值很小、为零,甚至是负值的时候,城市能力是最重要的因素。实际上,即便在最成功的案例中,例如纽瓦克的爱恩邦社区,虽然私人市场可以完成该地的棕色地块项目,但是像那些没有私人利益的城市一样,该地区仍然很需要市民参与和规划发展的公共领导。

当地能力是一个必须提高的资源；而不是与生俱来的一种本领。落后的城市特别缺少这种能力；正如丘普所言，"贫穷，落后的地区通常缺少其成功转型所需要的政治资本"(Chupp, 1999, 49)，不平衡是以市场为基础的当地管理项目发展的必然结果(Miller, 1981)。当地能力并不是随着权利机构的授权自动生成。正如多尔蒂和斯通(Doherty and Stone, 1999)所观察的那样，关于分权可以提高社区参与度的假设是有限制性的。

为了移交能够运作得很好，实现权力由州政府下放到当地政府，能力也需要随着责任而转移。项目的制定也应该要促进当地组织积极地参与规划，并培育当地政府的开发能力，增强当地能力的发展。美国住房和城市发展部门的授权地区项目就提供了一个成功的模型(U.S. GAO, 1996)。它通过要求当地制定发展规划而将能力转移给当地，以促进当地项目的发展。城市社会通过鼓励自愿组织和公共机构的互相合作而被加强(Kingsley and Gibson, 1999)。最后，高等政府的实质性帮助和照顾，也是促进资源不足城市的管理能力的必要条件。

当然，只靠增强当地能力，并不能解决落后城市所面临的有关权力下放政策的所有问题。社区并不能只靠有力的城市能力来完成棕色土地再开发项目。人力资源再充足也不能确保地区之间的平等，也不能使卡姆登市房地产的吸引力和曼哈顿一样强。为了充分解决环境问题，权力下放政策还必须提供一整套的物质资源与强加到落后地区的新责任相平衡，并制造一套激励机制指导市场的方向。当地能力并不是一个可以依靠的政策工具，也不能代替其他精心起草的公平政策。当地能力是决定成功的重要因素，每个转移的激励机制都是促使当地能力发展的工具。

参考文献

Ackerman, Bruce and Richard B. Stewart. 1998. Reforming environmental law: The case for market incentives. *Columbia Journal of Environmental Law* 13(2): 171—

199.

Anderson, Terry L. and Peter J. Hill. 1997. Environmental federalism: Thinking smaller. In *Environmental Federalism*, Terry L. Anderson and Peter J. Hill, eds., xi—xix. Lanham, MD: Rowman and Little field Publishers.

Becker, Gary. 1976. *The economic approach to human behavior*. Chicago: University of Chicago Press.

Bobo, Lawrence D. and Ryan A. Smith. 1998. From Jim Crow racism to laissez-faire racism: The transformation of racial attitudes. In *Beyond pluralism: The conception of groups and group identities in Ameirca*, Wendy F. Katkin, Ned Landsman and Andrew Tyree, eds., 182—220. Urbana: University of Illinois Press.

Bogart, William T. 2003. Civic infrastructure and the financing of community development. Discussion paper. The Brookings Institution Center on Urban and Metropolitan Policy, Washington, DC.

Burchell, Robert. 1984. *The new reality of municipal finance: The rise and fall of the intergovernmental city*. New Brunswick, NJ: Rutgers University Center for Urban Policy Research.

Butler, Henry N. and Jonathan R. Macey. 1996. *Using federalism to improve environmental policy*. Washington, DC: AEI Press.

Ceplo, Karol and Bruce Yandle. 1997. Western states and environmental federalism: An examination of institutional viability. In *Environmental federalism*, Terry L. Anderson and Peter J. Hill, eds., 225—258. Lanham, MD: Rowman and Littlefield Publishers.

Chupp. Mark. 1999. Investing in people through place: The role of social capital in transforming neighborhoods. Baltimore: Annie E. Casey Foundation, Neighborhood Transformation and Family Development Partnership.

Cimitile, Carole, Victoria Kennedy, Harry Lambright, Rosemary O'Leary and Paul Weiland. 1997. Balancing risk and finance: The challenge of implementing unfunded environmental mandates. *Public Administration Review* 57(Jan./Feb.): 63—74.

Commoner, Barry. 1990. *Making peace with the planet*. New York: Pantheon.

Crews, Clyde Wayne. 1996. *Ten thousand commandments: A policy maker's snapshot of the federal regulatory state*. Washington, DC: Competitive Enterprise Institute.

Cumbler, John T. 1989. *A social history of economic decline: Business, politics and work in Trenton*. New Brunswick, NJ: Rutgers University Press.

Donahue, John. 1997. *Disunited states*. New York: Basic Books.

Drucker, Jesse. 1998. Newark awaits comprehensive zoning blueprint; New plan will dictate future development. *Newark Star-Ledger*, October 4,36.

Ellerbusch, Fred. 2000. *Residential risks of brownfields redevelopment: A case study of the Ironbound neighborhood*. Newark: NJIT, UMDNJ School of Public Health, Ironbound Community Corporation.

Foster, Kathryn A. 2000. Regional capital. In *Urban-suburban interdependencies*, Rosalind Greenstein and Wim Wiewel, eds. , 83—118. Cambridge, MA: Lincoln Institute of Land Policy.

Fuchs, Esther R. ,Lorraine Minnite and Robert Y. Shapiro. 1999. Political capital and political participation. Paper presented at the meeting of the Midwest Political Science Association, Chicago, April 15—17.

Fuchs, Esther R. , Robert Y. Shapiro and Lorraine C. Minnite. 2001. Social capital, political participation, and the urban community. In *Social capital and poor communities*, Susan Saegert, J. Philip Thompson and Mark R. Warren, eds. , 290—324. New York: Russell Sage Foundation.

Garbarine, Rachelle. 1999. First accord seen near on cleanup reimbursement. *New York Times*, March 21, sec. 11, p. 9.

Gardner, Sarah S. 2001. *Green visions for brownfields: The politics of site remediation and redevelopment in four New Jersey cities*. Ph. D. diss. , Department of Political Science, City University of New York Graduate School and University Center, New York, NY.

Gittell, Ross and J. Philip Thompson. 2001. Making social capital work: Social capital and community economic development. In *Social capital and poor communities*, Susan Saegert, J. Philip Thompson and Mark R. Warren, eds. , 290—324. New York: Russell Sage Foundation.

Greenberg, Michael and Michal Cidon. 1997. Broadening the definition of environmental equity: A framework for states and local governments. *Population Research and Policy Review* 16: 397—413.

Greenberg, Michael, Karen Lowrie, Laura Solitare and Latoya Duncan. 2000. Brownfields, TOADS, and the struggle for neighborhood redevelopment. *Urban Affairs Review* 35(5): 717—733.

Heffron, John M. 2000. Beyond community and society: The externalities of social capital building. In *Social capital as a policy resource*, John D. Montgomery and Alex Inkeles, eds. , 251—268. Boston: Kluwer Academic Publishers.

Hester, Tom. 1999. State bails out Camden—With strings attached. *Newark Star-Ledger*, July 23, B1.

Hula, R. , C. Jackson and M. Orr. 1997. Urban politics, governing nonprofits, and community revitalization. *Urban Affairs review* 32(4): 459—489.

John, DeWitt. 1994. *Civic environmentalism*. Washington, DC: Congressional Quarterly Press.

Kanter, Sarah. 2000. HUD launches lead paint fight. *North Jersey Herald News*, August 26, A1.

Kilgore, Ed and Kathleen Sylvester. 1995. *Blocking devolution: Why block grants are the wrong approach to devolution and three progressive alternatives*. Washington, DC: Progressive Policy Institute.

Kincaid, John. 1999. De facto devolution and urban defunding: The priority of persons over places. *Journal of Urban Affairs* 21(2): 135—167.

Kingsley, G. Thomas and James O. Gibson. 1999. Civil society, the public sector, and poor communities. *The Urban Institute*, monograph. http://www.urban org/url.cfm? ID=307053.

Kirp, David L., John P. Dwyer and Larry A. Rosenthal. 1995. *Our town: Race, housing and the soul of suburbia*. New Brunswick, NJ: Rutgers University Press.

Logan, J. and H. Molotch. 1987. *Urban fortunes: The political economy of place*. Berkeley: University of California Press.

Lund, Hertha L. 1995. Property rights legislation in the states: A review. PERC Policy Series, PS-1. Bozeman, MT: Political Economy Research Center.

Massey, Douglas S. and Nancy A. Denton. 1993. American apartheid: Segregation and the making of the underclass. Cambridge, MA: Harvard University Press.

Miller, Gary. 1981. *Cities by contract: The politics of municipal incorporation*. Cambridge, MA: MIT Press.

Mollenkopf, John H. 1992. *A phoenix in the ashes: The rise and fall of the Koch coalition in New York City politics*. Princeton: Princeton University Press.

Muller, Thomas and Michael Fix. 1980. The impact of selected federal actions on municipal outlays. In *Government regulation: Achieving social and economic balance*. Vol. 5 of Special Study on Economic Change, U. S. Congress joint Economic Committee. Washington, DC: Government Printing Office.

New Jersey. 2001. *City of Camden multi-year recovery plan*. Trenton: Department of Community Affairs.

New Jersey Department of Treasury. 1996. *Local government budget review: City of Camden*. Office of Local Government Budget Review. Trenton: New Jersey Department of the Treasury.

New Jersey State Senate. 1997. Senate committee substitute for Senate no. 39, Senate Environmental Committee, New Jersey State Legislature, Trenton. June 5.

New York Times. 2002. Greening the Garden State. Editorial. *New York Times*, November 16, A16.

Norwood, Christopher. 1974. *About Paterson: The making and unmaking of an American city*. New York: E. P. Dutton and Co.

O'Connor, Alice. 1999. Swimming against the tide: A brief history of federal policy in poor communities. In *Urban problems and community development*, Ronald F. Ferguson and William T. Dickens, eds., 77—138. Washington, DC: Brookings Institution Press.

Orfield, Myron and Thomas Luce. 2003. *New Jersey metropatterns: A regional agenda for community and stability in New Jersey*. New Jersey Regional Coalition. http: www. regionequity. org.

Palmer, Douglas. 1998. *City of Trenton land use plan (draft)*. Trenton: Department of Housing and Development.

Paterson Economic DevelopmentCorporation (PEDC). 1998. City of Paterson brownfields work plan. Paterson: PEDC.

Perry, David C. 1987. The politics of dependency in deindustrialized America: The case of Buffalo, NY. In *The capitalist city*, Michael Peter Smith and Joe R. Feagan, eds., 113—137. New York: Basic Blackwell.

Peterson, Iver. 2000. Mayor ousted in Camden; Finance chief is appointed. *New York Times*, December 23, B4.

———. 2001. Camden church groups seek far broader state aid for city. *New York Times*, January 8, B2.

Philadelphia Inquirer. 1995. Mismanagement zone. *Philadelphia Inquirer*, December 15, A1.

Putnam, Robert D. 1993. *Making democracy work: Civic traditions in modern Italy*. Princeton: Princeton University Press.

———. 2000. *Bowling alone: The collapse and revival of American community*. New York: Simon and Schuster.

Rabe, Barry. 1997. Power to the states: The promise and pitfalls of decentralization. In *Environmental policy in the 1990s*, Norman J. Vig and Michael E. Kraft, eds., 31—52. Washington, DC: Congressional Quarterly Press.

Regan, Tracey. 2003. Study: Sprawl effects similar in cities, suburbs. *Trenton Times*, May 12, 1.

Ringquist, Evan J. 1993. *Environmental protection at the state level*. Armonk, NY: M. E. Sharpe.

Rusk, David. 1995. *Cities without suburbs*, 2nd ed.. Baltimore: Johns Hopkins University press.

Schoenbrod, David. 1997. Why states, not EPA, should set pollution standards. In *Environmental federalism*, Terry L. Anderson and Peter J. Hill, eds., 259—270. Lanham, MD: Rowman and Littlefield Publishers.

Schulgasser, Daniel. 2000. Interview with Fran Blesso, Consulting Engineer, Department of Community Development, City of Paterson. Unpublished transcript.

——. 2002a. Six in a fix: Governing New Jersey's urban centers. Paper presented as the Urban Affairs Association annual meeting, Boston, March 21.

——. 2002b. Little trees in a big forest: Urban governance in Elizabeth and Paterson, New Jersey. Paper presented at the Urban Affairs Association 30 thannual meeting, Boston, May 3—6.

Smith, Ralph adn Carole Thompson. 2001. *A path forward for Camden*. A report commissioned by the Annie E. Casey Foundation for the City of Camden and its residents.

Stewart, Richard. 1988. Controlling environmental risks through economic incentives. *Columbia Journal of Environmental Law* 13(2): 153—169.

Stone, Clarence. 1989. *Regime politics*. Lawrence: University Press of Kansas.

Stone, Clarence, Kathryn Doherty, Sheryl Jones and Timothy Ross. 1999. Schools and disadvantaged neighborhoods: The community development challenge. In *Urban problems and community development*, Ronald F. Ferguson and William T. Dickens, eds., 339—380. Washington, DC: Brookings Institute Press.

Stone, Clarence N., Jeffrey R. Henig, Bryan D. Jones and Carol Pierannunzi. 2001. *Building civic capacity: The politics of reforming urban schools*. Lawrence: University Press of Kansas.

Stroup, Richard L. 1996. Superfund: The shortcut that failed. PERC Policy Series, PS-5. Bozeman, MT: Political Economy Research Center.

Thompson, Barton H. 1997. Water federalism: Governmental competition and conflict over western waters. In *Environmental federalism*, Terry L. Anderson and Peter J. Hill, eds., 175—224. Lanham, MD: Rowman and Littlefield Publishers.

Turner, Robin S. 1999. Entrepreneurial neighborhood initiatives: Political capital in community development. *Economic Development Quarterly* 13: 15—22.

U. S. Environmental Protection Agency. 1997. Brownfields pilot site fact sheet, Camden, NJ. Washington, DC: Office of Solid Waste and Emergency Response, USEPA.

——. 1998. Brownfield pilot site fact sheet, Newark, NJ. Washington, DC: Office of Solid Waste and Emergency Response, USEPA.

U. S. Environmental Protection Agency Region 2. 1997. *Brownfields quarterly community report* 1(3).

U. S. Government Accounting Office. 1996. *Community development: Status of urban empowerment zones*. Report to the chair of the Subcommittee on Human Resources and Intergovernmental Relations, Committee on Government Reform and Oversight, House of Representatives, Washington, DC.

Van Develde, Elaine. 2002. Former Lily Tulip site nearly filled, ready. *Independent* (Holmdel, NJ), June 26.

Wilson, Jason. 1997. Environmental inequity. *New Jersey Reporter* (March/April): 36—40.

Wright, Thomas K. and Ann Davlin 1998. Overcoming obstacles to brownfield and vacant land redevelopment. *Land Lines*, Newsletter of the Lincoln Institute of Land Policy (September): 1—3.

采访

Paul Butler, Department of Engineering, City of Newark. July 14, 1999, and September23, 1999.

Michele Christina, Brownfield Coordinator, City of Trenton. December 5, 1998.

Alison Devine, USEPA IPA on location in Camden's Brownfield Office. July 15, 1999.

Anna Lisa Dopirak, Director, Department of Community Development, City of Paterson. March 30, 1999.

Frank Fulbrook, President, Cooper Grant Neighborhood Association. July 15, 1999.

Steven Kehayes, Brownfield Coordinator for City of Newark, N.J. Department of Environmental Protection. March 3, 1999.

Jack Kennedy, Coldwell Banker Commercial Realtor, Roseland, New Jersey. July 28, 2003.

Charles Lyons, Chief Planner, City of Camden. July 21, 1999.

Allen Mallach, Director, Office of Housing and Community Development, City of Trenton. March 5, 1999.

Jerry O'Donnell, Camden Brownfield Coordinator, New Jersey Department of Environmental Protection. July 2, 1999.

David Soo, Paterson Friends of the Great Falls. July 30, 1999, September 22, 1999, and March 23, 2000.

第八章
社区发展团体在棕色地块再开发中的作用

玛格丽特·迪尤尔(Margaret Dewar)
萨比纳·戴特里克(Sabina Deitrick)

社区发展团体(CDCs)的任务是从居民利益出发,为低收入群体重建生活。他们取得的最大的成功是提供居民能够支付得起的住房。从1993年到1997年,他们建筑或者重修了6万多套住房,从60年代末期到90年代末期提供了55万多套住房。CDCs已经在全国范围内建造了30%的赞助房屋。到1997年底,他们建筑或重修了7 100多万平方英尺的商业用地和建筑用地(NCCED 1995,1999a; Gittell and Wilder,1999,342—343; Bratt et al.,1998,39)。

国家社区经济发展委员会(NCCED,CDCs的商业协会),认为CDCs应该考虑再开发那些在他们社区内被污染或者觉察到被污染的棕色地块。NCCED报道说,他们中的很多成员对开发棕色地块都有兴趣,只是对实施的方式存在很多疑问。几乎没有组织已经着手这样的再开发项目(NCCED,1999b,2)。

棕色地块对于周边地区的再开发有很大的影响,因此,这对于CDCs也是很重要的。因为城市制造业的失败,所以在许多CDCs范围内存在一些社区成员以前工作过的弃置工业设施和受污染的土地。现在,这些设施和土地已经危害到附近居民的生活。另外,棕色地块遗留下来的商业服务设施——例如废弃的加油站和洗衣店——和弃置的商业用地都降低了对住房投资的吸引力。由于所需的费用和所牵涉的法律问题,市场机制通常对于解决受污染土地再开发问题不可行,特别是在私人资本缺乏的落后地区。对这些地区的再开发来说,棕色地块项目既是机会也是挑战(Hise and Nelson,1999)。

尽管 NCCED 催促 CDCs 尽快参与棕色地块再开发项目,但是这种项目不一定能对 CDCs 目标的实现有所帮助。在这一章中,我们将估计 CDCs 活动的基本原理,并推断出他们参加棕色地块再开发项目的基本标准。CDCs 同匹兹堡、底特律合作的例子为我们研究 CDCs 在棕色地块再开发项目中所发挥的作用提供了信息,也帮助我们理解影响项目成功的诸多因素。之后,我们将检验 CDCs 所担任的工作——是否领导再开发项目——是否与 CDCs 发展活动的基本原理相一致。

一、非赢利性开发商活动的基本原理

城市 CDCs 活动的主要目的是为低收入区域提供经济发展的机会,为这些区域的居民谋福利。这种活动应集中反映在两个主要基本原理上。第一,CDCs 应该控制经济资源为穷人谋福利,并且将经济机会引导到贫穷的地区。第二,CDCs 应该解决妨碍私人决策者对低收入地区进行投资的市场障碍;他们应该充领导者的角色去减少风险产生、证明有利可图的投资的潜能,因此去刺激更多的经济发展。

首要的基本原理是 CDCs 应该通过控制经济资源促进社会变化,解决低收入居民的经济问题(Lenz,1988;Stoecker,1997a)。CDCs 发展活动应该减少资本主义的负面影响,刺激财政、社会和有形社区的复兴。一些学者认为,通过社区组织和选民建设,CDCs 能够最有效地发挥作用(Stoecker,1997b;Lenz,1988;Eisenberg,2000)。早期,CDCs 在城区,特别是在很大程度上被私人部门遗弃的少数民族社区建立了反贫穷章程。这种非赢利性组织为居民提供了投资的机会(Halpern,1995;Harrison,1974)。这些 CDCs 主要从事大范围社区的建设和组织,强调商业发展和提供就业训练(Stoutland,1999;Murphy and Cunningham,2003;Harrison,1974)。从这些基本原理的角度看,私人市场不会有意去帮助低收入的社区和穷人。施特尔克说:"社区的目的是保护居民的居住土地并为居民提供服务,而资本的目的在于将居民的居住土地作为获得未来利润的交换价值"(Stoecker,1997b,5)。因此,社区利益和市场利益之间的矛盾是不可避免的。

实际上,CDCs的社会倾向性已经有所减少。主要是由于20世纪70年代联邦政府反贫穷项目的减少了,为社区发展提供的资金缩减了(Keating,1999)。政府和私人基金会都更愿意建立以经济发展为目标的商业导向组织,而不是以社会为章程的活动组织(Eisenberg,2000)。照顾私人基金会的利益成为人们对CDCs的首要要求,这使得CDCs"更小心并更自律"(Murphy and Cunningham,2003,39)。最终,随着CDCs越来越重视经济活动的成功,社区章程和社区工作就变得越来越不重要了(Rubin,1995;Stoecke,1997b)。

因此,CDCs的指导方向从综合考虑社会、经济和物质各方面转变为主要集中在经济方面,这意味着许多组织朝着——或者被迫朝着——并不支持他们起初的社会任务的方向发展(Blakely and Aparicio,1990)。实际上,一些批评家抱怨,当CDCs放弃了的综合社区建设,而只集中于住房和经济发展时,CDCs放弃了自身的社会任务(Stoecker,1997a and 2003;Eisenberg,2000)。然而,在20世纪90年代,还有一些人主张CDCs应该试图从他们狭隘的经济角度转变成广泛的社区建设(Murphy and Cunningham,2003)。

尽管通过控制经济资源增加对居民的控制力很重要,但是第二条基本原理认可CDCs强调经济发展,也不反对其进行综合社区的建设。有一个例子可以说明这一点。例如,最近的研究显示,社区经济的发展应该"通过确保当地居民有能力作为合作者指导在本地区的投资"来提高社会经济的平等性(Brophy and Burnett,2003,9)。从这个角度看,贫穷社区还是存在许多有价值但是被忽略的投资机会(Porte,1997)。CDCs应该通过为私营部门提供商业布局而促进内部城市的发展;如果私营部门进行新投资,社区就会复兴,居住在该地的居民就会受益。因为市场失效会妨碍投资决定,CDCs能够并且应该尽量克服这些障碍以吸引私人投资(Brophy and Burnett,2003)。

当贫穷社区不存在有价值的经济投资时,受补助的再开发项目可以为没有补助费的投资制造潜在的机会,并且证明财政风险并不是私营部门所想的那么高。CDCs可以作为领导者证明市场的可行性。例如,如果CDCs承担居民能够负担的住房发展项目,那么,对于私人投资而言,新居民就会为零售提供更多的潜能,此后,又提供更多的居住潜能。成功的CDCs项目能够引进新住房投资和新零售业的发展,并带来更多私人部门的投资。

CDCs能处理许多投资障碍问题,例如用于城市再开发的土地。CDCs是获得土地控制权的主要因素。获得土地控制权一般是比较困难的。CDCs的重要性体现在能提供一些准确的信息,例如零售商购买能力、工人的技能、实际发生的犯罪问题——而非感觉上的犯罪问题——的本质。资助可能是克服市场障碍所必须的,CDCs能够帮助私人开发商获得资助,因此为其减少费用。例如,非赢利的低收入住房税收补贴能够帮助与CDCs合作的赢利性房屋开发商。开发商可以从非赢利性中介机构获得资金和贷款,以弥补项目费用和市场估价之间的漏洞。通过对财产权和环境状况进行必要的背景研究,CDCs能够显著地减少再开发的费用。

实际上,尽管CDCs领导会同时支持CDCs活动的这两个基本原理,但是它们之间经常相互矛盾(Rubin,1994)。CDCs参与棕色地块的再开发就反映了这种矛盾。通过改善居住环境、制造就业机会,或者提供居民能够负担的住房等一系列手段,棕色地块再开发改善社区居民的生活——从赢利性开发商的角度而言,这些是外部性因素。一方面,CDCs能够在这些再开发活动中以领导人的作用为吸引后来投资制造环境。另一方面,CDCs也可以参与发展脱离社区和周边地区的棕色地块开发项目;尽管这样能够加强CDCs的组织能力,但是并不能为居民提供福利。

为了调和CDCs和棕色地块项目的矛盾,我们提供了CDCs项目所必须满足的条件,这样就能达到各方的目的:

• 社区经济发展项目应该主要通过提供就业机会和资产为穷人谋福利。增加对经济资产的控制能达到这个目的。

• 项目必须并入社区组织和规划,明确社区的优先权,为授权设立目标,增加社区能力,促进发展。

- CDCs 参与的经济发展项目必须是由私营部门自己不能完成的项目。
- 当机会来临时，CDCs 应该能确认项目有吸引其他开发机会的潜力。

另外，除非是从事资源转移或者有利于贫穷居民的工作，否则 CDCs 不能使用同赢利性企业一样的标准去从事项目（Rubin，1995）。他们也应该避免不具有可行市场的项目、要求长期资助的项目和将资源从其他最优用途中转移过来的项目。

这些就是 CDCs 应该遵守的原则，但是 CDCs 应该如何参与棕色地块再开发项目？接下来我们将研究 CDCs 在棕色地块再开发项目中的作用，考虑什么原因使他们在这几方面影响再开发项目。最后，我们将研究怎样将 CDCs 参与棕色地块发展项目同 CDCs 参与与否的标准相联系。基于对于匹兹堡和底特律的分析、其他地方非赢利性组织在棕色地块再开发项目中的工作、作者教育和指导学生项目的经验，作者得出本章的结论。

二、社区发展团体（CDCs）的作用

CDCs 在匹兹堡和底特律项目，对其他 CDCs 项目和全国范围内以社区为基础的非赢利性组织的研究，都表明了其在棕色地块再开发过程中作为一种作用类型（见 Casadei et al.，2003）。这种作用类型专门运用于棕色地块再开发项目，而不是其他一般的开发项目，因为棕色地块项目对于开发过程有不同的要求，并要求超出 CDCs 掌握范围的一些专门技能。以下有关 CDCs 作用的讨论是根据其从最小范围参与到最大范围参与进行组织的。以社区为基础的非赢利性组织（包括 CDCs）在开发项目中有不同的责任，因为不同 CDCs 的能力存在很大差异（Rohe et al.，2003；Gittell and Wilder，1999），也因为不同再开发项目的要求不一样。这种类型的作用反映了 CDCs 实际上可以"边做边学"以增加他们的专业技能。在发挥这些作用中，CDCs 活动可能满足也可能不满足上面所讨论到的基本标准。

扩大服务和提供教育。 CDCs 和其他非赢利性社区组织都知道棕色地块再开发的潜力和影响这些项目的方法。西南底特律环境组织是一个致力

于改善底特律西南部环境状况的非赢利性组织。他们为当地居民和其他社区组织开设研讨会,增加其对维护棕色地块再开发的认识、提高其进行再开发实际操作的能力(Casadei et al.,2003)。在宾夕法尼亚州,菲尼克斯棕色地块再利用指导项目为从事棕色地块项目的 CDCs 组织提供全面的训练和教育(Casadei et al.,2003,67—71;Phoenix,2003b)。

催化剂。作为棕色地块再开发项目的支持者,CDCs 或者社区非赢利性组织为这个项目提供专门技术以改善小区的环境。这些组织进行社区规划,以谋得新发展,来适合社区当前的规划和景象。CDCs 可以充当催化剂、合作者或者联络者的角色(Eisenman,2003;Casadei et al.,2003)。欲发挥催化剂的作用,CDCs 必须拥有有关开发和棕色地块的大量知识,但是自己不能负有财政或者债务上的风险;发挥催化剂作用的组织不能拥有土地,也不能在发展计划中占有资产份额。西南底特律环境组织帮助当地居民进行土地清理,负责指导将土地从工业用地向学校的转变。芝加哥的西南开发公司从事许多项目,促进大工业用地的再开发(Brachman,2003;Casadei et al.,2003,80—84)。

中介者和先驱者。在这方面,CDCs 采取了很多方法减少土地的最终开发商的风险,他们分担了很大一部分的费用和责任。这些任务包括:土地鉴别、土地估价(特别是第一阶段的环境评估,有时还包括第二阶段的环境评估)、再开发策略和社区规划、项目管理和土地控制。在匹兹堡,CDCs 通过多成员合作关系将所有的发展交易整合起来。基于这样的经验,CDCs 通常担任中介人和先驱者的角色。因为 CDCs 在土地再开发过程中通常不具备处理棕色地块项目的专业知识,就需要存在一个非赢利性的组织作为中介人和棕色地块项目专家,以帮助其他 CDCs 处理这些土地问题(LILP,2003)。菲尼克斯棕色地块再利用指导项目在宾夕法尼亚州许多土地开发项目中发挥先驱者和中介人的作用。另一个例子是北印第安纳州土地再利用中心是非赢利性组织,它在主要的工业用地再开发项目中发挥了先驱人的作用(Phoenix,2003a;Northern Indiana,2003;Casadei et al.,2003,88—94)。

开发商与合作者。CDCs 在合作再开发棕色地块项目中拥有主要的资金份额。这对于不熟悉棕色地块项目的 CDCs 而言,存在着巨大的挑战和风险。作为主要的开发商,匹兹堡的 CDCs 通过其在以前的棕色地块项目中发挥的作用来积累能力。他们通常参与自身擅长的开发项目,例如,提供住房、维护历史遗迹和商业开发。在底特律,长老制村庄高级住房项目遇到一块原本是加油站的废弃土地,但是作为开发商该组织联盟有专门的技能进行土地清理。在克利夫兰,作为再开发商第二发展机构(the Second Growth Institute)利用了原本是车轴厂的一块土地。在费城,新肯辛顿的 CDCs 将一块前工业土地再开发成为液体花房(Keenan,2003;Salzman,2003;Casadei et al.,2003;Furr,2000)。

在这些不同的角色中,CDCs 和其他社区非赢利性组织在实施棕色地块再开发项目中发挥了不同的效用。匹兹堡和底特律的案例分析将告诉我们对开展土地再开发有利的条件。

三、影响 CDCs 在废弃土地再开发中发挥作用的因素

在 CDCs 担任的所有角色中,开发棕色地块项目是很困难的。除了所有城市再开发所面临的障碍外——对城市市场的估计通常不正确(Porter,1997),需要将土地从许多不同所有者手中积累,缺少土地信息,有义务再安排居民,以及面临大城市的管理问题——棕色地块项目还有其他的困难。根据菲茨杰拉德和利的研究,这些困难主要表现在五个方面:①由于先前使用和污染情况而产生的复杂的法律问题的权责关系;②缺少污染程度和补救方法的数据;③费用高,项目没有财政可实施性,特别是在土地价值低的落后地区更是如此;④缺少决定环境污染情况和清理的时间,导致费用增加;⑤上述因素综合起到所导致的不确定性是最大的障碍(Fitzgerald and Leigh,2002,73)。

对于拥有一般土地开发知识的 CDCs 而言,棕色地块复兴是一个挑战。土地清理和再开发的准备需要一套专门的技能和网络,而这是大部分 CDCs 所没有的。然而,正如 NCCED's 所鼓励的那样,从财政角度而言,棕色地块复兴可能对于 CDCs 组织是有用的,可能归入到 CDCs 社区发展的

综合策略中，或者是属于其社区规划的一部分。CDCs应该进行何种形式的综合规划还在讨论当中(Vidal,1997；Gittell and Wilder, 1999；Stoutland,1999；Rohe et al.，2003)。

20世纪90年代发生的变化为CDCs参与棕色地块再开发提供了空间。1993年美国环保署(EPA)开始通过法规变更和财政刺激——包括为州政府和当地政府建立的棕色地块试验项目——推行棕色地块清理和再开发，同时，州政府采用不同的方法改革自身的环境条款，大部分条款基于严格的责任关系(Bartsch and Collaton,1997)。1995年宾夕法尼亚州和密歇根州立法确保权责受到保护，为土地再利用更改土地的清理标准，并且为棕色地块补救提供激励机制(Urban,1996；Capstone,1998)。这些变化在我们所研究的棕色地块再开发项目中是重要的。

为了检验CDCs在棕色地块再开发中的有效性，我们对CDCs和其他非赢利性组织参与的匹兹堡和底特律的补救项目进行研究。选择这些例子是为了说明CDCs的不同参与程度——从服务和教育角色到开发角色，借此来确定决定CDCs成功的因素(表8.1)。在此将"成功"和"有效"定义为完成再开发，而并不一定满足CDCs参与棕色地块再开发的基本标准。所研究的例子涉及不同的土地类型。对匹兹堡一例的研究始于19世纪中后期其工业肇始之时，而对于底特律一例的研究从20世纪初期开始。有关承租人和土地所有人的早期记录说明这些城市长期以来是工业化城市，一些大公司先后在这里设场，例如卡耐基(Carnegie)、菲普斯(Phipps)、美铝(Alcoa)、琼斯与劳林钢铁公司(Jones & Laughlin)、克鲁勃钢铁公司(Crucible Steel)、圣德贝克公司(Studebaker)、罗克韦尔(Rockwell)以及通用(GM)。我们的例子包括CDCs进行再开发的两块占地十分之一英亩的历史建筑土地，以及底特律位于城市的联邦授权地区(EZ)、占地16英亩的前罗克韦尔土地。好几个项目都已经完成了，例如罗克韦尔地产已经完成补救并投入使用(Whiteman and Sims, 2001)。匹兹堡劳伦斯维尔(Lawrenceville)社区的两块小范围的历史用地也已经得到清理和再利用，成了两个建筑公司的办公用地。其中一块土地还根据LEED评价系统(能量和环境领先设计)的持久建筑标准被列为"绿色"建筑(Lowry, 2000)。

表8.1 废弃土地再开发项目中 CDCs 角色的案例分析

案例分析	CDCs 的角色	结果
匹兹堡		
公共浴室和马房 （Marino,2001）	开发商	再开发
Lectromlet 设施 （Kivuva,2001b）	催化剂	再开发
阿姆斯特朗软木塞 （Kivuva,2001a）	无	无变化
华盛顿码头 （Deitrick and Farber,2004）	提供服务和教育	再开发
南部工程 （City of Pittsburgh,1998）	催化剂；中介者	再开发
海湾港 （Capsonte Seminar,1998）	中介者（第一阶段）	没有变化
底特律		
重建老年住房 （Furr,2000）	合作者	再开发
复兴全球部署 （Whiteman and Sims,2001）	提供服务和教育	再开发
美国再循环公司 （Jackson et al.,1997）	催化剂	部分清理
狼獾隧道 （Brooks et al.,2000a and 2000b）	催化剂	无变化
受污染土地工作组 和底特律西南环境 规划特别授权区 （Kelly and Whiteman,2000; Casadei et al.,2003）	催化剂；提供服务 和教育	一些土地已经清理；两处土地 再开发；其他没有变化
城市工业区 （Aliberti et al.,2000）	催化剂；提供服务和教育	没有变化

匹兹堡的一个项目是棕色地块试验项目，它从 EPA 获得资金补助。大部分项目的资金来自多方面，包括来自当地、州政府和联邦政府等不同层面、银行和开发商、基金会和中介人。我们把每个城市未开发的土地和已经取得成果的土地进行对比。

案例分析得出了第一个结论：对于 CDCs 而言，棕色地块再开发是一个新领域，是一个非常不同的房地产项目——至少是拓展了 CDCs 对于房地产项目的认识。尽管 CDCs 和其他非赢利性组织从事棕色地块再开发项目的时间都不长，但是已经成功地完成了其他再开发项目的 CDCs 最适合处理棕色地块再开发项目。这些组织位于工业区内，或者他们的目标范围包括工业区。在匹兹堡，劳伦斯韦尔发展公司（现在改为劳伦斯韦尔公司）先前从事工业土地的宣传和开发。它成立于 80 年代中期，主要从事政府所规定的企业振兴区内的商业土地再利用。尽管它不是开发商，但是从事其他活动，包括买卖和宣传工业用地。在从事棕色地块再开发前，它的工作主要集中在提供住房、维护历史遗迹和进行商业开发三个方面。在研究劳伦斯韦尔公司的三处工业土地开发例子中，CDCs 都担任了不同的角色。在第一个例子中，CDCs 是开发商，通过同城市机构和当地历史维护机构的合作，成功地完成再开发项目。当地历史维护机构拥有对历史遗迹再开发的专门知识和资金。这个项目位于历史悠久的道博伊广场（Doughboy Square），主要优势在于小区的复兴策略。CDCs 在项目开发前已经重建和修复了小区的历史用地，并提供了居民能够担负得起的新住房。CDCs 是在原有的知识基础上增加新的技术、提高能力，而不是重新开拓一个新的技术领域。

第二个结论：合作在 CDCs 在棕色地块项目中发挥关键的作用。在开发过程中，合作关系包括与私人、公共和非赢利性团体的合作。资金来自于联邦政府、州政府和当地政府提供的资金，私人资本提供的资金，包括其他开发商和基金会在内的非赢利性组织的资金。当一个底特律组织成功地清理了几处土地之后，它凭借其非赢利的性质为土地清理提供资金来源：形成一个专门的机构促进政府官员、社区代表、开发商和出借人制定决策，进行土地清理和再开发（Kelly and Whiteman, 2000, 14; Jackson et al.,

1997)。在底特律成功的再开发案例中，CDCs 同私人开发商合作建设了许多急需的老年人住房，但是他们使用了城市部门间合作的服务，这种服务为开发项目评估环境情况，及时地为土地开发提供合理的行动建议(Furr，2000)。底特律城市土地再开发小组(REUS)包括几个城市机构，为需要评估的项目提供服务。CDCs 开发商再一次同其他组织建立合作关系，并利用这些合作伙伴的技能清理土地，为棕色地块再开发做准备。

第三个结论：使用 CDCs 法律地位授予的权利，非赢利性组织在棕色地块再开发中会更成功。获得土地和集合土地的能力，从政府机构、基金会和寻求税收减免的商业机构获得赞助的能力，有效的领导能力在这些再开发的案例中发挥了关键的作用。在匹兹堡，CDCs 通常同城市机构合作，特别是同有能力获得土地的城市开发当局合作。CDCs 的一位主任说："在匹兹堡，你必须找 15 位不同的人才能把事情完成"(Noszka，1999)。由于许多商人都不愿意花那么多时间去联系这些人，因此 CDCs 担任"把这些人集中起来"的任务，通过向土地再开发的公共部门和非赢利性部门争取资助和贷款，获得土地和财政支持(Noszka，1999)。底特律的一些非赢利性组织和 CDCs 认为，他们不能承担获得土地和领导开发的风险，因为他们没有掌握技能的足够成员，而且他们最大的支持者对这些风险也持谨慎态度。因而，这些组织劝说私人公司进行再开发项目，并尽力为其减少障碍。然而，从经济人和出借人的角度考虑，再开发项目最大的障碍是缺少能控制的土地(Aliberti et al.，2000)。当 CDCs 不能有效地获得土地控制权，他丧失了同私人开发商合作的优势。结果导致只有很少量的土地能开发成功。

第四个结论：CDCs 作为催化剂和合作者参与项目可以使项目进展更顺利。CDCs 能够为私人开发商提供合作伙伴，包括公共机构和其他非赢利性机构。他们能够通过申请资助，弥补项目费用同评估价值之间的差距。在底特律的例子中，起初一个专门从事老年人住房供给的非赢利性开发商对于同落后社区 CDCs 的合作抱谨慎态度。但是当他看到一些从事不同项目的组织也参与、该项目有公共部门足够的资金支持时，他们便愿意参与项目的建设(Furr，2000)。然而，正如其他案例所表现的那样，CDCs 在土地再开发中发挥的潜在作用并没有被人们意识到。在一块工业用地开发中，

CDCs 不能以领导人的身份促进土地的集中,这是再开发过程中的一个主要障碍;在另一个例子中,非赢利性组织作为开发合作者没有足够的能力解决问题(Aliberti et al.,2000;Casadei et al.,2003)。

第五个结论:具有强有力的社区基础和成功社区组织经验的 CDCs,可以通过从周围居民收集信息来提高和促进棕色地块项目的实施。由此可以推知,将棕色地块再开发同社区的发展目标和规划相联系可以改善再开发项目的前景。CDCs 经常利用他们在组织和参与社区活动的优势加快项目进程。公共资助的环境项目不能脱离公共参与而独立发展,在许多城市,大范围的再开发项目需要听取公众的意见和市民的观点。正如公众的意见并不一定是落后地区居民表达他们意愿的最好方法一样,市民观点的性质通常也有争议。公众参与可能是改变市区决意的方法,而不是在城市再开发项目中促进市民参与的方法(Greenberg and Lewis,2000,2501)。公众通常只有对评估和规划作出反映和评价的机会,而没有参与制定规划的机会(Collins and Savage,1999)。然而,CDCs 的参与能使居民的意见对再开发项目产生更大的影响,因此使再开发项目更加令人满意。

底特律的社区非赢利性组织可以在许多方面听取市民的意见,改善再开发项目。他们进行项目开发的态度是:利用控制污染对土地进行再开发能够改善社区环境,这种做法要比将土地废弃好;阻止任何违背市民意愿的的不合法且有害土地利用,使社区环境得到改善。"如果我们不再进行再开发",CDCs 的一位主任说道,"我们将不能自拔——确切地说"(Wendler,1996)。CDCs 领导人主张将永久性居民引入社区,更好的发展和美化项目,变更卡车的路线使他们远离居住区,并且让低收入的居民能够住上较好的房子,远离再开发地区(Jackson et al.,1997;Whiteman and Sims,2001)。当实施再开发项目时,这些组织可以为居民争取福利。然而,CDC 显著缺乏雇佣社区居民,缺乏对就近居民的重新安置——这两点是当地低收入居民最需要的。

在匹兹堡项目中,CDCs、当地居民和匹兹堡城市再开发当局联合进行一个大型前钢铁用地的开发。市政府提出将它建成内河船赌博场地(riverboat gambling),该项提议受到南部居民和商人的反对。实施这个计划需要 2.5 亿美元,资金来源于公共部门、非赢利性组织和私人部门。其中 600 万美元来自美国住房和城市发展部门的棕色地块贷款和资助(Barnes, 2002；City of Pittsburgh, 1998)。从 1990 年起,这个社区成功地根据正在进行的社区规划过程实现了 LTV 钢铁土地重新利用。

在主要资金来源将被截断的关键时期,一个底特律非赢利性组织规划了他们未来的棕色地块再开发项目。规划过程证明,通过保证其所有的努力是为了实现增强社区能力这一组织目标,该组织增加了他们完成这个项目的可能性。全心全意关注其发展目标使其可以选择其他更可行的再开发土地(Casadei et al., 2003)。

四、CDCs 在棕色地块再开发项目中获得的经验教训及其参与的基本标准

即使有很多理由可以标明 CDCs 成功地实施了棕色地块再开发项目,他们也可能并没有按照基本标准判断是否应该参与这项棕色地块再开发项目。匹兹堡和底特律的案例在何种程度上满足这些标准?

CDCs 对于废弃土地再开发项目所付出的努力是否有利于贫穷居民,使他们更好地控制经济资产? 在匹兹堡的案例中,这一答案不确定。劳伦斯韦尔公司的项目改善了居民希望得到再开发的社区落后街区,并且新工业区的建设也为当地居民的就业创造了一些机会。然而,项目并没有增加市民对经济活动的控制能力。底特律的项目没有增加居民对经济资产的控制能力。在一些案例中,这些组织活动的主要目标并不是为了贫穷居民,使其更好地控制经济资产。在其他案例中,社区所获得的还不足以影响居民的经济地位(Aliberti et al., 2000；Whiteman and Sims, 2001)。

通过组织经济发展项目能否确定社区在领导中的优先地位,能否增加社区能力? 社区实施棕色地块项目的目标应该设立在社区组织范围内；棕色地块再开发项目应该代表实现居民的目标和长远利益的机会。在匹兹堡,答案是肯定的。CDCs 参与的劳伦斯维尔棕色地块项目通过社区组织和规划的方式同社区的目标联系起来。在一定程度上,这个项目成功地完

成了社区主要区域的复兴任务,并提供了就业机会,确实为当地居民解决了部分就业问题。在底特律,答案是否定的。例如 CDCs 从事的城市港口(CitiPort)工业区,组织的目标主要是商业——这是工业区迅速发展的必要条件——但是 CDCs 并没有将项目与社区联系起来。尽管其他社区非赢利性组织也参与了社区组织,但是他们的努力并没有同棕色地块再开发项目直接地联系起来。

虽然有公共支持和赞助,但是如果缺少 CDCs 的努力其他私营部门是否就不参与发展项目? 有些时候是这样,但是并不是经常现象。在匹兹堡案例中,CDCs 在一些废弃土地项目中充当开发商或者合作商的角色——例如道博伊广场历史用地项目——因此只有 CDCs 的参与进来,项目才可能实施。然而,在大部分案例中,CDCs 都是扮演服务和教育提供者、催化剂和无财政风险中介者的角色,这样能够提高项目的质量,增加居民的参与程度和福利。但是一些项目也可以在没有 CDCs 的情况下得到开发。在底特律帮助老年人住房的项目中,如果没有非赢利性组织的努力,项目就不能开展。棕色地块,前加油站是在赢利性组织的极大努力下得到清理。在其他案例中,例如罗克韦尔土地的再开发,非赢利性组织连同公共部门共同促进了再开发项目的开展,但是商人也会从中获得经济收益(Furr,2000;Whiteman and Sims,2001)。

CDCs 是否发挥先驱的作用? 在匹兹堡,始于马房/公共浴室项目的步兵广场的再开发和街区的复兴为小区带来了广场周围的私人发展项目,其中包括更多历史遗迹的翻修。CDCs 领导的项目表明私人投资也可以从中获得满意的回报。在底特律,棕色地块项目证明土地市场是很薄弱的,并且不能帮助建立一个市场。在很多情况下,土地在补救之后仍然是荒废的。在成功地开发了老年人住房项目后,其他一些主要发展项目也纷纷在附近展开,但是并不是受到 CDCs 项目的影响(Whiteman and Kelly,2000;Aliberti et al.,2000;Furr,2000)。

即便是有公共支持,对于私营部门而言,CDCs 从事的项目是否还是不可行? 是否 CDCs 避免从事没有市场可行性的项目? 在匹兹堡,CDCs 开发过的土地在 20 世纪 60 年代的暴动中被烧毁了,之后也没有得到实质性的投资。CDCs 的投资是主要因素。在底特律的老人住房项目中,CDCs 的确在私人市场可行性项目和 CDCs 不能从事的项目之间找到了发展的空间(Furr,2000)。然而,在其他案例中,CDCs 和其他非赢利性社区组织并不能从事任何再开发活动。尽管他们努力清理了一些大面积土地,但是其中仅有两处得到开发,其余的都还是空地(Casadei et al. ,2003)。这让我们联想起城市更新项目,该项目虽然清理和集中了许多土地,但是因为缺少市场,所以在很长一段时间内仍然没有被使用。

五、结论

通过研究 CDCs 在匹兹堡和底特律的棕色地块再开发项目中的作用,表明了这些组织应该谨慎地参与棕色地块项目。CDCs 可以在复杂房地产策略的帮助下,通过合作关系,成功地完成棕色地块再开发,也可以发挥社区组织技能,并依靠非赢利性组织地位获得资源,促进土地复兴。然而,这些项目的成功要考虑到其是否与社区的目标一致,是否有利于社区条件的改善。参与棕色地块项目通常与 CDCs 开发活动的基本原理不一致,也并不一定会达到使经济资产重新分配到穷人手中的目的。通过案例分析,我们建议,当棕色地块复兴与社区开发的总体目标一致时,CDCs 可以根据这些目标在土地再开发中发挥重要作用。当 CDCs 将棕色地块再开发项目归入已经存在的社区规划或者目标中——不论是住房和商业发展、环境改善,还是历史遗迹的维护——社区再开发项目成功的几率就更高,同时也会与CDCs 的参与原则保持一致。与仅为了废弃土地再开发或者为了利用新的融资机会而开展的项目相比,服务于低收入人群的再开发项目更容易开展。

六、致谢

这项研究得到林肯土地政策研究院和密歇根州大学教务处的资金赞助。

参考文献

Aliberti, M. ,E. Daugherty,B. Hanson,N. Jung, E. Y. Kim and E. Sheneman. 2000. *Assembling an industrial future: The CitiPort revitalization plan.* Master of Urban Planning project. Urban and Regional Planning Program, University of Michigan, Ann Arbor. December.

Barnes, T. 2002. South Side to be the site of $6 million garage. *Pittsburgh Post-Gazette*, November 7, B4.

——. 2000. UPMC's sport medicine facility leads renewal at South Side steel site. *Pittsburgh Post-Gazette*, June 4, B1.

Bartsch, C. and E. Collaton. 1997. *Brownfields: Cleaning and reusing contaminated properties.* Westport, CT and London: Praeger.

Blakely, E. J. and A. Aparicio. 1990. Balancing social and economic objectives: The case of California's community development corporations. *Journal of the Community Development Society* 21(1): 115—128.

Brachman, L. 2003. Greater Southwest Development Corporation. "The silver shovel" case: Brokering redevelopment as a community advocate. Case study prepared for the symposium "Reuse of Brownfields and Other Underutilized Land," Lincoln Institute of Land Policy, Cambridge, MA, January 26—28.

Bratt, R. G. ,A. C. Vidal, A. Schwartz,L. C. Keyes and J. Stockard. 1998. The status of nonprofit-owned affordable housing: Short-term successes and long-term challenges. *Journal of the American Planning Association* 64(1):39—51.

Brooks, A. , S. Gutterman, C. Kelly, M. Masson, K. Whiteman and M. Zellner. 2000a. *Background information for Phase I environmental site assessment: Hermes Automotive/Wolverine Tube site.* Master of Urban Planning project. Urban and Regional Planning Program, University of Michigan, Ann Arbor. February.

——. 2000b. *Choices for reuse of the Wolverine Tube and Chatfield/Beard brownfield sites.* Master of Urban Planning project. Urban and Regional Planning Program, University of Michigan, Ann Arbor. April.

Brophy, P. C. and K. Burnett. 2003. *Building a new framework for community development in weak market cities.* Denver: Community Development Partnership Network. April.

Capstone Seminar. 1998. *A second chance: Brownfields redevelopment in Pittsburgh.* Final project report. Graduate School of Public and International Affairs, University of Pittsburgh, PA. April.

Casadei, A. ,J. Eisenman,K. Koo,D. Maylie and V. Tamada. 2003. *Overcoming the brownfields challenge: Steps toward and environmental and economic rebirth of southwest Detroit*. Master of Urban Planning project. Urban and Regional Planning Program, University of Michigan, Ann Arbor. May.

City of Pittsburgh. 1998. Industrial developments: South Side. http://www.city.pgh.pa.us/ed/south-side-works.html.

Collins, T. and K. Savage. 1999. Brownfields as places. *Public Works Management and Policy* 2(3): 210—219.

Deitrick, S. and S. Farber. 2004(forthcoming). Citizen reaction to brownfield redevelopment. In *Approaches to central city revitalization*, F. W. Wagner, A. J. Mumphrey, T. E. Joder, K. M. Akundi, eds. Irvine, CA: ME Sharpe.

Eisenberg, P. 2000. Time to remove the rose-colored glasses. *Shelterforce* 110 (March/April).

Eisenman, J. 2003. Discussions with Dewar, January-May.

Fitzgerald, J. and N. G. Leigh. 2002. *Economic revitalization: Cases and strategies for city and suburb*. Thousand Oaks, CA: Sage.

Furr, J. 2000. The impact of cooperative efforts in community development. Case study prepared for project on brownfield redevelopment, University of Michigan Law School, Ann Arbor (August). Unpublished manuscript.

Gittell, R. and M. Wilder. 1999. Community development corporations: Critical factors that influence success. *Journal of Urban Affairs* 21(3): 341—362.

Greenberg, M. and J. Lewis. 2000. Brownfields redevelopment, preferences and public involvement: A case study of an ethnically mixed neighborhood. *Urban Studies* 37 (3): 2501-2515.

Halpern, R. 1995. *Rebuilding the inner city*. New York: Columbia University Press.

Harrison, B. 1974. *Urban economic development*. Washington, DC: Urban Institute.

Hise, R. and A. Nelson . 1999. Urban brownfields: Strategies for promoting urban brownfield re-use at the state and local level. *Economic Development Review* 16(2): 67—72.

Jackson, A. ,B. Robinson,P. Deininger,A. Tekie,T. Kutsukake and J. Paquin. 1997. *The Delray redevelopment initiative: A vision for future use*. Master of Urban Planning project. Urban and Regional Planning Program, University of Michigan, Ann Arbor. Fall.

Keating, W. D. 1999. Federal policy and poor urban neighborhoods. In *Rebuilding urban neighborhoods: Achievements, opportunities, and limits*, W. D. Keating and N. Krumholz, eds. Thousand Oaks, CA: Sage.

Keenan, M. 2003. The redevelopment of the former Eaton Axle Plant, Cleveland, Ohio.

Environmental Practice 5(1): 82—83.

Kelly, C. and K. Whiteman. 2000. *Southwest Detroit Contaminated Sites Redevelopment Task Force: History, experiences and lessons learned*. Master of Urban Planning project. Urban and Regional Planning Program, University of Michigan, Ann Arbor. December.

Kibel, P. S. 1998. The urban nexus: Open space, *brownfields*, and justice. *Boston College Environmental Affairs Law Review* 25(3): 589—619.

Kivuva, J. M. 2001a. Case study of Armstrong Cork. Graduate School of Public and International Affairs, University of Pittsburgh, PA. Unpublished manuscript.

——. 2001b. Case study of Lectromelt Facility. Graduate School of Public and International Affairs, University of Pittsburgh, PA. Unpublished manuscript.

Lenz, T. J. 1988. Neighborhood development: Issues and models. *Social Policy* 18 (Spring): 24—30.

Lincoln Institute of Land Policy. 2003. Discussions at the Symposium "Reuse of Brownfields and Other Underutilized Land," Cambridge, MA, January 26—28.

Lowry, P. 2000. Three buildings here are "green," envied. *Pittsburgh Post-Gazette*, October 12, B6.

Marino, A. L. 2001. Case study of bathhouse and stable. Graduate School of Public and International Affairs, University of Pittsburgh, PA. Unpublished manuscript.

Murphy, P. W. and J. V. Cunningham. 2003. *Organizing for community controlled development: Renewing civil society*. Thousand Oaks, CA.: Sage.

National Congress for Community Economic Development (NCCED). 1995. *Taking hold*. Washington, DC: National Congress for Community Economic Development.

——. 1999a. *Coming of age: Trends and achievements of community-based development organizations*. Washington, DC: National Congress for Community Economic Development.

——. 1999b. *Reclaiming the land: Successful CDC brownfield redevelopment projects*. Washington, DC: National Congress for Community Economic Development (February).

Northern Indiana Center for Land Reuse. 2003. Northwest Indiana Forum. http://www.nwiforum.org/niclr.asp.

Noszka, N. 1999. Personal interview with Deitrick. Lawrenceville Development Corp., Pittsburgh, PA.

Parent, D. 2001. The Clark street Technology Park: A case study of brownfields redevelopment in Detroit. Urban and Regional Planning Program, University of Michigan, Ann Arbor (March). Unpublished manuscript.

Pepper, E. M. 1997. *Lessons from the field: Unlocking economic potential with an environmental key*. Washington, DC: Northeast-Midwest Institute.

Phoenix Land Recycling Company. 2003a. http://www.phoenixland.org/index.html (accessed March 10).

——. 2003b. Brownfields Redevelopment Assistance Program. (accessed March 10).

Porter, M. 1997. New strategies for inner-city economic development. *Economic Development Quarterly* 11(1):11—27.

Rohe, W. M., R. G. Bratt and P. Biswas. 2003. *Evolving challenges for community development corporations: The causes and impacts of failures, downsizings and mergers*. Chapel Hill, NC: Center for Urban and Regional Studies, University of North Carolina.

Rubin, H. J. 1994. There aren't going to be any bakeries here if there is no money to afford jellyrolls: The organic theory of community based development. *Social Problems* 41(3): 401—424.

——. 1995. Renewing hope in the inner city: Conversations with community-based development practitioners. *Administration and Society* 27(1): 127—160.

Salzman, S., Executive Director, New Kensington Community Development Corporation. 2003. Phone communication with A. Casadei, Philadelphia, PA. April.

Stoecker, R.. 1997a. Should we... could we... change the CDC model? *Journal of Urban Affairs* 19(1): 35—44.

——. 1997b. The CDC model of urban redevelopment: A critique and an alternative. *Journal of Urban Affairs* 19(1): 1—22.

——. 2003. Comment on William M. Rohe and Rachel G. Bratt's "Failures, downsizing, and mergers among community development corporation": Defending community development corporations or defending community. *Housing Policy Debate* 14(1/2):47—56.

Stoutland, S. E. 1999. Community development corporations: Mission, strategy, and accomplishments. In *Urban problems and community development*, R. Ferguson and W. Dickens, eds. Washington, DC: Brookings Institution.

Toulme, N. V. and D. E. Cloud. 1991. The Fleet Factors case: A wrong turn for lender liability under Superfund. *Wake Forest Law Review* 26(1): 17—21.

Urban, J. B. 1996. Life after NREPA: A look beyond environmental liability as a limit to urban redevelopment. *Wayne Law Review* 43:259—286.

Vidal, A. C. 1997. Can community development re-invent itself? The challenges of strengthening neighborhoods in the 21 st century. *Journal of the American Planning Association* 63(4): 429—438.

Wendler, K., Executive Director, Southwest Detroit Business Association. 1996. Discussion with Dewar and students, Detroit, MI.

Whiteman, K. and E. Sims. 2001. Renaissance Global Logistics (former Rockwell Corporation Site) brownfield redevelopment case study. Urban and Regional Planning Program, University of Michigan, Ann Arbor (August). Unpublished manuscript.

第三部分

空置土地的创新使用

第九章
通过企业化城市耕作建立城市内部农场

杰尔姆·考夫曼(Jerome Kaufman)
马丁·贝凯(Martin Bailkey)

在过去的几十年内,许多当代美国城市存在为数不少的空地,特别是在贫穷落后的城市。限制工业化和城市人口的减少使美国一些历史悠久的老城市好几万的居住建筑、商业建筑和制造业建筑被遗弃。芝加哥和底特律各自有大约7万处的空地,费城有3.5万处,新奥尔良有1.4万处。在限制工业化的小城市也存在这些问题。例如,新泽西州的首府——特伦顿,人口大约8.5万之多,估计有18%的土地都是空地。

欧洲城市的空置土地很少。与西方欧洲城市这种情况所不同,在美国的许多城市,空地比他们实际能用于居住和商业活动的土地要多。解决这个问题成为许多市政府的重要议题。减轻财政负担的主要方法是对成千上万的土地逃税者进行管理,许多税收的追讨是通过强制没收抵押品实现的。尽管城市官员愿意通过修建房屋和商店对土地进行再开发,这样既能改善周围社区的环境也能增加税收,但是对废弃土地的发展要求一般比较少。社区将部分空地用于公共用地建设。传统的做法是将其建成小区公园和游乐场,比较现代的用法是将其修建为艺术公园(Boston Globe,2002),修建成为城市暴力事件牺牲者的纪念碑(Rummler,1997,B3)。

在过去的20年间,将空置土地用于非传统方面——例如城市耕作——的兴趣并不大。城市耕作可以定义为在城市内或者城市附近地区的所进行的密集型耕种、种植、加工和分配食物和非食物物品,例如花和树(Bailkey and Nasr, 1999, 6)。作为城市空间的一种可行而高效的利用方式,城市耕作正受到一些政府、私人组织和非赢利性组织的重视。或许人们了解最多的城市耕作方式是城市菜园,通常是由私人或者家庭耕种的一小块地,位于居民缺少庭院的地区。1998年的研究表明,美国38个较大城市中大概有6 000多处的菜园,其中30%的菜园建立于1991年以后,这说明它们日益受到欢迎(Monroe-Santos, 1998, 17)。高密度使用城市土地耕种食物,而不只是在自己家后院种植一些西红柿和黄瓜,这种想法并不是不能实现。正如在一战和二战期间,许多"胜利菜园"用于满足国内食物需求一样,这是一种现代化的需求。

现在,人民利用未尽其用的土地生产食物用于市场销售,或者进行企业化城市耕作,这两种方式代表了城市小范围内制造食物的一个分支,并且是本章节讨论的主要问题。许多企业化城市耕作由非赢利性的社区组织经营,尽管其中不免有一些私人投机行为。对于大部分非赢利性组织而言,对消费者出售产品只是他们的部分企图。其他的产品可能由耕种者自己消费(这点是社区菜园最典型的特征)或者分配给诸如食物贮藏部门或是热食厨房的应急食物供给商。

在缺乏投资的社区发展企业管理城市耕作是有一定原因的。城市农场可以增加绿地面积,改善落后小区的面貌,并且为低收入居民提供更新鲜和有营养的食物。而且,他们可以提供一些与食物有关的就业机会,从经济上帮助贫穷的小区,为当地居民增加收入,增强小区自力更生的能力。

尽管对于建立企业化城市耕种的原因还存在怀疑——城市内部的空地受污染过于严重而不适合进行食物种植;大部分的城市发展组织既缺乏这方面的兴趣,也缺乏种植食物进行销售的知识;销售这些食物的市场有限;城市官员的支持不足——但是在美国和加拿大的城市,进行城市农场建设的市场仍保持扩大的趋势。基于这些疑问和大量城市空地所面临的机会,对于特定城市内部土地而言,企业化城市耕作项目是否可行?一些社区组织具备足够的知识、见识和能力去利用当地空地提供的机会,获得城市农场建设的成功。但是我们必须考虑到另一个重要的因素——外部组织对这种远见的接受程度和支持程度;换句话说,必须有一个接受和支持的制度环境。一旦企业化城市耕作为市政府、出借机构和一般民众所接受,其未来就一片光明。如果仍然是一个冷淡或是无所谓的制度环境,那么,城市农场的支持者在实现这个远见卓识的过程中就会继续遭遇很多困难。

本章节的研究与早期的研究(Kaufman and Bailkey,2000)发现当地的制度背景由许多独立的单位组成。其中一些互相作用,是网络化的,其他的并不如此。一些组织的思维比较开放,更易于接受创新项目。在缺少任何市场或者非市场的城市耕种管理下,在社区复杂的社会政治环境下,特定城市的接受度取决于该社区主要管理者的个人态度。

一、企业化城市耕种的概况

可以通过下述对5个组织和项目的分析说明美国城市市场耕作的多样化和范围,这些项目和组织集中说明了城市耕作的目标、发起人和主要支持者。

1. 马萨诸塞州霍利奥克(Holyoke)的阿古利可拉中心(Nuestras Raices/Centro Agricola)

通过企业化城市耕作和其他的社区建设活动来扩大现存的社区菜园建设,这是霍利奥克的特色之一。霍利奥克是马萨诸塞州西部的一个拥有4万人口的城市。它曾经被誉为世界的造纸城市,因为在康涅狄格河沿岸有许多制造厂。后来,限制工业化成为东北工业中心的一个特点,霍利奥克也无法幸免于难。长期以来,移民人口是城市人口的一个重要部分,人口由于20世纪60年代西班牙人的涌入而持续增长;现在他们已经占霍利奥克所有居民人口的41%。阿古利可拉中心(图9.1)是以食物为基础的一个商业项目的延伸。阿古利可拉中心是1992年设立的一个非赢利性组织,管理霍利奥克市的社区菜园。现在,大概100个来自波多黎各的家庭耕种着7处土地①。

图 9.1　阿古利可拉中心，餐馆建筑上的壁画
所有照片由马丁·贝凯(Martin Bailkey)提供

　　在 20 世纪 90 年代中期，阿古利可拉中心的主管开始致力于将社区菜园的后备能源投入到经济发展中。1996 年美国农业部的社区食物项目提供了 8.9 万美元种子资金用于建设阿古利可拉中心——该中心是一种伞型设计，将周围一些分散的园地集中在一块土地上。接着该中心又筹集了 15 万美元和价值 10 万美元的非现金捐赠，将一个存在了一个世纪、面积为 2 700 平方英尺的酒店转变为共同使用的社区厨房，该社区厨房包括一些以食品为基础的小型企业，以及一个波多黎各餐厅。另外，阿古利可拉中心以 500 美元的价格从霍利奥克市政府获得麦(Main)和埃伯特(Cabot)街转角附近的空地，建成一块 600 平方英尺的花房。这些重修和新建项目大部分是由自愿者完成的。

---

　　① 许多园丁以前是波多黎各农民，后来移民到美国。他们将技术传授给当地的年轻人，目前他们耕作着阿古利可拉中心两块建立不久的独立菜园和七个社区菜园中一些独立的小地块。

第九章　通过企业化城市耕作建立城市内部农场 | 187

从1995年开始,阿古利可拉中心在执行总监丹尼尔·罗斯(Daniel Ross)的领导下获得持续发展。在罗斯及其工作同仁的领导下,这个免税组织在筹款方面获得了宝贵的经验,擅长挖掘康涅狄格流域附近社区和机构的无偿资源。到2003年夏天,阿古利可拉中心地区正在运行的项目有:种植了5 000株辣椒和香草(包括特殊的拉丁美洲品种)的一个温室,这些作物主要在社区菜园和霍利奥克每周一次的农作物市场出售;出产七种不同手工面包的一个面包房;一个小型的餐饮公司;附近的一些办公楼和会议厅;一间饭店。罗斯和阿古利可拉中心的成员预计,再全力运作两年后,阿古利可拉中心将会成为财政上自给自足的地区。收入来源包括:饭店让步获得的租金和酬金、小型餐饮公司获得的销售收入和社区菜园进行食品加工获得的收入。

得益于自身的决心以及对项目的清楚把握,阿古利可拉中心现在代表一种正在发展中的关系,关系的一方是在曾经的空地上建设社区菜园,另一方是合理渗透到社区范围内的企业活动。每种活动代表了当地波多黎各社区的种植传统。

2. 密尔沃基(Milwaukee)的增长动力(Growing Power)

威尔·阿兰(Will Allen)是身高六英尺七英寸的非裔美国人,出生在马里兰的农场,是欧洲一名职业的篮球选手,后来在密尔沃基郊区经营了一片面积为100英亩的农场。1993年他在城市北部的银泉道(Silver Spring Drive)购买了两大块农场,当时这两块土地上是五处相连且极度荒废的温室,这些土地也是密尔沃基最老的植物种植区。很快,这个地区成为实现阿兰愿望的中心,用于帮助城市内部的少数民族年轻人获得谋生的技能——学习如何将种子变成食物(图9.2)。起初,增长动力(最初称为农场城市带(Farm City Link))经历了几次发展阶段和合作过程。最终在1999年在霍普·芬克尔斯坦(Hope Finkelstein)的帮助下,阿兰巩固了这块地区农场的运作。霍普·芬克尔斯坦在全国第一个由年轻人组成的、支持威斯康星州麦迪逊农业耕种项目的组织(CSA)中充当先锋力量。他们共同充当增长动力的指挥,这种情况一直持续到2003年初期芬克尔斯坦下台。

现在,增长动力的任务目标扩大为:通过制造"社区食物中心",为不同背景的人提供更为安全的食物,在这个"社区食物中心",居民可以从中持续不断地学会如何种植、加工、买卖和分配食物。尽管这些中心将分布在美国各个城市,但是最初形成在密尔沃基。这个中心的蔬菜(从西红柿、绿叶蔬菜到异国的品种,例如日本的猕猴桃)、草本植物和花都种植在5块翻修过的、面积为3 000平方英尺的温室中。阿兰安装了完整的室内"生活机器"——一个精密的水耕法系统(将水产养殖同耕种相结合),用它养殖了2 000只罗非鱼。用一系列香草、蔬菜沙拉和辣椒的移植床来过滤鱼的垃圾,来代替昂贵的过滤系统。这个温室也为蚯蚓制造的有机垃圾提供加工程序,制造出蠕虫堆肥这种有机肥料。

图9.2 阿兰和访问者在增长动力绿色农场

在种植季节,在温室之外的地区也种植了许多不同的蔬菜。这些室外土地也是更广意义上的增长动力系统的一部分,在这个系统中,从当地蔬菜店浪费的蔬菜成为氮和炭的来源。把从温室水系统出来的水添加到混合肥料堆中与微生物相结合。最近,养蜂场也囊入到增长动力食物场中;2002

年是养蜂场生产的第一年,这一年养蜂场制造了 200 磅的蜂蜜。在温室边上是一个社区食品加工厨房,与路边的小型市场相联系,出售当地生产的食物。

增长动力为当地的青少年和成年人提供了有关城市耕种的全面教育项目。每年有成百上千的低收入年青人在生态学和经济学的全方位教育下,学习耕种、园艺和水产。许多年轻人通过维护温室内不同的项目,一步步地学会了种植和出售——修建并维护用于制造混合肥料的蚯蚓箱,照看水产系统,培育、种植蔬菜和草本植物。教育项目的一个分支是少年团队(Youth Corps),由来自穷困家庭、年龄在 9—12 岁的 12 个小孩组成。少年团队的目的在于通过帮助学龄儿童获得不同的技术和管理技能——包括景观美化、木工制造、园艺、混合肥堆和公共演讲——来培育一些管理未来食物系统的领导,同时还可以帮助他们获得暑期生活津贴。

从 2000 年开始,增长动力每年提供若干次手把手的培训,培训为期两天,内容与社区食物系统的强化有关。许多培训参与者是来自密尔沃基和其他城市和农村社区的成年人。2003 年,每个参与者支付了 200 美元的费用,学习如何种植、开发、运作和维护社区食物项目和社区食物中心。培训地点在温室内,由当地农民提供有营养的食物,每个培训大概有 30—40 个参与者和 15 个不同的训练员。从创始到当前,大概有 500 人参加了培训,分别代表了不同地区、不同种族、不同文化传统和不同社会经济背景的 120 多组受训者。阿兰估计说,培训使 50 多个社区食物安全项目得以开展。

增长动力还从事其他方面的活动,这些活动都直接或者间接地促进了密尔沃基中心地区和威斯康星州东南部小型农场的经济发展。这些多方面的服务包括:帮助社区组织发展社区菜园;挽救一些新鲜产品市场以服务密尔沃基;组织市场篮子项目为城市内部居民提供能支付得起的新鲜产品;帮助小范围农民组织彩虹农场合作社,与此同时也为这些农民的产品创造了新的市场。

增长动力也在密尔沃基以外的地区建立据点。他们的项目位于芝加哥以南 90 英里。在芝加哥的几个项目(由威尔·阿兰的女儿管理)中,最成功的是创建了社区食物中心。该中心是在西部的西加菲尔德(Garfield)低收入小区市属土地上建立的。增长动力现在在芝加哥有好几处据点,为城市内部的居民提供能够支付得起的食物,增长动力还拥有几处空置土地,社区居民可以在这些土地上学习如何种植食物和培育蔬菜。

正如许多社区组织一样,增长动力也不断面临操作的挑战,特别是在获得充足资金和维持项目方面。从最初在两个破旧的温室中种植植物、蔬菜和花草,增长动力现在已经发展成为拥有7个成员、100多个志愿者的组织。他们在2003年的收入达到60万,其中14%来自于服务性收入。而且,不像其他困难的城市耕种组织那样,增长动力目前的生存对私人基金和政府支持的依赖较小。

阿兰对于增长动力发展又有了新想法——重建他在1993年购买的五块相连的温室。从它早期重视年轻人的培养开始——仍然是其当下任务之一——增长动力已经不断在新领域扩大新项目。阿兰挑战大多数人的一种传统思维方式:"大多数人,"他说,"认为农村地区是制造食物的,而城市是消耗食物的……我们正在证明,在社区范围上,你可以在控制制造、买卖和分配食物的同时促进该社区的发展"(Wilson,2002,62)。增长动力显然在挑战传统思维方面是成功的,从物质上和思想上破除了食物生产者和食物消费者之间的障碍。

3. 波士顿的重现住房(Re-Vision House)城市农场

曼特彭(Mattapan)的富兰克林地区(Franklin Field)的费比耶街(Fabyan Street)是波士顿最穷困的社区,也是重现住房公司(Re-Vision House,Inc.)(RHI)城市农场的位置(图9.3),该农场非常有名,有利于社会其他目标的实现。与增长动力和Nuestras Raices不同的是,RHI城市农场并不是一个自制的食物安全带或者城市耕作项目,而是像服务组织的一部分那样进行运作,起初的目的主要也不是以食物为中心。

从1989年开始,重现住房服务于年轻(主要是16—24岁)且无家可归的妇女。24余位妇女和她们的小孩居住在短期紧急避难所中,或者长期居住在过渡性房屋中。重现住房无福要求每个妇女参加一些形式的职业培训或者教育培训。当意识到小孩营养不良与贫穷落后、住房紧缺和食物不安全之间的联系后,RHI的主任伊冯娜·米勒-布克(Yvonne Miller-Booker)考虑将她种植农场的经验同她组织的目的相联系。结果是建立了城市耕作活动同企业的兴趣相结合的组织,其服务对象主要是避难所的居民和周围的小区。

图 9.3　重现住房、希望住房和避难所(背面)

到 2003 年,农场包括 4 处食物加工场地:一个避难所边上的小院子;一个三层楼的"生物避难所",该避难所由主体避难所向南的阳台围绕而成;位于街对面 RHI 所有的半英亩土地;还有几个街区以外的连接现在社区菜园的土地。位于空置土地邻费比耶街一边的一块 16×80 英尺的铁环形状的温室,主要用于培育幼苗和用于制造沙拉的蔬菜。生物避难所通过水产系统培育罗非鱼,把这些鱼养在 2 500 加仑水池里,由一位经过水产经理指导的避难所居民照料。除了养鱼之外,这个系统还支持培育罗勒来制造新鲜香蒜酱。除此以外,还有一个养蜂厂提供少量的蜂蜜。

城市耕作计划和 RHI 计划充满雄心壮志。城市农场的建设是三个分策略的中心。这三个分策略分别为:①制造社区支持的市场农场,为避难所和及其附近的居民提供新鲜的农产品、鱼和花果；②发展一套营养教育、评估和控制活动，并将其纳入对避难所家庭的照顾中；③通过提供工作培训与实习，将无家可归的妇女直接归入农场的运作中。这些实习为这类妇女扩大就业机会提供必须的技能和信心，此外还直接为他们提供以环境和农业为基础的职业。

市场农场的特殊活动包括每周一次在费比耶街上的农产品集会，该集会为当地的农民培育蔬菜幼苗，并且为当地避难所的居民和餐馆提供罗非鱼。所种植的蔬菜一部分供给避难所居民。剩下的有的通过社区支持的耕作渠道和农产品集会销售给低收入社区的居民，有的通过农场主的市场销售给城市的其他居民，或是高端市场，例如餐馆。2000年，城市农场开始为波士顿南端的伊卡洛斯餐厅提供制作沙拉所需的蔬菜。这种销售方式很成功，因为它会使餐厅需要更多的农产品，并刺激其他餐厅向RHI进货。现在，RHI的土地已经无法满足更多餐馆的需求，但是农场希望能够将其范围扩充到周围面积至少为5英亩的波士顿州立医院上。2003年9月，一个组织递交了一份以社区为基础的计划书，该计划书中提出了如下规划：建立满足需要的住房、在国家所有的空置土地上为曼特彭居民提供新的经济机会。RHI就是该组织的一部分。

CSA是RHI同位于林肯郊区的马萨诸塞州奥特朋社区（Massachusetts Audubon Society's Drumlin）有机农场的合作项目，它代表了RHI城市农场的主要发展方向。2003年CSA有65名成员，其中一半是富兰克林地区的低收入居民，他们以正常价格的2/3购买了CSA的股票。RHI想将股东扩大到100位波士顿居民，而将富兰克林地区居民的比例保持在50%。

在2003年的生长季节，农场的长期负责人是朱迪·利伯曼（Judy Lieberman）。在收入方面，城市农场还是不能自给自足（如果获得州立医院的土地，这个目标是可能实现的）。利伯曼希望农场在2003年的总收入达到2.5万美元，做出这种判断基于对以下几项收入的估计。它们是：CSA的收入是1.2万美元，幼苗出售收入是5 000美元，农场市场和其他农产品的销售收入是5 000美元，伊卡洛斯餐馆的收入是3 000美元。这个项目的预算是20万美元,大部分来自许多公共资助和私人资助。由于这种资助大多只提供一年,组织成员必须花大力气寻找新的资金来源。

4. 布法罗的乡村农场[①]

作为美国最大的溶液培养温室,布法罗的乡村农场在三年内(1998—2001年)代表了大规模的企业化城市耕作投资,这项少有的举动由私人部门公司运营,并以利润最大化为目标。这个当地组织所带来的任何社会福利并不是组织主动追求的目标。尽管它的获利方式和规模使乡村农场/布法罗在城市耕作中显得有些异常,但是它使用创新的技术和再利用受污染工业土地用于食物加工还是使其归入到城市耕作这个范畴内。

乡村农场/布法罗是一块面积为18英亩的温室设施(建立在面积为35英亩的土地上,这块土地还包括面积为4.2万平方英尺的包装操作),使用溶液培养技术生产西红柿,并销售给当地的超级市场和分销商。正如许多大型城市再开发项目那样,乡村农场代表了私人团体与州政府、当地政府之间的合作关系。私人团体寻找土地开展特定的业务,政府积极地寻找项目,特别是那些会给棕色地块带来新生的项目。在这个案例中,棕色地块是布法罗河沿岸的位于重工业区的前公共制铁厂,它位于市区的东南部。

20世纪90年代中期,乡村农场的前身想在位于城市北部的小型西红柿农场的基础上进行扩大。布法罗市(通过布法罗经济复兴组织)、纽约州(通过40万美元的资金补助)和当地公共部门为建立乡村农场提供了许多便利。乡村农场建立在前公共制铁厂之上。这些优惠很关键,因为从事这种大规模建设的费用是很高的。农场在1998年开始运作。乡村农场具有有利的地理位置——位于联邦企业区和城市经济发展区内。由于位于城市经济发展区内,乡村农场不仅在电费和天然气使用费上可以得到优惠,还获得7年的税收减免,以及其他因为提供就业机会而享受的税收减免。市政府还支付被石油污染的土地的补救费用(费用为86万美元),并且购买了这

[①] 有关乡村农场的内容大多来自于霍普·沃尔(Hope Woh)早期的研究,这些研究同宾夕法尼亚园艺社团有合同规定(Hope Whol Associates,2000)。

块土地租赁给乡村农场。在提供了这些这些优惠条件的基础上,建设温室的主要费用是1 300万,如果加上准备和土地开发所有的费用,那么总费用是2 000万。

乡村农场/布法罗在宾夕法尼亚州抵押品市场上购买了二手材料来建设温室;并运用荷兰的一种技术,将每株西红柿种植在多孔的、不同密度的矿毛绝缘纤维块上;此外,还种植了特殊的小秧苗。于12月种植的小秧苗到了3月中旬就可以开始有收获,收获的高峰期是6月,12月再开始重新培植,这样周而复始。计算机控制植物的营养流动以及温室内的环境。蜜蜂给植物授粉,并且用生物电控方法(例如,"有益的"昆虫)控制不需要的害虫,将驱虫剂的使用量最小化。如果种植大约17.5万株幼苗,每年就可以产生800万的西红柿。这些食物直接出售给东北区和加拿大的超级市场。起初签订的买卖条约确保市场购买所有产自温室的产品。在农场建立后,尽管有一部分种植者成为乡村农场的职员,但是一些数据表明,乡村农场迫使一些当地的西红柿种植者退出市场(Meyer,1998,1A)。

最初,人们认为乡村农场/布法罗是成功的。他的私人母公司对最初的收入很满意,并且试图在其他城市进行相同的项目。布法罗市不仅将乡村农场作为经济发展区一个成功的例子,还将其作为在废弃工业用地上从事创新的、不污染环境的、生产人们需要商品的商业活动的楷模。这个项目被美国环保署(EPA)、纽约州州长乔治·帕塔基(George Pataki)和纽约时代周刊视为再利用工业棕色地块的模型(Revkin,1998,A1)。但是这个项目并没有为当地提供起初设想的那么多的就业机会。最多提供过180个就业机会,还是比原先规划的250—300个就业机会少。尽管采摘者和包装者居住在布法罗市内,但是主要的管理人员居住在市外。因为天然气价格高,从2001年秋季乡村农场/布法罗开始停止种植,安排1/4的工作人员将在美国其他城市的乡村农场生产的西红柿运送到布法罗。

尽管乡村农场/布法罗有效地运行了7年,并且为在未利用的土地上如何进行食物加工提供了很好的例子,但是它还是不能和其他城市耕种项目直接进行比较,因为它的目的并不是增加特定社区的福利。乡村农场的目标与其他城市耕种项目存在显著差异。

5. 费城的绿色栽培项目

　　费城的绿色栽培项目位于新肯辛顿（New Kensington）北费城街区的坎伯兰（Cumberland）和奥默德（Almond）街的街区，占地 3/4 英亩，在 1988 年前这块土地一直属于一个镀锌厂。1997 年，绿色栽培的发起人玛丽·西顿·科博伊（Mary Seton Corboy）和汤姆· 塞雷杜克（Tom Sereduk），斥资 3 万美元直接在破旧的建筑上建立了完整的溶液培养系统（这块土地已经在 EPA 的领导下清理了残余的锌）。在塑料雨水槽内培育了不同品种的小型生菜幼苗，并从 500 加仑的蓄水池中抽水进行灌溉（图 9.4）。1998 年——他们运行的第一年，科博伊和塞雷杜克（两位之前都是厨师）将生菜出售给当地的 15 家餐馆，获得了 1.8 万美元的收入。第二年，由于获得地区 EPA 给予了 5 万美元的维护发展挑战资助，他们开始提高运作条件，并通过费城福利工作项目聘用了工人。绿色栽培的产品从生菜扩大到西红柿、烹调用的植物和切花，1999 年总收入是 3.2 万美元。

　　2000 年塞雷杜克离开了该项目，科博伊是绿色栽培的唯一所有者。在接下来的三年内，绿色栽培寻找了新的发展方向。在当地有机耕种运动中，它发展得更为完整；更注重扩大服务项目。到 2000 年，科博伊获得了 6 000 平方英尺的温室用来培育一年四季长生的藤本农作物。绿色栽培同费城公平食物项目合作，发展了社区城市耕种联盟，这个联盟的目标在于促进城市耕种以使低收入的费城社区得到发展，同时让小规模的农村农场主有机会接触城市市场。尽管 2002 年绿色栽培在的总收入超过 10 万美元，科博伊仍然为绿色栽培的生存而努力，使他们的农产品满足有机食品市场的满足，此外，他也面临外在资金来源有限的问题。然而，绿色栽培最大的成功在于：它立足当地制度背景，在合法的社区力量框架内，一直进行本质上来讲是一种城市食物生产的试验。

　　绿色栽培的发展同费城长期重视社区菜园和小区绿地有关系。成百上千的私人土地和许多低收入的小区，使威廉·佩恩（William Penn）产生了"绿色城镇"的构想。在费城，将空地转变成由社区进行管理的绿地的想法早在 20 世纪 60 世纪中期就开始实施。在 HUD 的美化项目支持下，费城

图 9.4 绿色栽培,溶液培养的生菜种植

建造了 60 处的小型公园。这种做法与激进的城市更新政策格格不入,激进的城市更新政策设定了减免税收的土地银行,为空置土地未来的再开发做准备。费城当今的空置土地情况构成了当地企业化城市耕作的背景。城市里大概有将近 3.5 万处的空置土地,政府最近的行动说明费城内部的再开发将会使小区充满活力,为许多空置土地带来开发的机会。因此,未来城市耕种的开发在很大程度上依赖于城市管理的空置土地。

费城园艺协会(PHS)于 20 世纪 70 年代中期发起的绿色费城的项目,一直将城市空置土地机会作为完成其管理城市绿地任务的合理手段。1996 年在费城绿色协会同新肯辛顿社区发展组织(NKCDC)的合作下,此项目标在绿色栽培所在的小区就得以实现。在这两个团体合作之前,NKCDC 将由位于其目标区域的 1 100 块空地提供的机会与自我指导的一个规划过程结合起来,而这个规划过程拥有明确的开敞空间管理结构(Bonham et al.,2002;Kromer,2000)。此项举动吸引了费城绿色协会的注意。此前,市住房和社区发展办公室(OHCD)要求费城绿色协会承担由 CDCs 作为主要推动者的小区空地领导项目①。绿色栽培项目的发展超出了这个公共/私人土地管理合作项目。项目地址由几排房环绕而成,这个地址最初是NKCDC为了提供未来住房而设计的。1997年,眼见还没有开发商需要这片土地,NKCDC代表科博伊和塞雷杜克同土地所有者进行租赁协商。

尽管费城的城市耕种知名度很高(包括绿色栽培在内的城市耕种活动已经在城市的日报上刊登过两次),但是获得需要的土地仍然是很困难的。原因有二:首先是官僚主义政治的复杂性。其次是因为在发展了半个世纪的管理框架下,城市机构管理空置土地一直有保护自身利益的传统。基于此,在小区空地管理的框架下——正如OHCD、NKCDC和PHS采取的方法——进行城市耕种的方法很有意义。换言之,首先阐明空置土地的问题状况,接着支持城市耕种作为解决这些问题的方法之一。

二、克服企业化城市耕种的障碍

要想克服在未尽其用的城市土地上进行市场耕种的障碍,需要满足以下条件:实用性、耐心、一定的运气,以及在发起和管理项目过程中具备灵活和随机应变的能力,其中最后一点最重要。(尽管这个章节研究的是企业化城市耕种,但是这里所讨论的障碍和建议的解决方法同样可以应用于其他形式的城市耕种,例如非市场的社区菜园。)

在这样一个更广的背景下,怎样才能更好地鼓励人们支持企业化城市耕种?它未来的发展主要依赖于主要机构对他们的理解程度和接受程度。这些主要机构包括:当地政府,当地基金会,社区发展组织,小区组织和州政府、联邦政府的关键机构。然而,大部分可能支持这些项目的代表人通常不知道项目所能带来的好处,或者对项目的持续能力产生怀疑。那么,获得支持的重点就是使对项目产生怀疑的人相信,那些人们普遍认为存在的城市耕种所要承担的责任,即使克服不了,也是可以减少的。同时,城市耕种所

---

① 宾夕法尼亚园艺协会(1999)做出有关新肯辛顿领导项目的评估报告。这个协会在评价费城将企业化城市耕种作为一种有效的土地利用方法中发挥了重要的作用。

带来的社区福利也应该被明确地表现出来。

企业化城市耕种的障碍比其他形式的障碍更普遍地存在。我们将在下面的讨论中列出这六点障碍,并提出解决的方法。

(1) 由于过度污染,企业化城市耕种项目难以在城市空置土地上进行

对于在曾受到过铅、镉污染,或者遭受其他工业和商业污染的土地上生产出来的食物,其安全性如何?人们对此很关注。因此,将在城市土地上种植的危险最小化成为城市耕种负责人的主要目标。运用许多直接的、技术含量不高的方法可以达到这些目标。一些项目使用了突起的养殖床——一个用石头或者木头建筑的、通常为18英尺或者更高的简单建筑,在养殖床内填入进口的表层土和改良后的腐殖质或者混合肥料。另一种有效且低成本的方法是使用圆形的塑料浅水池——一般在屋顶花园使用这样的水池(图9.5)。其他的城市耕种实践需要详细的土壤准备,例如加入混合肥料,在实施过程中还要对土壤进行阶段性的测试。

像西红柿、生菜和苗芽这些能够在没有土壤的媒介中生长的特殊农场品,适合在扁平的塑料盘内进行水栽培。尽管事实证明这些想法是有效的,

图9.5 芝加哥用于植物养殖床的塑料填充物

但是从技术角度来说建立水栽培系统很复杂,例如乡村农场/布法罗。城市耕种的边缘性质在某种程度上是实践需要的衍生物。实践要求有分寸地综合应用传统(温室)和非传统(溶液培养、昆虫培养、水栽培和室内培养)的方法制造食物,这个分寸的标准就是能减少对土地的依赖程度,并且能在寒冷的月份进行正常的培育。

培育养殖床相对比较容易,根据土地的能力采用适当方案(例如,种植不可食的,但是适于销售的树木,例如街道树或者切花)也有可能。这就意味着,尽管土地污染是一个需要考虑的问题,但并不是一个不能克服的问题。可以通过选用其他较清洁的土地而免去有关土地补救的复杂管理和高额费用。对于拥有废弃空置土地的城市而言,这就是一种合理的选择。在曾经污染严重的工业区,许多曾经的工业用地已经不能补救,对于这些地区而言,可以在区内污染程度较小的居住用地或者商业土地上开展项目。例如,在纽瓦克,关于新泽西州北部工业用地历史的大量证据说明,并不是城市内的所有空置土地都是高度受污染的,至少有一些土地可以种植安全和健康的食物。随着人们对棕色地块及其相关法律问题的了解逐步深入,随着人们对当前环境补救参数的认识逐步深入(例如,对于不同用途的土地采用灵活的清理标准),人们可以更好地决定是否应该在特定土地上建设食物培育中心。

在一种远见指导下,当前的研究集中在研制某种能吸收土壤内污染物的植物品种,这个过程称之为植物补救。这使得土壤污染的风险性降低。20世纪90年代末,EPA成立了由州政府机构、联邦政府机构和私人团体组成的植物补救研究协会。同时,宾夕法尼亚大学的生物化学家也在调查 *Arabidopsis thaliana* 这种特殊植物的性质,这种植物具有能够有效的从有毒土壤中吸收镉、砷和汞的性质(Jaffe,1999,C1)。

(2)位于犯罪猖獗小区的企业化城市耕种项目受到故意破坏行为的破坏

许多城市农场通常建立在白天和黑夜都有很多车辆和行人的街区。因此,故意破坏行为——特别是偷窃、践踏或者随意仍垃圾——虽然是一个问题,但是与污染问题相比还是比较容易解决。城市耕种项目的实施者通常认为故意破坏行为不是当事人的一种威慑行为,而是其受到刺激后的一种反应,通过用在温室内安装安全设备、在周围筑起栅栏和上锁的门(只有项目参与人才有钥匙)、及时清除墙上的乱涂乱画三种手段对付故意破坏行为。城市农场主的实用主义特性使他们从来不会对这种错误的做法掉以轻心,以免对投入的大量时间和人力造成威胁。

在与故意破坏行为斗争的过程中,培养与小区居民良好的关系以获得和保持他们的信任和支持是很重要的。在许多情况下,由于居民直接参与项目的管理,或者由于项目改善了小区面貌因而居民对其表示欣赏,因此会使居民产生一种情愫,认为某一项目的土地由市民"所有"。这能够制造出众所周知的"街道眼"现象,居民对社区礼仪的情感依附能够增强居民对土地的监护。费城新肯辛顿项目就在这方面做得很成功。小区居民发现有人从清理好的空地上偷窃新种植的树苗后,就而追捕这名窃贼。尽管小偷还是逃脱了,但是树苗很快就又种上了。

(3) 从追求利润的角度考虑,企业化城市耕种项目在经济上不可行

城市农场依赖赠与和资助发起组织,通过这种方式运作有限的经济预算。这是城市农场运作中的一种常见现象,几乎可以说是城市农场运作的特点。与传统的农场经营相比,作为一项城市建设项目的城市耕种,其相对新鲜性表现在:对于极其适度的项目而言,城市耕种项目几乎不需要什么资本。尽管需要的资金大于所能获得的收入,然而,企业化城市耕种并不是一个投资像是无底洞的项目。只要实施者设定合理的收入目标和费用控制,这种项目还是能够实现自给自足。达到这个目标会使项目对资助的依赖减轻,管理者因此可以减少申请资助的时间,而拿出更多的时间进行管理(或者像绿色栽培那样去指导其他农场。绿色栽培项目14%的收入来自于训练和培训费用)。

通常,克服对其经济可行性的担忧的关键在于,将城市耕种投资的回报视为实际的收入和不能定量化的社会效益的综合。以下是两份关于企业化城市耕种报告的总结:

> 这些(企业化社区)花园的经济发展潜能是适度的,但是也是

重要的。成功的项目能够为低收入区域制造就业机会。更重要的是,从长远考虑,他们在为低收入居民较好地适应以后的工作的准备中发挥了重要的作用:他们提供教育机会,提升领导能力和生活技能,给居民灌输控制的意识,用其他方法为居民能过上高质量的生活提供帮助。(Feenstra et al.,1999,34;italics added)

对可行性城市耕种项目的研究表明,这些项目提供了有广阔发展潜力的市场,即便是在大部分项目最多只能满足收支平衡的情况下……费城拥有进行发展所要求的主要因素,例如,获得空置土地的能力、未开发土地的数量、对于可行性城市耕种模型的鉴定,以及具有创业精神的一批组织和支持费城城市耕种发展的私人团体。选择赢利性组织发展这些项目可以视为市政府对空置土地进行管理的可行性选择方案之一①。附近的餐馆和消费者对新鲜、高质量农产品的需求为费城社区提供了潜在的商业和就业机会。(Hope Whol,Associate,2000,18;italics and footnote added)

根据这些观点,城市耕种的社会效益(例如,美化社区、提供新鲜农产品、提供就业机会、新建社区建筑、年轻人提供发展机会,这些正面影响的价值不断增加而不是减少)是不能轻视的。因为这些项目的实施是以社区非赢利性组织为基础,因此人们不能单凭获利程度决定企业化城市耕种的价值。

一项值得提倡的基本策略是将城市耕种的目标和实施方法清晰化,而不是强调其作为非传统方法的创新性——换句话说,选择一种方式"包装"城市耕种,使其他人相信它的优点。当地媒体和国家媒体应该在提倡非传统的城市活动中起到重要作用,这些城市活动不仅易上镜,而且充满了人们的兴趣点(侧重青少年兴趣的项目特别受欢迎)。将城市耕种向广大民众展示的重要方法是适时地在国家级杂志上——例如,《纽约时报》(*Newyork*

---

① 本章的前文中提到了这个报告中提及的公共/私人企业家城市耕种促进团体。

Times)(Davey,2003)、《维护》杂志(*Preservation*)(Wilson,2002)——和日报上——例,《芝加哥日报》(*Chicago Tribune*)(Anderson,1997)、新奥尔良的 *Time-picayun*(Usher,2003)、《费城日报》(*Philadelphia Daily News*)(Geringer,2001)和《底特律日报》(Dixon,2001)——刊登特写报道(附带照片)。1997年10月,《费城调查报》(*Philadelphia Inquirer*)连续三天刊登了有关当地城市耕种项目及其发起人的系列报道(Goodman,1997)。

在公共政策体系下,通过对城市耕种成功案例清晰且直接的介绍,能够让决策者进一步作出考虑。当有数据证明支持城市耕种是一种有效的公共投资时,更是如此。例如,罗格斯(Rutgers)大学的研究说明,在特定情况下,由于特伦顿社区居民增加了对社区菜园蔬菜的摄入量,因此每年能够节省大概5万美元的癌症治疗费用(Hamm et al.,1999)。

由于对于城市耕种有重要的意义,也由于项目的经济潜力,因此波士顿达德利(Dudley)社区发起的城市耕种可以作为一个大力宣扬的例子,以影响其他非赢利性组织的开发商。格雷格·沃森(Greg Watson)是上任DSNI主任。1999年5月,他在国家社区协会的演讲中提到:

城市耕种是我们经济发展策略的重要部分。试想一下10英亩的社区农场,试想一下用1万平方英尺经济上可行的温室来制造社区财富,来制造反映耕种多样化和达德利活力的增值食物。

从国家范围来看,一些组织已经就有关社区菜园和城市耕种所带来的社会福利和经济福利制定了政策文件,例如美国社区耕种协会和社区食物安全协会已经分别制定了政策文件[1]。这些政策文件极大地指导了政府内外的政策制定者,为城市耕种提供了更实际的和更长远的支持。相关指标包括食物总产量(以及如果超级市场购买这些食物的金额)、提供就业机会

---

[1] 见佩恩和弗里曼(Payne and Fryman,2001)和布朗(Brown,2002)。

的数目、消耗这些食物所带来的健康福利、根据社区调查所体现出的居民对小区内城市耕种的满意程度。联邦政府资助的社区食物项目可以作为数据来源来佐证上述观点[①]。

(4) 企业化城市耕种项目不能成功的另一原因是:尽管实施者充满热情并负责,但是却缺乏必要的管理技能和商业技能

一些非赢利性企业化城市耕种项目的经理人来自农场。还有一些是刚踏出校门的年轻人,他们在学校学习到的经验可能来自于农村小型的有机农场,同城市内部的环境很不一样。其他的管理者在城市发展项目或是以环境为中心的可持续活动项目中获得经验。这些人的想法和抱负有时候会超出他们作为企业经理人的能力。因此,人们对这些从事以市场交易为目标的城市耕种管理者能否成功完成项目就会产生怀疑。

这个问题可以通过几个方面进行解决。最重要的一点是雇佣有市场耕种经验的人,这些人能够同时负责多方面的任务,并且,要雇佣能够说当地方言的人,特别是在小社区更应如此。经营增长动力的阿兰就具有这几方面的综合特点,并且能够很好地发挥他作为农场主、管理者和沟通者的多方面作用。除了寻找这些人才比较困难以外,怎样使这些人才不受其他机会的诱惑也是一个挑战。通过重新安排组织的预算、为其提供较高的薪水,城市耕种非赢利性项目的主任留住了有价值的人才。这种人才不但具有全面的园艺知识,并且同雇佣来种植和分配食物的流浪者们关系良好。城市耕种组织现在通过互联网增加在全国范围内寻找有这样能力的经理人的机会。

然而,具备这些品质也并不意味着就能成功地管理一个项目,尤其是城市耕作收入能够产生的市场销售环节更是如此。这点就是合伙人或者参与人所必须考虑的。霍利奥克的阿古利可拉中心项目,使用 USDA 和马萨诸塞州耕种促进项目的赞助资金,聘请了一位顾问为项目提供专业的商业计划、计划需要概要地说明运作方式、市场交易计划、发展费用和财政设计。

总而言之,要想实施企业化项目,组织规划者必须充分意识到市场城市

[①] 从 1996 年开始,美国农业部开始积极支持城市耕种,主要通过由农业部的州际合作研究、教育和扩大服务所控制的一年一次的竞争赞助项目来实现。在农场安全和农村投资 2002 年法令的规定下,财政部于 2007 年将发放大概 500 万美元用于社区食物项目的资助。

耕种和其他的商业活动并没有什么不同。除了需要努力地工作之外，还需要慎重考虑制定的商业计划，计划要说明项目努力的方向、设计费用/收入、短期和长期的目标。还必须有能力预测到项目发展过程中所遇到的问题才能够解决发生的紧急问题。

（5）企业化城市耕种实施者并不会充分合作以促进项目潜能和城市耕种价值的发挥

在报道城市耕种时，媒体通常描绘了他们都努力自给自足的画面，并集中特写了处于领导地位的、具有特殊才华的管理人。这并不是完全不正确。城市耕种项目每天的管理非常耗时，并没有什么时间同同行进行相互联系和合作。然而，经验使一些城市耕种者意识到建立良好联系的重要性。当有关资助机会和操作方法的信息能够在当地或者在全国范围内共同分享时，城市耕种能够发展的原因是合作行动，而不是单打独斗。

因此在当地支持城市耕种的区域内产生了城市种植者互相联系的一种方法。底特律农业网络（DAN）成立于1995年，作为一系列参与不同方面城市耕种组织的联盟。他们通常在聚餐的时候讨论共同的利益，DAN成员共同讨论将空地转变成社区菜园、小区农场和户外农业市场。另外，小区温室会出售花草，种植者合作组织会出售底特律生产的农产品和其他产品给当地的农业市场，例如出售给餐馆和小店。1997年DAN获得USDA社区食物项目18万美元的资助发展企业化项目。现在，DAN组织成员已经超过200名，支持底特律附近，以及高地园（Highland Park）和哈姆特拉米克（Hamtramck）附近历史悠久的郊区的土地项目。

这些当地网络所面临的一个现实问题在于城市耕种的多样性，使他很难将不同兴趣的成员集中到一个发展方向。在20世纪90年代晚期的讨论会上，波士顿参与者也面临着同样的问题：应该为市场制造活动提供优惠，还是为私人种植者进行的传统非市场消费提供优惠。后一种是大部分社区菜园所采用的形式。

第二种形式的当地联合是食物政策协会。它在范围上更完整，包括提倡食物安全的组织。这些组织根据当地情况需要，努力改善食物的流通结构，为大城市居民特别是低收入居民提供能够支付得起的、健康的、适合种植的食物。在这些联合中,城市耕种找到了可以发展的空间,例如为学校提供有质量的午餐,提高以反饥饿为目的的组织的质量,努力劝说超级市场在贫穷的市中心开设店铺。

(6) 企业化城市耕种项目代表了一种暂时的土地利用方式,只有获得"真正"的创收发展时,这种土地利用方式才能持续

人们广泛认为除非能获得"真正"的创收发展,否则社区耕种/城市耕种只不过是暂时的土地利用方式。现在急需消除人们的这种想法。例如,在土地污染问题上,解决这个问题的方法包括完全避开这个问题(确定土地只能在将来才能开发而另外寻找其他土地)或者理解不同的收入含义帮助非赢利性组织能够确保长期获得土地。

在个人所有、组织所有或者政府(代表公共利益)所有的土地上开展的城市耕种案例能看到这些项目带来的福利。这些项目确定了长期或者短期的土地利用和约。但是在多数情况下,完全拥有土地所有权是确保土地利用的最好方法。尽管购买土地用于城市耕种是可能的,但是这种做法并不是很常见,因为社区组织的所需费用太高。

公共土地信托是未来确保土地永久性用于社区菜园和企业化城市农场的有效方法。费城的社区种植协会(NGA)是宾州城市耕种项目和费城绿色组织于1986年成立的一个土地信托部门,该协会要求所有的菜园遵循种植者的要求,要求NGA工作人员必须仔细检查土地的性质。因此,这个组织在费城北部、西部和南部获得了23处用于种植的土地。同样地,波士顿自然区域网(Natural Areas Network)是维护城市菜园土地长期稳定的重要力量,它拥有大概40处的土地。在芝加哥,芝加哥市政府、芝加哥公园管理部门和库克郡森林保护区(Cook County Forest Preserve District)发起建立了社区空间(Neighbor Space)土地信托部门——当地政府和社区组织合作使用土地的模型。在运作了两年后,社区空间将土地分配给芝加哥50多处社区公园、菜园和自然风景区。在这些土地中,只有7处用于食物制造。这种现象是社区偏好导致的,并不是社区公园政策产生的后果。

在城市的所有权和管理之下建立社区菜园是另一种可行的方法。当然,要做到这点,市政府要相信城市土地耕种是可以产生价值的,并能够达

到服务特定社区的发展目标。

三、结论

　　要解决上面提出的6个障碍,就要求企业化城市耕种的支持者能发挥积极和重要的作用。在一些情况下,他们必须注意改变人们对土地污染有关问题的负面认知,例如故意破坏行为和工作人员能力不够等。在另外一些情况下,他们必须调和有关土地的争执——例如判断城市农场能否产生多方面的效益——而不是只考虑土地在经济上的可行性。

　　对于初始者而言,城市耕种的支持者要充分了解政治情况,要有能力适当地确立同政治和官僚的联系,并且要有耐心与复杂的组织打交道。认识现在的政治大环境,主动将企业化城市耕种置于这种大环境中。费城1995年城市规划委员会政策报告是为了使人们对空置土地再利用的争论进一步深化,该报告建议在"社区再建设"概念下进行城市耕种:

　　再建筑的目的是为了通过利用空置土地的优势,减少居住密度,制造更吸引人和更舒适的城市社区,为私人家庭提供更大的生活空间,并且"有意"制造社区空地——社区的一种资产,而不是清除危险建筑过程中产生的不幸副产品。(Philadelphia City Planning Commission,1995,39;italics added)

　　将城市耕种并入全市统一规划作为对城市空地的一种有意的使用,这样将会使城市耕种合法化,是城市管理空地的一项重要策略,社区的参与者就可以作为管理者管理他们的土地。在费城,公共和私人土地上所发起的绿色栽培项目就是一个规划促进城区计划产生的例子。

　　同样地,如果社区非赢利性组织要申请获得企业化城市耕种的资助,就必须使计划更加完整,要强调计划能给社区带来不同福利的能力。也就是说,如果是从一个比较大的范围考虑计划——例如,是维护整个社区的一部分——而不是一个个单独的个体去努力,外界的支持比较容易获得。

　　直接的宣传方法就是制作国内其他地区成功的城市耕种例子的录像带。通过展示城市耕种吸引人的一面而刺激人们的兴趣——摘采成熟的西红柿、利用种植的植物制造有附加价值的产品（例如调味汁、果酱），年轻人管理昆虫容器以产生混合化肥。当地大学的研究可以探讨城市土地培育食物的社会影响。这样的项目可以包括因为食用了城市生产的有机食物而导致的在健康方面费用的节省，或者利用与食物有关的活动帮助当地的福利项目，因为这样的活动可以制造更多的就业机会。

最近在研究费城一块废弃土地时，一位费城城市耕种的支持者描述了对城市未来的设想："试想一下，如果这里种满了食物的话，那将是怎样的一种感觉？如果人们能在这里获得企业化训练，并且最终走出去开始自己的城市农场生意，这将是一个多么充满活力的项目呀！"（Goodman，1997）支持这种设想的人希望看见企业化城市耕种的脚印在有充足或是适量空置土地、废弃土地供给的城市内不断增加。同时，企业化城市耕种也面临更为冷静的现实：对他持有怀疑态度的人超过了支持者；项目的资金仍然不够，人员不够，并且面临着管理和市场困难等问题；在当地政策制定者眼里，企业化城市耕种并不是城市空置土地最好的使用方法；同时人们仍以传统的眼光对待企业化城市耕种，认为种植食物应该属于并发生在农村地区。

在研究的最后，许多美国城市被逼维护其居民的生存。城市领导者希望中产阶级的居民能够居住在城市里而不搬迁到市郊。他们希望在现在的空置土地上产生更多的市场住房供给和小型的商业活动。他们希望看到强有力的回归城市的活动以刺激落后街区的复兴。现实情况却是，大批中产阶级持续离开城市，使空置土地成为长期的政策问题。城市中存在一些土地，因为其地理位置靠近复苏的市中心、商业要道或者码头，将会吸引投资进行未来的住房和商业开发。然而，城市中的大部分土地仍然是空置的、不雅观的和没有收益的。

每年都会有越来越多的城市参与者开始相信，将多余的空地用于培养食物可以为周边居民产生福利。最近的证据说明，初生的城市耕种运动，特别是企业化城市耕种，需要更多共同的努力。

参考文献

Anderson, Jon. 1997. Fish farming takes root in city. *Chicago Tribune*, December 24, B1.

Bailkey, Martin and Joe Nasr. 1999. From brownfields to greenfields: Producing food in North American cities. *Community Food Security News* (Fall 1999/Winter 2000): 6—8.

Bonham, J. Blaine,Jr. , Gerri Spilka and Darl Rastorfer. 2002. *Old cities/new cities: Communities transform unmanaged land*. PAS report 506/507. Chicago: American Planning Association, Planning Advisory Service.

Boston Globe. 2002. Mission Hill masterpiece. *Boston Globe*, September 14, A12.

Brown, Katherine H. (principal author). 2002. Urban agriculture and community food security in the United States: Farming from the city center to the urban fringe. Policy paper. Venice, CA: Community Food Security Coalition. http.//www. foodsecurity. org/urbanag. html.

Davey, Monica . 2003. A garden flourishes amid Chicago's projects. *New York Times*, August 25, A8.

Dixon, Jennifer. 2001. Detroit is friar's field of dreams. *Detroit Free Press*, April 16.

Feenstra, Gail, Sharyl McGrew and David Campbell. 1999. Entrepreneurial community gardens: Growing food, skills, jobs and communities. University of California Agriculture and Natural Resources Publication 21587.

Geringer, Dan. 2001. Growing lettuce in the city. *Philadelphia Daily News*, June 11.

Goodman, Howard. 1997. Sowing seeds of change: Down on the farm in Philadelphia. *Philadelphia Inquirer*, October 12—14.

Hamm, Michael, Matthew Griffin, Megan McGlinchy and Marty Johnson. 1999. Community gardening, vegetable intake, and the potential to reduce health care costs: A case study of Trenton, New Jersey. Paper presented at the joint meeting of the Agriculture, Food and Human Values Society and the Association for the Study of Food and Society, Toronto, Ontario, June 5.

Hope Wohl Associates. 2000. *The feasibility of urban agriculture with recommendations for Philadelphia*. Philadelphia: Pennsylvania Horticultural Society.

Jaffe, Mark. 1999. Growing a cleanser. *Philadelphia Inquirer*, June 14, C1.

Kaufman, Jerry and Martin Bailkey. 2000. Farming inside cities: Entrepreneurial urban agriculture in the United States. Working paper. Cambridge, MA: Lincoln Institute of Land Policy.

Kromer, John. 2000. *Neighborhood recovery: Rinvestment policy for the new hometown*. New Brunswick, NJ: Rutgers University Press.

Meyer, Brian. 1998. Bearing fruit: Brownfields "farm" produces first crop. *Buffalo News*, April 16, 1A.

Monroe-Santos, Suzanne. 1998. Recent national survey shows status of community gardens. *Community Greening Review* 1998 (American Community Gardening Association) 8:12, 17.

Payne, Karen and Deborah Fryman. 2001. *Cultivating community: Principles and practices for community gardening as a community-building tool*. American Community Gardening Association.

Pennsylvania Horticultural Society. 1999. *From vacant land to open space: An evaluation of the New Kensington Neighborhood Open Space Management Program*. Philadelphia: Pennsylvania Horticultural Society.

Philadelphia City Planning Commission. 1995. *Vacant land in Philadelphia: A report on vacant land management and neighborhood restructuring*. Philadelphia: City Planning Commission.

Revkin, Andrew C. 1998. For urban wastelands, tomatoes and other life. *New York Times*, March 3, A1.

Rummler, Gary. 1997. Planting seeds of hope at Victory Park. *Milwaukee Journal Sentinel*, July 29, B3.

Usher, Nikki. 2003. A garden of hope: St. Thomas youths develop pepper sauce, job prospects. (*New Orleans*) *Times-Picayune*, July 21, B1.

Wilson, Charles. 2002. Asphalt eden. *Preservation* 54(3): 58—65.

第 十 章

创造性地再开发棕色地块
——德国鲁尔区 IBA 埃姆舍尔公园建设的经验

克劳斯·R. 昆兹曼(Klaus R. Kunzmann)

发达国家的传统工业区都有一个共同的特点:拥有大量的落后棕色地块。欧洲的工业城市——例如,伯明翰(Birmingham)、圣·爱特尼(St. Etienne)和杜伊斯堡(Duisburg)——以及港口城市——例如,热那亚(Genoa)、利物浦(Liverpool)、马赛(Marseilles)和毕尔巴鄂(Bilbao)——都是在全球化过程中传统工业经济落后的代表。它们需要处理外表上不美观、环境上危险、经济上无利润的棕色地块,这些都是19世纪末以及20世纪的工业化所遗留下来的问题。现在,这些城市在这些土地的再开发上遇到了很多困难。原来的土地所有者不需要这些曾经被超负荷开发的土地,也没有房地产市场对这类土地感兴趣,即便这些土地的房地产价格很低。因为对这类土地的需求量很少,所以土地再开发是困难的、耗时的和费用高的。因此,土地几年来甚至是几十年来都是空置的,被铁丝栅栏和保安包围。棕色地块是后工业化社会城市风景中的眼中钉,也是未来城市发展的实质性障碍。

当然也有例外存在。大城市内上流社区的房地产价值高,位于这些上流社区的棕色地块通常能够成功地进行复兴项目。对于位于风景优美地区的土地也是同样,例如位于河边、历史遗迹周围或者位于吸引人的居民区附近或者内部。然而,大部分废弃土地的再利用存在困难,要求付出更多的创造性和有远见的努力去克服市场失灵。面临寻找废弃土地新用途的问题时，规划者有三种选择：

① 他们可以拆除土地上的所有建筑，为建设新的公共或者私人项目、商业中心、办公大楼或者基础设施扫除障碍。拆除所有建筑和随后的环境清理所需的大量投资是否具有经济意义决定于土地在城市内的位置、公共部门的能力、工厂倒闭时的市场需求，以及私人投资者承担风险的程度。

② 工业保护论者可能选择保留所有或者大部分棕色地块上的建筑。这需要将这些建筑灵活地转变为艺术家或者建筑师的工作室、剧院或者酒吧，转变为从事其他文化或者创新活动的场所，或者转变为居住场所。此外，土地所在的区位也会决定这种修复的标准，包括最小化费用、个人品位、进行不同标准的进行现代化设计等方面。

③ 还有人认为可以彻底清除工业建筑，在污染的土地上覆盖表层土，将土地改建成公共公园或者"新的"绿带，一旦该区位能吸引新投资时，土地就可以回归市场。

一、鲁尔：难于进行棕色地块再开发的土地

存在大规模的棕色地块是德国鲁尔地区进行长期复兴计划的重大问题之一。这个地区（图 10.1）曾经是德国的工业心脏，采矿和造铁曾经是经济和劳动力市场的主导力量。后来在工业结构变化中该地区受到严重打击。过去的经济辉煌消失了，留下了大片受到公路、铁路、水路、煤气管道和污水管道建设破坏的荒芜工业土地，以及数不清的棕色地块。这座城市工业土地、土地和水资源都受到污染，地面上布满烟囱，再也不能和德国其他繁荣的城市（例如，慕尼黑、法兰克福和杜塞尔多夫）竞争。

鲁尔地区的面积大概为 4 500 平方公里，有 53 个社区，人口达到 520 万。这个地区没有一个主要的城市，但是有一些比较大的城市，例如埃森（Essen）、杜伊斯堡（Duisburg）、多特蒙德（Dortmund）和波鸿（Bochum）。这些城市之间的关系是互相竞争而不是互相合作。因此，这些城市中没有一个可以称做是这个地区的中心或者首府。长期以来，在鲁尔地区和埃姆舍尔河沿岸也没有有影响的富有居民或者中产阶级密集的独立城镇（例如，

德国南边的城市就有这样的独立城镇)。这个地区在工业化之前,在丰富的煤矿资源将其变成密集的工业网络之前,埃森、杜伊斯堡和多特蒙德在普鲁士省只是二流的城市中心。

采矿和造铁公司所带来的利润控制了该地区几十年的空间发展。采矿公司在矿井附近地区建立房屋。公共基础设施是跟随着矿井和制铁工业而发展的。同样,在满足社区其他要求前,铁路交通首先是服务于工业。经过几十年的发展,工业村庄发展为功能型的工业城镇,形成当地的文化和骄傲。但是,鲁尔地区具有没落型工业地区的的主要特点:失业率高、环境污染、没有吸引力的城市结构和恶化的公共设施。所有这些使鲁尔地区陷入这样一种社会政治环境:缺少主导的大公司、缺少企业化精神和服务、工会组织力量强大、缺乏有创新精神的参与者(Kunzmann,2000)。理所当然,这种环境不能对不熟悉这个地区的潜在土地开发商和投资者产生吸引力。地区间的嫉妒和竞争经常破坏这里的劳动力结构(Benz et al.,2000)。这个传统的工业地区长期处于现代化的压力之下。然而,地区的参与者并不任这些结构恶化自由进行,而是努力进行城市和地区复兴的建设。

鲁尔地区转变过程所遇到的问题同世界上大部分工业生产力降低的地区在全球化和技术变革中所面临的问题没有什么不同。采矿和大型工业侵蚀这个地区。现代服务并不愿意在废弃的工业和工人群体中发展。这个地区的企业家没有实力,工人习惯于终身的服务条款,并且工业、当地政府和劳动力通常依赖政府补贴。失业率比德国西部的所有城市都高,并且由于种种原因这个地区获得的投资很少。

鲁尔地区缺少省级中心和城市资产。这个地区的每个大城市都追求自己当地的(或者小范围的)发展目标。小城市缺乏形成战略联盟的经验和方法。社区间的竞争是当地决策制定的主导。只有在20世纪60年代以后,才出现了将整个地区视为一体的未来发展的讨论。

在鲁尔地区,棕色地块再开发并不是当地和区域机构的主要政策,至少并不是成功的政策。传统的土地所有者并不渴望出售环境上有缺陷的土地。偶尔会出现下列情况:当地工业找到新的地区进行生产,原来矿井被清理完全,土地被建设成公共工业公园。在其他地方,暂时的使用者只是为原

资料来源:IRPUD.

图10.1　北莱茵—威斯特法伦州的莱茵河鲁尔大都市区

来的办公地点或是车间签订短期的合同,进行他们的商业活动或者耕种活动。然而,当发生一些占用土地的违法行为时,公共部门就需要进行干预。

晚到80年代早期,当棕色地块成为公共关心的问题时,北莱茵—威斯特法伦州政府才为棕色地块建立了循环的基金会(2.5亿美元),当地政府可以申请获得这些资金,州政府 *Landesentwicklungsgesellschaft*(发展公司)负责管理资金。然而,缺少资金来源并不是棕色地块成功开发的主要障碍;主要障碍是缺少处理这些土地的方法。这也是IBA埃姆舍尔公园发起人(Interntionale Bauausstellung Emscher Park)所要克服的主要障碍(图10.2)。他们遵循德国长期的建筑传统(例如,Interbau,1957;IBA Berlin,1978—1984),证明了以艺术的方式进行城市开发。

资料来源:IBA.

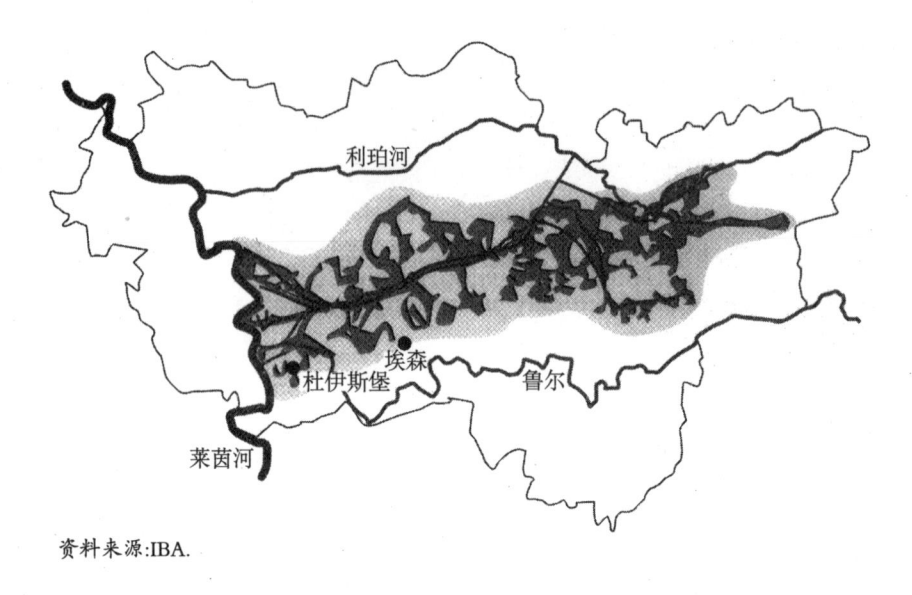

图 10.2 鲁尔地区 IBA 埃姆舍尔公园地图

二、IBA 埃姆舍尔公园建设

　　IBA 埃姆舍尔公园建设是北莱茵－威斯特法伦州政府实行的一项为期十年(1989－1999年)的项目,目的是为了复兴位于工业化严重地区的一个面积 20×50 平方英里的主要工业带,在这个工业化严重的地区有 5 000 多英亩棕色地块。在 20 世纪 80 年代末期,在年轻并且雄心勃勃的州长克里斯托夫·佐佩尔(Christoph Zopel)、有创意的顾问卡尔·甘泽(Karl Ganser)和沃尔夫冈·罗特斯(Wolfgang Roters)的启发下,北莱茵－威斯特法伦州政府的城市规划和交通部门,在莱茵河以东 50 英里处的一条长为 15 英里的狭长地带开张了区域发展项目。同以前的区域发展项目相比,这个项目的目标是改变鲁尔地区的物理外貌和不利因素。这项有野心的项目被称为"未来工业地区的车间(A workshop for the Future of Industrial Regions)"(IBA Emscher Park,1988)。

　　绕过该地区现存的机构等级制度,政府成立了一个小型发展机构从事这项工作。由一位主要管理人员领导。该管理人员来自于其他地区，不受本地区政治环境的熏陶，受聘于北莱茵－威斯特法伦州政府，直接同州内其他部门联系，并获得地区和城市政策有关部门的所有预算。这个小机构(少于 30 名成员)受到四个管理委员会的支持，这些管理委员会的成员同州各部门都有联系。成员来自于地区机构和当地政府的学者和专家。

这个新的独立机构负责这个项目每天的活动。这种组织方式是对当地政治团体、当地政府和社区间区域权利机构 the Kommunalverband Ruhrkohlenbezirk (KVR)的一种蔑视。从传统上说，当地政府通过他们的政党网络，同州政府协商获得开发项目的支持。当地权利机构希望能够受到信任，负责和管理这些项目。然而，这 10 年的项目没有分配给当地权利机构的原因是充分的，因为他们在超过 20 年的时间内并没有发展任何成功的、以未来为指导的地区统一开发项目。绕过传统的地区政治网络，项目可以不受政党合作的影响(Kilper, 2000)。根据鲁尔地区的政治惯例和战后区域内部有势力的煤矿和钢铁公司的共同决策制度传统，这些政治网络牢牢握在社会民主党和工会手中。

作为第二个战略政策决策的一部分，除了自己的运作和联络费用，以及用于建筑、设计竞赛和创新项目发起的种子基金之外，这个新机构并不控制任何投资预算，这么做是为了避免出现法律纠纷，也是为了避免当地政府或者私人投资者将其唯利是图的毛病带进新的机构。

在 IBA 项目的最初和约中，关于项目的目标和行动范围，有如下的规定(IBA Emscher Park, 1988)：

- 在棕色地块上进行生态改造和建筑重建；
- 复原埃姆舍尔河地区；
- 改变废弃工业土地(棕色地块再开发)；
- 保护工业遗产；
- 建设居民能够支付得起的住房模型方案；
- 兴建从建筑角度讲很突出的新工作环境，阿贝特姆公司(Arbeiten im Park)；
- 促进耕种工业化和艺术化，增强地区的耕种环境，并制造新的就业机会。

通过严格地实行一些环境、社会和耕种原则来达到这些目标,例如建筑价值的提高、能源的节约、景观的美化、交通的便利化、敏感微生态系统的保护、当地约定的维护、合作关系的建立、自我管理、按程序的实施和维护费用的降低。制定了一长串的维护和质量标准,并且将其应用于判断项目和指导实施方面。当不能满足这些标准时,项目就不能提供任何的公共资金赞助。

财政资助来自于国家政府。一旦项目满足了上述要求并且通过 IBA 审核后,项目就可以由政府官员具体实施。另外,国家总理提供的实质性的支持,有助于 IBA 机构克服任何官僚主义和意识形态的束缚,以及当地狭隘的裙带关系。为了保证这些原则能够实施,IBA 埃姆舍尔公园建设采用了以下方法:

- 利用设计师、城市设计师和景区设计师之间的国际竞争,为棕色地块的再开发选择最好的独创性方法。完成项目的费用由 IBA 机构承担。

- 在公共部门的保护管理论者和工业历史学家的帮助下,像记录历史事件一样,突出的工业建筑被废弃之日起就会被记录,这样它们就不可能被建筑所有者所破坏。

- 棕色地块项目被认为是不断接受创新开发的项目,并没有事先决定的最后阶段。因此,没有事先的蓝图,也没有既定的可行性研究。

- 当地市民组织谨慎地参与棕色地块的再利用和维护,这样使他们具有同所有者相同的责任感。

- 为了避免无限制的公共资助,将工业土地转变成工业遗产博物馆的做法仅限于少数一些有高建筑价值的土地。保留工业建筑是因为其具有经济和文化的用途,但是并不排除将这种方法作为过渡性方法而最终要摧毁建筑的可能性。

- 在这些土地上开展了一些对媒体公开的项目,例如灯光表演、节日、露天音乐会和艺术展览。这使这些土地具有可达性,并使区域范围内的人们知道这些土地。这些项目的公开增加了 IBA 旗舰项目受欢迎的程度。由于缺少大教堂和钟楼,市民很少有机会鸟瞰这块地区。但是,随着工业建筑的公开化，人们也有机会欣赏到激动人心的城市美景。
- 为了使维护费用最小化，采用劳动部门自给自足的雇佣方法，并且尽可能降低保险问题和责任问题方面的费用。尽管人们对安全问题考虑很严肃，但是只有几个保安维护工业地区，参观者主要靠自身保障安全。
- 循环的土地资金使国家发展公司有能力购买工业建筑。成立了维护工业遗迹的公共－私人基金会，保护还没有新开发措施的建筑。

项目的开发通常是通过公共－私人合作完成的，国家发展机构是一个主要的合作伙伴。总体而言，北莱茵－威斯特法伦州政府在十年内投资了大概20亿美元的资金开展了一系列活动，用这些活动去改变鲁尔的形象，提供就业机会，在被忽略的工业地区进行棕色地块再开发和公共公园的建设（IBA，1999；Hober and Ganser，1999）。

三、使用 IBA 方法进行废弃土地再开发的两个例子

再利用位于采煤和造铁土地上的废弃工业建筑是 IBA 埃姆舍尔公园建设考虑的主要问题。这个地区本来就有很多棕色地块，而由于全球化和结构转变，这个地区几乎每月又都有传统工业倒闭。因为相对不受欢迎的地点和缺少市场需求，很难为这些土地找到新的使用者和使用方法。工业土地的需求很少，为白领服务为主的企业更愿意投资于靠近多特蒙德或者埃森市中心的土地，并且该地区的批发市场和商业中心也达到了饱和的状态。出于许多健康方面的原因，私人投资者和住房协会通常不接受在前工业土地上进行住房建设。因为缺少来自房地产市场的压力，附近城市（例如，杜塞尔多夫）或者市郊社区的住房更有吸引力，也更便宜。

因为上述市场因素，北莱茵－威斯特法伦州政府不得已领导项目的开发。政府清理了一些土地实施创新项目，例如技术公园；一些工业建筑转变成工业历史博物馆或者新的工业公园；另外一些改建成便利的公共公园并同其他大的地区公园相联系。一些有历史工业里程碑性质的棕色地块有其他用途，包括四个主要特殊的用途：杜伊斯堡—梅德里奇（Duisburg-Meiderich）市内的风景公园（Landschaftspark）；在前埃森矿业同盟（Zeche

Zollverein)土地上建立的北莱茵－威斯特法伦州设计中心；盖尔森基兴的采池(Zeche)公园；波鸿新建的简哈德特哈尔(Jahrhunderthalle)。IBA 项目极大地改变了这个地区的面貌。接下来我们将讨论其中的两个项目。

1. 杜伊斯堡的风景公园(Landschaftspark)项目

位于杜伊斯堡－梅德里奇的斯森(Thyssen)钢铁厂是鲁尔地区最大的一个钢铁熔炉厂。它为这个以拥有矿井和内河港为典型的工业地区的 1 万多名钢铁工人提供了就业机会。经过 82 年的运营后，这个钢铁厂于 1985 年关闭，那块面积为 5 000 英亩的土地就没有什么希望吸引新的投资。金属废弃物的价钱很低，几乎找不到买主。中国政府总是在鲁尔地区的可利用工业土地上寻找可利用的资源。但是即便是他们，对于将这个熔炉厂的熔炉分解，运回中国，然后在中国的工业土地上进行再利用也显得没有兴趣。

由于缺少外界兴趣，城市政府开始绝望。他们最后接受了 IBA 埃姆舍尔公园(IBA Emscher Park)提出的逐渐发展计划，将这片土地发展成风景公园。1991 年，国家开发委员会获得了这块土地，作为原来的土地所有者，赛森社团(Thyssen Corporation)被劝说提供 250 万美元为土地开发设立基金会。风景设计师彼得·拉兹(Peter Latz)和他的同事在 IBA 机构主办的国际比赛中获胜。拉兹建议将这快土地转变成一个新的、生态敏感的、围绕着大型熔炉的风景公园，并且在增加投资过程的初期让公众参与这个建设。在随后的几年时间内，随着新建筑一个接一个地建成，新的利用方式也获得了确认。例如，把一个熔炉建设成露天剧院，进行歌剧、音乐会和电影的表演；煤矿储藏仓库变成了当地的一个登山俱乐部，成了所有年龄段登山爱好者的天堂；其中一个大型生产房间成为世界音乐表演场地；在一个前工业建筑上建成了一个小型的实验剧院。在另一个上建成了迪斯科舞厅。这个公园很快成为周末的首选娱乐地点，吸引了来自国内外的参观者，并举行每年一次的杜伊斯堡文化节。这个公园主要由国家和当地政府资助的小合作者管理，并且获得几个非政府组织的支持。

公众可以免费参观公园是公园受欢迎的原因。乔纳森公司(Jonathan

Park)安装的灯光和滚石(Rolling Stones)有名的英国灯光工程也是促进其受欢迎的原因之一。公园为钢铁熔炉安排了两小时令人印象深刻的灯光表演,使工业建筑呈现出富有想象而华美的一面,让乘车经过的民众都能看见(图10.3)。尽管这个公园原来并不受当地所有务实议员的欢迎,但是现在被广泛认为是后工业时期落后城市希望的象征,成功地改变了废弃烟囱和钢铁厂的面貌。

资料来源:IBA.

图 10.3 杜伊斯堡的风景公园(Landschaftspark)

2. 埃森的矿业同盟

位于埃森市(Essen-Katernberg)的矿业同盟成立于1847年,主要是开采位于地表之下180到800米的高质量煤矿。这里曾是鲁尔地区最北边的煤矿。1928年到1932年之间,设计师弗里兹·舒普(Fritz Schupp)和马丁·克尔莫(Martin Krmmer)受聘为这块土地设计现代建筑。结果建成了给人留下深刻印象的综合性工业建筑,成为鲍豪斯建筑学派的一个典型。煤矿在1986年关闭后,大约有1.5万名工人失业或者转移到别处就业,这个社区失去它们传统的经济中心。作为土地所有者，RAG 想摧毁所有废弃的建筑，但是在政府管理者的命令下，公共保护管理论者将这些建筑列为历史标志，因此不能破坏这些建筑。

根据他们的转变增值理论，IBA 机构建议将这些复合建筑转变成文化产业的中心（图 10.4）。英国设计师诺曼·福斯特（Norman Foster）将发电厂转变成 Desing Zentrum NRW（北莱茵－威斯特法伦设计中心）——设计博物馆和建设办公室的合成体。在原来的生产场地上建设了一间高等的餐馆；其他废弃工业建筑则成为设计师、艺术家和其他雇员的会议厅和讨论室。曾经的一个工业大厦改建成为当地知名的现代舞团的训练和表演场地。通过几年的发展，这块地区像磁铁一样吸引着各种有创造精神的企业家。在前焦炭工厂内安排了一个有关能源利用的临时展示厅，在埃森市的另一角，有一块 13 公里的土地被用于创造性产业综合建筑的建设。

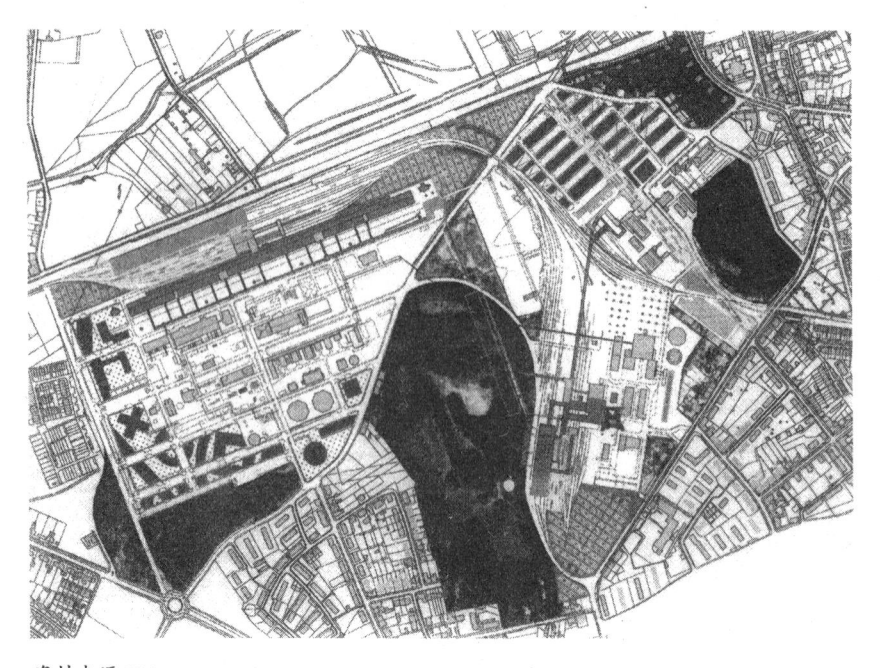

资料来源：IBA.

图 10.4　埃森的矿业同盟

尽管当地的社区和传统的政治环境仍然不能接受这种转变,但是离市中心仅20分钟的矿业同盟已经成为这地区最大的城镇与文化活动的中心。它成为国际会议中心、庆祝节日的场地,也是旅游者必须参观的地方,并且这里还有很多空间正在进行新的设计和发展。作为城市和州政府的一个合作伙伴,当地管理团队(management team)开始考虑将当地表演艺术学院福克旺学院(the Flokwang Academy)(国内有名的培训机构)搬迁到矿业同盟区,这样做是希望能创造出国际名声。Ruhr Triennial 也将把该区庞大的剧院作为其场地的一部分,来庆祝其三年一次的节日庆典。另外,在这土地上也将建成一个新的国际设计学院。该学院将根据日本东京工作室 SANAA 的设计师世濑岛(Kazuyo Sejima)和赖夫·西泽(Ryve Nishizawa)的设计进行建筑,他们都赢得过国际设计比赛。

风景公园(Landschaftspark)和矿业同盟都是 IBA 埃姆舍尔公园建设中最有名的工程。他们为再利用工业土地发展创造性的产业树立了榜样。这些土地极大地改变了这个地区的面貌,成为城市棕色地块和巨型工业建筑创造性使用的典型。州政府为了模仿成功的爱丁堡(Edinburgh)和萨尔茨堡(Salzburgh)文化节进行了新的鲁尔三年一期的建设,并把风景公园(Landschaftspark)和矿业同盟视为新的鲁尔三年一期的建设的关键性的一步,基于二者的成功,受到州政府这样的重视也就不足为奇了(图 10.5)。除非把鲁尔三年一期的建设成为文化胜地,否则就不会对国际参观者产生任何吸引力。而萨尔茨堡节日的前负责人杰勒德·莫蒂尔(Gerard Mortier)成为鲁尔三年一期的艺术指导。他之所以接受这个任务是因为这里鼓舞人心的艺术舞台。

四、棕色地块和文化产业

鲁尔地区复兴政策是在公共部门领导下的一种创新之举。文化产业、艺术和娱乐是该政策的关键组成部分。IBA 埃姆舍尔公园建设项目证实,在广泛意义上建设新文化氛围是后工业时期棕色地块实现完美再利用的选择之一(至少是完美的过渡期利用方案)。在房地产市场竞争中寻找发展空

222 | 循环城市——城市土地利用与再利用

资料来源:Ruhrtiennale.

图 10.5　三年一次的鲁尔地区音乐节所在地

间的艺术家和开发商受到这些土地特性的吸引,根据不同的环境会为土地提供创造性的空间(Bradke and Lower,2000)。至少有三个原因能说明棕色地块具有吸引力,特别适应城市土地创新性的再开发。

视觉创新和创造性设置。艺术、音乐或是设计活动需要有令人兴奋的视觉感受。通常而言,棕色地块适合为这些活动提供新的、易上镜的活动场所。尤其是当这些建筑是具有里程碑意义,是工业遗产或者是早期工业化的遗物,更是如此。这对于所有的文化产业都是适合的。对于高档的活动而言,建筑师、设计师、音乐家和多媒体制作者能够支付独特建筑所需得费用,这些建筑要优于规模化生产的办公空间。对于较低档的活动而言,艺术家、工艺者、刚建立的团体和实验剧组希望能够寻找到能支付得起的空间创造并展示他们的作品。无论是对于高档的活动,还是对于较低档的活动,棕色地块都能满足它们的需要。在光鲜的小册子里对这些土地的视觉效果进行介绍,对于文化产业中的年轻企业者来说,这一点很重要,因为它表现出前卫的一面,而这一面可以作为市场销售的一种手段或者是作为艺术发展的一个侧面。

空间上的高度灵活性和作为过渡期使用的潜能。尽管棕色地块上的工业建筑也要遵守当地的规则,例如,要遵守防火规定或者建设法规,但是在用途上它们通常比传统的建筑更灵活。这些土地受到的控制不太严格,土地也比较便宜。因此,对于那些不愿意做出长期承诺,不愿意冒金融风险或者不愿意支付专业设施管理费用的人而言,低成本的生产空间和灵活性更有吸引力。棕色地块的这些特点使其为刚起步的、财政状况不稳定的文化产业暂时提供了最佳的栖身之所。那些最先利用这些土地的使用先锋,后来成了这些土地上充满热情的居民。他们有充分的土地进行创造性革新,并不断扩张面积,土地上的建筑也根据他们的要求和方法而不断提高标准。

噪音抵抗力和活动适宜性。通常,在棕色地块上的活动所产生的噪音污染并不会引起附近居民的抱怨。对于夜总会管理者、流行音乐组合和爵士酒吧的管理者而言,这一点具有吸引力。通常,这些土地也提供充足的停车空间,这点也有利于其受欢迎程度的提高。鉴于这些原因,并且也因为它们具有里程碑的意义,所以更容易在这些地方举办大型活动,即便这些活动一年只举行几回。活动适宜性也是获得公共财政资助的另一个优势,特别是当这些地方是具有里程碑意义的历史景点时,情况更是如此。

为了发展创意产业,在城市不太受欢迎的地区增加对废弃土地的利用。这种做法会受到讨论。这种讨论可能来自当地的政治大环境。最近,在欧洲兴起的创意产业(Cliché et al.，2002)将不可避免地促使当地政府进行棕色地块的利用。IBA 埃姆舍尔公园建设项目的经验证明，对于棕色地块进行文化产业发展而言，有三点很重要：有远见的安排、从其他地区引进创造性的专家、相信当地群众的热情。

五、IBA 项目的教训

我们从 IBA 项目及其在进行棕色地块复兴和工业土地转变努力的过程中获得什么教训？显然，IBA 的旗舰项目已经成为鲁尔地区最受欢迎的项目，像磁铁一样吸引着该地区的许多活动。它们是该地区转变成现代技术社会中心的象征。新的交通方式、信息技术与传统的工业知识融合以后，该地区转变为现代技术社会中心。

IBA 埃姆舍尔公园的建设还有另一个惊人的影响。早期，私营部门，特别是大型能源和钢铁公司的中层管理部门缺少热情和合作精神。按照他们的实用主义的想法，他们并不能想象出棕色地块用于工业生产之外的其他用途。还有就是当地政治参与者。他们主要认为应该尽快清除土地上的过时建筑，清理土地进行新的发展。在曾经的煤矿和钢铁工厂上发展文化产业和艺术活动，并不是显然且合适的做法。然而，一旦他们目睹了成功项目带来的转变、当地和国际媒体对这些项目的正面报道，他们开始将这些建筑按照他们想象中的样子进行建设，包括会议厅和股东室。而且，一旦这种做法成为一种潮流，他们就开始在棕色地块上发展私人娱乐中心。其中一个项目是波特洛普市在矿渣堆旧址上建造人造室内滑雪场；其他城市的类似项目也在发展。IBA 认为，城市娱乐项目只有建设在特定人口密度下才是个赚钱的项目。这个特定人口密度相当于在一小时蓄水区大小的土地上的居住人口超过 1 500 万。

地区复兴是一个有指导的持续渐进的发展过程，是对有远见的开发者所做出的努力的一种回应。对于地区复兴而言，IBA 项目是一个整体概念。并不存在专门为这个地区设计的蓝图或者是完整的主要计划。每个项目都独立地按照长期的、盲目的想象进行发展。根据这种边发展边设计的方式，在棕色地块上进行的许多主要项目甚至是在最终产品都还没有确定的情况下就开始实行。只有一些在棕色地块上实施的主要王牌项目有实施原则，并且吸引外来的兴趣。对工业遗迹的保护和对文化产业的促进是地区现代化的关键。与开发商通常主导的重建方法相比，IBA实施的地区现代化存在显著差异。开发商主导的重建方法广泛应用于世界上其他的地区和城市，例如匹兹堡、宾夕法尼亚或者伦敦。

尽管IBA具有草根性和自下而上的特点，但是实际上它是有远见的、组织管理严密的策略。之所以说它有远见是因为它采用了可持续性文化发展的基本思想，并将这种思想应用于项目的形成、选择和实施过程中，并通过从国家获得财政资助确保其在政治上是可接受的。在许多方面，IBA同当地政府和私营部门的主要利益是相反的，他们几乎不会超出自己的想象支持参与棕色地块再发展项目。因此，对于地区现代化IBA采用了间接的方法，每个项目都是通过一套看不见的原则和质量标准网络而联系在一起，并且由私人机构的网络促进其发展。这种重建方法可以在被市场忽略的地区成功地指导创新和现代化过程。在棕色地块再开发上，IBA方法同传统德国和美国方法的主要区别见表格10.1。

六、结论

鲁尔地区的经验教训能否用于其他地区？答案既是肯定的也是否定的。之所以说答案是否定的是因为这些策略能够成功实施是根据当地的特殊性；是因为对于需要更加完整和更具创造性的区域再发展规划的其他地区而言，它们可能不能获得像鲁尔地区那样的财政资助。鲁尔地区连续十年获得州政府的财政资助。然而，IBA的经验教训为地区复兴提供了思想财富（Sack，1999）。即便是出发点和政治管理环境不同，但是对于那些市场力量不鼓励对工业用地旧址进行重新利用的地区而言，IBA也可以在克服当地和地区局限方面提供经验教训。IBA同有创意的参与者建立了合作的模型，并且告诉我们应该怎样利用软办法和活动改变公众的认识和态度。在地区重建中综合自上而下和自下而上的方法可以刺激和促进创造力和想象力。

表 10.1　与德国和美国在废弃土地再开发上的传统方法相比，IBA 的不同之处

特征	IBA 方法	传统的德国方法	传统的美国方法
空间范围	地方性的、局部的和场所的	局部和场所的，一些只局限于场所	只有场所
方法	完整的。有时与当地政府和当地参政者意见不同	全面的	以项目为中心的
领导	公共部门领导。IBA 机构同当地政府、地区和当地公共发展机构合作发起项目，然后交由当地发展机构管理	公共部门领导。城市政府通常同当地或者地区公共开发商合作	私营部门领导。私人开发商同当地政府合作（但是不总是合作）
市民的参与程度	大量的。然而，根据项目特点的不同而变化：住房项目参与度高，而其他项目参与度低	形式化的。根据既定的规划条例过程	依项目而定
预算	来自于公共部门多余的预算（国家的、州的、当地的）；一些私人的投资	主要来自于公共部门的预算（国家的、州政府的、当地的）；一些私人投资	私人投资和银行
项目意见和内容研究	IBA 机构自由提出或者由当地有兴趣的组织向 IBA 提出项目想法。接着在设计建筑师和景观规划者中进行国家的/国际的竞赛	当地政府同当地规划者、设计师一起提出；偶尔在私人投资者间采取竞赛方式	通过设计师和商业咨询专家进行可行性研究
规划控制	当地政府	当地政府	公共部门
规划控制的有效性	项目参与者制定高质量标准，而后进行常规控制	按照设定的规章制度进行常规控制	低
实施	州政府发起，进行最初的公共投资，之后随着当地兴趣和预算的增加而增加	传统上通过当地政府同地区或者当地发展机构共同实施，并且公共部门进行预先投资	私人投资，最后获得公共支持
投资回报期	长期	中期到长期	短期到中期

显然，IBA并没有成功地重建鲁尔地区，或者将其恢复到以前的地位——德国经济的发电站。然而，这并不是它们的使命，并且，这种任务会超过任何有时间限制的、地区发展组织的能力。鲁尔地区现在仍然遭受经济结构变化和失业率带来的灾难；然而，IBA证明，创造力同美学、社会和生态质量控制的结合，具有开放思维的资金持有者之间的联系，能为棕色地块提供空间灵感和创造性。IBA的旗舰项目使得地区的特性得到增强，为居住在那里的居民提供了新的希望。通过IBA的旗舰项目，游客发现了鲁尔地区。IBA是鲁尔地区历史的转折点。

在寻找新的发展策略时，北莱茵—威斯特法伦州的其他地区将IBA埃姆舍尔公园的经验视为一个增强地区概况和设计文化发展的模型。在设计现代化政策过程中，州内大部分其他地区都参照了IBA的经验和教训，尽管大部分地区都缺少财政支持。在德国东部，老工业地区正为了在一个充满竞争的、统一后的世界中的生存而苦苦挣扎，IBA在这里发现了许多发展的机会。按照IBA模型，萨克森州成立了IBA佛斯特—帕克勒土地2000—2010年(IBA Fürst-Puckler Land 2000—2010)研讨中心这样一个新景观设计工厂(Kuhn，2000)。这块地区拥有著名的一个18世纪的景观公园——考—佛斯特—帕克勒(Count Furst Puckler)，以及德国东部前露天褐煤开采矿——奥勃劳斯特兹(Oberlausitz)。它采用IBA的内在化发展方法，重建那些遭到严重破坏的、贫穷的工业土地，将它们变成旅游景点。在意大利，规划者受到*Rassegna*杂志和1996年IBA建立的威尼斯建筑设计展览的影响，在意大利建筑和规划杂志上发表了许多文章，对有关地区重建的灵活且富有创造性的方法进行了激烈的讨论(Rassegna，1990；Wachten，1996)。实际上，近几年来，除了IBA埃姆舍尔公园项目之外，德国获得规划成功的棕色地块很少能够吸引国外投资的兴趣。只有柏林项目——德国首都城市的实质性重建项目，才能与IBA埃姆舍尔公园项目相匹敌，这个项目吸引了国外投资。

IBA在美国产生的影响就没有这么热烈。不论是来自底特律、匹兹堡的专家学者，还是来自布法罗的专家学者，当他们第一眼看到IBA的成功项目时，都极为震撼。然而，经过仔细的考虑后，他们对这种方法是否能满足美国法规的要求、能否被美国保险公司接受、能否吸引只注重短期利润的私人投资者等产生怀疑。尽管如此，美国人通常还是认为，IBA的许多项目及其实施过程为棕色地块创造性再开发提供了丰富的思想资源。至少在这些缺少市场推动力的地区，城市大面积的棕色地块可以从非同寻常的思想和方法中获益。

参考文献

Benz, Authur, Dietrich Fürst, Heiderose Kilper, and Dieter Rehfeld. 2000. *Regionalisation: Theory, practice and prospects in Germany*. Stockholm: Swedish Institute for Regional Research.

Bradke, Markus, and Heinz-Jürgen Löwer. 2000. *Brachflächenreaktivierung durch kulturelle Nutzungen*. Ph. D. dissertation, School of Planning, University of Dortmund.

Cliche, Danielle, Ritva Mitchell, and Andreas Wiesand. 2002. *Creative Europe: On governance and management of artistic creativity in Europe*. Bonn: ERICarts.

Höber, Andrea, and Karl Ganser, eds. 1999. *Industriekultur. Mythos und Moderne im Ruhrgebiet*. Essen: Klartext.

IBA Emscher Park. 1998. *Werkstatt für die Zukunft von Industrieregionen. Memorandum der internationalen Bauausstellung Emscher Park*. Gelsenkirchen: Internationale Bauausstellung Emscherpark GmbH.

———. 1999. *Memorandum III. Erfahrungen der IBA Emscher Park. Programmbausteine für die Zukunft*. Gelsenkirchen: Internationale Bauausstellung Emscherpark GmbH.

Kuhn, Rolf. 2000. Internationale Bauausstellung Fürst-Pückler-Land-Eine Werkstatt für neue Landschaften. In *Jahrbuch Stadterneuerung* 2000, ARGE Stadterneuerung, ed., 285—296. Berlin: Institut für Stadt-und Regionalplanung TU Berlin.

Kunzmann, Klaus R. 2000. The Ruhr in Germany: A laboratory for regional governance. In *The changing institutional landscape in Europe*, Louis Albrechts, Jeremy Alden, and Rosa da Pires, eds., 133—158. London: Aldershot.

Rassegna. 1990. Trimestrale, Anno XII, 42(2).

Sack, Manfred. 1999. *Siebzig Kilometer Hoffnung. Die IBA Emscher Park. Erneuerung eines Industriegebiets*. Stuttgart: DVA.

Wachten, Kunibert, ed. 1996. *Chance without growth? Sustainable urban development for the 21st century*. Architecture Biennial of Venice. Bonn and Berlin: Federal Minister for Regional Planning, Building and Urban Development.

第十一章
关于棕色地块的可持续性发展
——波士顿南海湾可持续性发展现象的研究

威廉·舒特金（William Shutkin）

从1959年开始到1974年被法院指令强制关闭为止，波士顿南海湾焚化炉已经焚烧了成千上万吨城市垃圾，并将大量的有毒物质（例如铅、水银、锌以及其他有毒物）排入居民密集居住的区域。烟囱排放的污染、燃料储藏罐排放的污染、石棉绝缘产生的污染，以及建筑内的铅工业污染，都深入到土壤和地下水系统。在焚化炉关闭后20年内，这块地方是公共工程部门的储藏室。现在，这个焚烧炉是典型的棕色地块（图11.1）。

20世纪90年代早期，在附近土地上建立沥青厂的计划引起了附近社区的强烈不满。他们的抗议成功地阻止了另一个污染的设施搬进这个社区。附近社区并试图联合社区组织、环境组织和政府机构、南湾清洁部门发起一个完整的设想过程。这个目标的实现需要附近不同人种、不同种族和不同经济背景的社团为土地的发展创造经济效益。这些经济效益不是以制造环境污染为代价。

长久以来，开发土地和自然资源是以城市内外环境质量为代价。市郊化使人们的居住地区和工作场所、购物场所、娱乐场所分开，结果产生了越来越多的车辆。森林地、沼泽地和其他生物栖息地因为土地开发被破坏，土地开发还产生大量的空气污染。另外，二战后，美国城市内部的中产阶级白人搬迁到了市郊；这样，就将大规模缺少投资的棕色地块留在了少数民族和移民居住的地区（Katz and Bradley, 1999）。重建这些不同的城市社区涉及经济发展和环境司法两方面的问题。这个目标实现的最大挑战在于同时促进这两方面的发展[1]。

一、设想可持续社区

大部分环境破坏——棕色地块、水污染、气候破坏、栖息地破坏——是土地利用决定的结果：为了达到生产、消费、保护的目标，土地和自然资源应该如何发展和保护？环境法律和政策的制定是为了控制和减缓污染和自然地区的缩减，因此可以间接地被认为是对土地利用决定的一种回应，(Landy et al.，1990，22—49)。然而，这些法律和政策主要侧重于控制个体，空气、水或者土壤领域内的污染个体，而不是侧重于当地区划和规划部门决定的潜在土地利用方式和发展方式。

最近的环境政策都试图想弥补上述空白，这些政策欲发展可持续性的社区，而不是依靠片面的、一次仅关注一种污染物质的方法进行环境规划。这些想法包括棕色地块重建项目、理性发展和工业生态等其他项目。每个概念都有不同的强调对象，然而，每个概念都包含了生动的经济活动观念，蕴涵着生态原则，例如承载能力和废物循环；每个概念都考虑到土地利用，包含了社区规划；每个概念都对解决环境问题采取预防的、主动的方法而不是传统的一次只关注一种污染物的方法。将这些概念运用于实际，可以重建和恢复环境、增强地区意识，并且促进经济发展和社区的复兴(Mazmanian and Kraft，1999，3—43)。

城市中心和历史悠久的市郊通常采用直接清理和追加投资的方法治理被遗弃、污染的土地，减少棕色地块的面积。这样，在保护自然系统和市郊、农村特色的同时，又促进了这些地区的经济发展。理性发展计划是根据目标城市的承载力，根据自然资源以及当地和区域的现存社区物质基础设施来提供经济发展规划(Calthorpeand Fulton，2001，1—12)。工业生态(IE)

---

[1] 作为波士顿和附近地区的社区环境律师和社会企业家，12年来该作者都在研究许多环境受污染的有毒土地。他工作的重心是帮助环境支持者，他们可能不是传统上所界定的环境支持者的范围，但是他们是最有影响力的环境保护支持者。

第十一章 关于棕色地块的可持续性发展 | 231

毁坏之前,1995年

毁坏之后,2001年

资料来源:MassGIS.courtesy Boston Redevelopment Authority.

图 11.1 焚烧炉地址高空俯视图

为分析整个生产过程(从原料的萃取、到消费和清除)中的能量和物质流动提供了工具。它鼓励制定生产方法和标准,这些方法可以减少废物制造,减少有毒副产品的生产和有毒气体的排放,模仿自然系统的再循环和补充功能(Enrenfeld,1998;Powers and Chertow,1995,24—25)。总的来说,工业生态、理性发展和棕色地块重建形成新的环境政策的范例,将经济生命力、生态完整性、市民积极性和社会稳定性统一放入可持续发展的概念框架中(Hempel,1999,45—51)。环境保护论变成一个统一的网络,由工业和生态、城市和自然、个人和社区共同组成,将落后,无规划的地区转变成可持续发展的社区。

在再开发南海湾焚烧土地的过程中,环境保护组织还考虑到附近没有受到环境污染社区的经济利益。尽管整个过程由环境和社区组织共同协调进行,但是这个地区的再发展还是陷入一个长期复杂的过程之中,该过程包括修复波士顿的一个名为伯尔克内申(Balkanization)的社区,同联邦机构、州机构以及城市机构诸多机构进行协商(其中每个机构都宣称提出了有关设置和使用土地的决策程序),并且在土地利用的竞争计划中选出合适的计划。

最近实施的两个可持续发展的工业土地项目利用了类似的机会,面临类似的困难并且提供了类似的经验教训。在纽约市巴拿那凯利(Banana Kelly)区的南布朗克斯(South Bronx),自然资源保护委员会——国家著名的环境组织——连同当地的社区发展组织(CDC)在受污染的废弃铁路场地建立了艺术级的再利用造纸厂。由于该项目净化了环境、提供了就业机会,这个项目成为纽约市发展历史上一个"绿色"里程碑(Harris,1995)。然而,社区组织对这个项目提出了反对意见,他们认为新的设施会造成将来该地区的空气质量问题。经过几年的诉讼,加上投资者的离开,这个造纸厂计划最终失败。社区组织内部互相竞争的矛盾斗争和财政困难注定了项目的命运。南布朗克斯的例子证明,当一个好的想法付诸于实施时,会产生多大的争执和耗费多少费用!

1997年,新罕布什尔州曼彻斯特市的石野(Stonyfield)农场酸奶公司试图率先建立一个"生态—工业"公园(Eco-Industrial Park,EIP)。EIP包括一系列的公司,它们一起促进工业生态的实施。它们可以共享能源:一个公司排出的或者产生的副产品可以成为另一个公司的输入原料。作为一个整体,EIP可以组成一个密封的城市系统,几乎没有产生或者产生很少垃圾,能更有效地使用资源。石野建议的EIP建立在100英亩的林地上,按照工业用途划区,将厂房互相连接。石野想证明IE不仅仅是一个伟大的环境设想,而且也还是一个伟大的商业计划(Wasserman,2001)。尽管石野农场显著地减少了他们在项目中的作用,引进了许多私人投资者进行管理,这个"生态—工业"公园仍是个正在进行中的事业。现在,项目的进展非常缓慢。只有天然气生产厂这一个工业生产者选择在这片地区进行生产。同南布朗克斯例子一样,该案例说明可持续发展尽管有很多理论上的优势,但是仍然很难发展。

二、南海湾和焚烧炉地区

波士顿南海湾地区不但是一个工业区还是一个商业区,它位于93号州际高速公路附近(当地称为东南高速公路),由5个经济文化背景各异的社区包围着:北边是中国城以及所有权遭受恶化的南端(South End);西边是罗克斯巴勒(Roxbury),主要居民是非裔美国人和波士顿最穷的社区;南边是多尔切斯特(Dorchester),有大量的非裔美国人、拉丁美洲人、葡萄牙人和东南亚移民;东边是南波士顿,该地区一直是蓝领爱尔兰人为主要居民,但是目前所有权遭到恶化。南海湾包括最近发展起来的商业中心和纽马基特工业区,这是波士顿历史最悠久和工业最集中的地区(BRA,1998,11)。尽管波士顿在二战后流失了大量的制造业,但是纽马基特在20世纪后半叶仍保持着工业基础。从1970年到90年代末期,波士顿的工业雇佣劳动力缩减了43.5%,失去了2.2多万份工作(BRA,1998,6)。

尽管存在大量的未尽其用土地和空置土地,基础设施也不断恶化,但是使纽马基特在这阶段保持相对稳定的因素是其肉类和食品加工业,并且它容易获得交通基础设施。纽马基特商业协会(NBA)于1977年成立,目标是促进该地区复兴,它为纽马基特带来了政治支持,并为那里大概150家公司及其 1 800 名工人提供了资助(BRA,1998,11—12)。

社区组织、环境组织、当选官员、城市和州政府机构、商业组织共同参与了焚烧炉土地的再开发,他们企图调和两个看起来相反的目标:使焚烧炉土地和南海湾地区再工业化,并且实施对环境负责的发展。可持续发展的设想——棕色地块清理再利用和工业生态——与社区所需要的环境和经济共同发展相吻合。

三、从潮汐型湿地到工业区:1900—1970 年

几百年来,南海湾是位于狭长地带——称为波士顿脖子——的潮汐型湿地,它将 17 世纪的波士顿城镇同大陆相连。随着人口的增加和工业的发展,这个城市吞并了附近地区,其中包括罗克斯巴勒和波士顿脖子以南的都切斯特,并实施了许多项目来填补和发展原来城市边缘的潮汐型湿地。城市为了扩张土地面积以适应工业迅速发展的需要,逐渐吞并了曾经的主要航运港——南海湾(South Bay)。即便是在 20 世纪 50 年代后期焚烧炉建立前,这地方已经存在一个棘手的环境问题。城市填补南海湾潮汐型湿地开始于 19 世纪末期,并逐渐使用煤灰和其他垃圾废物进行填充,其中有许多成分在现在的马萨诸塞州应该归为危险物质(Massachusetts Division of Capital Asset Management,1999,3)。

到 1900 年南海湾的海上活动基本停止。在这个时候焚烧炉也完成填埋,用于适应铁路的发展。到 20 世纪 50 年代,南海湾的最后一处潮汐型湿地也被填埋,用于建造东南高速公路(CDM 2000,1)。1957 年,波士顿市为了寻找更大容量的地区来处理大量的固体垃圾,他们在南海湾选择了一片伞形的土地,用这块不足 3 英亩的土地建造新的城市垃圾焚烧炉。这个焚烧炉于 1959 年开始工作,而联邦空气净化法令 1970 年才颁布。空气净化法令规定主要空气污染物的排放量,1976 年的资源保护和恢复法令规定了危险物品和固体垃圾的运输和处理方法。这个焚烧炉仅根据州政府和当地政府颁布的零星的空气质量和公共健康法规拼凑建立,其中一些法令可以

追溯到19世纪末期,并且通常并没有强有力的实施①。结果,焚烧炉并没有安装任何污染物控制系统,这虽然为系统本身节省了费用,但是将高速发展的城市周围的工人和居民暴露在严重的污染之下。

在焚烧炉排出的气体中包含有巨毒的物质——铅、水银和二氧(杂)芑。另外,其他一些污染来源也同焚烧炉的操作有关系。用以储存燃料和煤油的地下和地上容器、锅炉、大量的城市垃圾和建筑废物,以及焚烧灰都污染着这片土地(CDM,2000,2)。砷、铍、镉、铬、铜、铅、水银、锌、多氯化联(二)苯(PCBs)、二氧(杂)芑、氰化物和多环芳烃(PAHs),包括其他一些污染物,被释放到地表和底下的土壤中,导致在焚烧炉周围形成许多污染"热点"。挥发性有机化合物(VOCs)、环芳烃、铅、砷、水银和二氧(杂)芑渗入了地下水系统(CDM,2000,2—3)。焚烧炉设施本身同包括石棉绝缘和铅水管在内的危险建筑物质相连。焚烧炉使用混凝土筑成的厚板,地面和墙上都涂着有毒的灰、油和溶剂。时间一长,这些物质和其他从焚烧炉持续不断地排放出的污染物会使焚烧炉变得危险而恐怖。

四、焚烧炉的关闭:20世纪70—80年代

20世纪70年代人们越来越注意工业污染物产生的危险,并反对制造包括焚烧炉在内的污染源。1974年,法庭下令城市关闭焚烧炉。之后的20年内,这块地方用作公共工程部门的储藏地,但是人们并没有注意到这个地方潜在的问题。

1988年,波士顿再开发当局(Boston Redevelopment Authority,BRA)及其经济发展和工业委员会(Economic Development and Industrial Corporation,EDIC)——主要任务在于促进社区复兴——共同提出包括焚烧炉土地在内的纽马基特工业区的主要发展规划。记录该地区衰退的编年史研究发现:

---

① 例如,19世纪中期设立的法令授予马萨诸塞当地公共健康委员会阻止有害或有毒的活动的权利。这一法令是一个多世纪以后采用的马萨诸塞空气污染控制条款的基础。

广泛散布于该地区的空置和未充分利用的土地经常成为非法倾倒垃圾的场地……充分发展该地区的主要障碍在于:没有充分的道路系统,落后的基础设施,非法倾倒垃圾和不相容的土地利用。缺少正面的区域特性是一个主要问题。越来越多的码头装载和非法停车堵塞着……街道,未经规范的标志和不同的建筑处理方式导致了这里功能和美学上的混乱(Boston EDIC,1988,1)。

南海湾地区落后的部分原因在于普遍存在于许多内城地区的落后的土地使用循环。空置并且遍布垃圾的土地使人都不愿意开发这些土地,并导致了非法活动的产生,从倾倒垃圾到毒品交易(Shutkin and Mares,2000,60—62; Urban Habiat Program 1999,1—12; Goldstein,Jesen and Reiskin,2001)。这些土地能吸引的发展项目包括:垃圾回收站、焚烧炉、垃圾填筑地、污染性的工业项目和停车场,但是大部分社区并不欢迎这些项目,因为它们不利的环境影响和负面作用会影响当地土地的价值。当地这些"不想要的土地用途"(Locally Unwanted Land Use,LULUs)是"别在我后院"(Not In My Back Yard,NIMBY)运动的一部分。焚烧炉土地和附近的棕色地块受到很多 LULUs 的关注。然而,NIMBY 抗议活动组织不仅仅反对不受欢迎的发展,它还参与了可持续发展的过程。

20 世纪 90 年代早期,NIMBY 抗议的还包括焚烧炉所在地对面的一块土地,这一举动唤起人们对这块土地的重视。1992 年,波士顿一个名为托德斯克(Todesca)的建筑公司,建议在卡明斯街上建设一个沥青厂。一些积极分子,代表毗邻南海湾的五个社区中的许多社区组织,扛着波士顿城市内环境审判的标语,于 1993 年组成反对沥青厂协会(CAAP)。环境司法——环境运动指出,蓝领工人和低收入社区在历史上一直都是环境危害的受害者,应该获得同白领和经济发达社区一样的环境保护——作为一个组织性的热点和社会性评论于 20 世纪 90 年代早期步入成熟(Gottlieb,1993)。以罗克斯巴勒为基础的一个新环境审判法律中心,以及社区和环境组织(Alternatives for Community and Enviroment,ACE),加入了反对沥青厂协会,共同反对沥青厂项目(Friday,1996,29)[①]。

　　反对沥青厂建设的努力是波士顿社区活动的里程碑。根据反对沥青厂协会的记录,在此之前没有这么多不同背景的居民组织聚集在波士顿。如果单靠社区和利益组织之间的政治斗争,通常只能使市民生活更加恶化,并没有多少改善。波士顿南部贫穷的爱尔兰裔美国人、罗克斯巴勒的非裔美国人、中国城的亚裔美国人,和南端(South End)的同性恋者在反对沥青厂的建立上达成了一个共同的目标。反对沥青厂协会断言沥青厂的建立只会使城市内部原本受污染的空气更加恶化,会加剧公共健康问题,而提供很少的就业机会和财政收入。波士顿大学公共健康学者将这个地区称为死亡之区,因为当地居民遭受高癌症发病率和上呼吸系统疾病的折磨,造成这种现象的部分原因在于环境因素,例如空气污染(Lopez,1996)。

　　迫于反对沥青厂协会强大的法律和政治压力,州政府环境官员要求进行四轮环境影响报告。报告指出,全自动化的沥青制造厂建成后,只能提供少量低工资的工作,从反对沥青厂协会的角度来说,这并不能抵消由此带来的大量卡车交通、噪音和空气污染。这个反对沥青厂建设的运动减少了周围5个社区对环境条件和市内土地利用的挫折感和绝望感。

　　反对沥青厂建立的战争持续了好几年,在波士顿委员会前反对,在州法庭上和管理机构前反对,在媒体上反对,在街道边反对,最后在城市健康委员会前反对——该委员会运用其管制"有毒"、"有害"设施的权力于1996年投票反对建立工厂(Chacon,1996,30)。在托德斯克的几次抗议后,工厂建立的计划最终在1999年失效。

　　反对沥青厂协会运动的强度、组织性和纪律性不仅仅打败了托德斯克计划,并且把所有的焦点聚集到南海湾地区环境退化和全面的地质恶化上。1994年秋天,一些反对沥青厂协会成员组织,在社区和环境组织、以罗克斯巴勒为基础的达德利社区发起组织(DSNI)和环境多样化论坛(EDF)的领导下,形成了焚烧炉合作协会,主要致力于解决附近地区海量的焚烧炉。由于在这片土地上有好几个地方都堆积有高达15英尺高的垃圾,所以它们

[①] 同时,作者也是ACE的合作者和高级律师,代表CAAP进行沥青厂运动。

很快就成为许多无家可归人们的避难所,很多人都在这些巨型建筑之下搭建栖息地,而不知道这里的危害性。这些焚烧炉土地和占据这些地方的难民,都是急需要解决的问题。

根据反对沥青厂协会的经验,焚烧炉合作协会首先要寻找一个负责任的团体。像托德斯克那样不负责任的参与者会使土地荒芜并废弃了 20 多年。然而,社区并没有明确的法律对策去解决土地问题,焚烧炉始终是社区挥之不去的责任。尽管它是该地区废弃和落后的象征,但是它的环境影响程度并不像车辆行驶里程数那样,可以按每天多少吨进行量化,所以它不容易受到环境活动者的攻击,不容易在报告中列出,让公众进行审查。到 1994 年,除了市民的直觉告诉他们,焚烧炉关闭的原因是因为它们对周围的小区放射污染物质,它们是波士顿被剥夺公民权的贫穷社区的灾难之外,他们对于焚烧炉的其他情况知之甚少。奇怪的是,该市所有的土地于 1991 年转让给马萨诸塞资本资产管理部门(DCAM,后来称为资本管理和运作部门)——一个州房地产机构。当时大权在握的上议院主席和南波士顿的政治家威廉·巴尔杰(Willaim Bulger),或许站在其委托人的利益角度作为经纪人处理了这项业务,结果使用了州政府的资源对这块土地进行清理和再利用[1]。

尽管土地的所有权和管理权是一个显著的问题,但从来都不是焚烧炉合作协会的障碍。通过沥青厂运动和其他土地利用方面的研究——几年来与沥青厂运动相关的问题,焚烧炉合作协会成员有了一种与土地命运相关的权利意识,也就是社区发展领导人所提出的"道德土地管理"[2]。不管土地的所有权在谁手上,焚烧炉合作协都作为一个积极的合伙人负责控制土地的清理和再利用。

---

[1] 对拜伦·拉欣(Byron Rushing)、民主党代表、马萨诸塞议院代表的采访。
[2] 该口号是比尔·特雷纳(Bill Traynor)提出的,他是劳伦斯社区工作(Lawrence Communityty Works)的执行主席。劳伦斯社区工作是马萨诸塞劳伦斯的一个社区发展组织,马萨诸塞劳伦斯有长期积累的大量棕色地块。

五、美国环保局(EPA)和清理措施：1994—1995年

1994年末，联邦政府和州政府协商改善焚烧炉附近土地的面貌，并广泛号召市民采取行动。秋季，美国环境保护局宣布为他们最近发起的棕色地块经济再发展项目提供新一轮的资助，主要向有兴趣的市政府提供资助，作为调查和再开发棕色地块之用。在城市环境部门(棕色地块项目的主要申请者)的帮助下，焚烧炉合作协会于1995年3月成功地申请了这项资金，这有利于提高当地政府、州政府和联邦政府对焚烧炉土地的兴趣。

焚烧炉合作协会同时也利用了马萨诸塞州官员威廉·韦尔德(William Weld)的净化马萨诸塞州项目(CSI)的优势。这个项目于1993年根据实施法令第350条设立。净化马萨诸塞州项目要求，在2000年6月30日前，州政府各机构都必须遵守环境法规，并且委托州政府作为"社区加强建设"的领导①。在净化马萨诸塞州项目的帮助下，焚烧炉合作协会在1994年末状告了资本管理和运作部门，这样做是为了强迫机构遵守实施法规，并清理焚烧炉土地。资本管理和运作部门的代表律师和机构的委员都对该诉讼作出了回应。

由于焚烧炉合作协会参与了棕色地块项目，来自于新英格兰办公室的美国环境保护局官员才能获得成功。从1995年1月开始，在资源保护和恢复法令部门的律师帮助下，美国环境保护局召集市和州政府官员，连同焚烧炉合作协会的成员，进行了非正式协商。与会者随后成立南海湾焚烧炉社区合作组织(South Bay Incinerator Community Collaborative，ICC)②。

作为南海湾焚烧炉社区合作组织一部分，焚烧炉合作协会建议资本管理运作部门和市政府共同实行一个全面的三步骤清理方法。资本管理和运

---

① http://www.state.ma.us/envir/cleanstate.htm.
② 南海湾焚烧炉社区合作组织，和约草稿，1995年4月24日(作者存档)。这个合作组织的代表分别来自资本管理和运作部门、波士顿市政府、美国环境保护局、马萨诸塞州通用法律办公室、马萨诸塞州环境保护部门，以罗克斯巴勒为基础的达德利社区发起组织、环境多样化组织和其他三个社区组织、Nuestra Communidad、一个社区发展组织、南端(South End)社区行动项目和南波士顿住房社区。

作部门是土地的所有者。市政府是土地的前所有者和经营者,在马萨诸塞州和州环境法律的规定下,仍需要对土地负责。作为权宜之计,焚烧炉合作协会要求相关部门在土地周围竖起栅栏;将路面的杂务储存好,以免有害颗粒到处吹散;并将棕色地块项目的申请在1995年3月1号前准备好。

长远来讲,该协会的要求主要集中在清理和发展问题上。对于清理问题,协会认为焚烧炉应该被摧毁;土地补救的标准应该是能满足未来发展计划的要求;必须确立公共参与过程,这样,市民才能够得到土地上所进行活动的信息,并能参与到与土地有关的决策制定中;资本管理和运作部门必须保证有足够的资金以弥补清理的所有费用;在清理过程中,南海湾焚烧炉社区合作组织采用没有约束力的理解协议进行管理(MOU)[1]。

关于发展问题,焚烧炉合作协会劝说资本管理和运作部门将土地所有权转让给当地社区发展组织进行再开发;将土地按照环境保护的方法进行再开发,同时尽力回收利用的设施;土地再利用要能为低收入、低技能的波士顿工人提供尽可能多的就业机会;州政府和市政府为再开发提供资产和贷款;市政府和州政府申请棕色地块开发项目应同焚烧炉合作协会合作[2]。在系统化问题上,焚烧炉合作协会建议形成一个清理过程的模型以便于以后的研究和模仿;城市应该开创一个马萨诸塞州形式的项目,专门处理城市的棕色地块问题;这个焚烧炉项目应该作为波士顿境内外棕色地块再开发合作项目的出发点[3]。

没有约束力的理解协议于1995年5月签订,该协议的签订正式发起了再开发焚烧炉土地的活动。南海湾焚烧炉社区合作组织成为按照理解协议指示密切负责该项目的组织。1995年末,许多南海湾焚烧炉社区合作组织成员(包括来自社区组织和政府机构成员)参与了波士顿正在进行的棕色地块项目。

---

[1] 南海湾焚烧炉社区合作组织会议议程,1995年2月3日(作者存档)。
[2] 同上。
[3] 同上。

六、有争议的发展计划：1996—1998 年

尽管社区组织和公共机构负责考虑焚烧炉土地再利用的补救问题，但是围绕这块土地和附近地区，其他学者不断提出一系列有争议的发展计划。早在 1993 年，当时南海湾是许多波士顿市民认为棘手的一块土地，一些专家考虑在这块土地上可能可以实施"大型"项目，该项目是体育中心、会议中心和酒店的一个集合体。该项目占用了南海湾和纽马基特的大部分地区，并侵占了罗克斯巴勒和南端(South End)的部分地区，这引起了当地居民的不满。从城市角度而言，这个城市长期以来就想寻找地点建立自己的会议中心。

这个大型项目的想法从来就没有实施过，但是修建体育中心的计划因受到新英格兰爱国者足球队所有者的威胁，而显得尤为迫切。这支足球队宣称，如果不能提供新的场地以代替他们在马萨诸塞过时的 Foxborough 场地，他们将离开马萨诸塞州。1996 年，州政府官员韦尔德(Weld)和波士顿市长托马斯·梅尼诺(Thomas Menino)同时向爱国者足球队公开让步，而南海湾就是主要目标(Cassidy and Vaillancourt, 1996)。在体育场项目通过后，反对沥青厂协会、焚烧炉合作协会和其他社区活动者小心谨慎地等了四年，但是没有任何计划得到实施(Flint, 1999)。最后，在 1999 年末，爱国者队决定在原来的 Foxborough 场地重新修建一个新的体育场。南海湾也开始活动，试图成为波士顿红短袜队的新家。有几次公开报道猜测这支棒球队可能从其历史悠久的老家芬威公园(Fenway Park)搬出。至此之后，现在看来红短袜队不可能在南海湾安家落户了。

大型项目和体育中心的计划都只是噩梦的开始。在焚烧炉合作协会看来，同样不祥的项目包括一些虽然规模小、比较节约、有潜在发展能力，但是并不受欢迎的项目。在这些项目中，萨福克郡劳教所就建在焚烧炉土地的北边①。一个北卡罗来纳州名为乔特克(GeoTek)的公司，想在这块土地上

---

① 萨福克郡(MA)长官 R. 劳斯(R. Rouse)给作者的信，1998 年 2 月 24 日(作者存档)。

建造轮胎再利用公司,他们利用轮胎高温分解技术(也就是将供给的轮胎在没有氧气的情况下加温)产生固碳(一种类似石油的燃料)和一种气体燃料。尽管这看起来是个"绿色"技术,但是轮胎高温分解会产生很多空气污染——在这个例子中,每年会产生高达65吨的二氧化硫——而且提供的就业机会也很少①。对于焚烧炉合作协会而言,乔特克的项目绝对不可能实施。

然而,另一个是来自医学协会和科学社区组织(MASCO)的项目,医学协会和科学社区组织是一个私人公司,负责管理波士顿广阔的长木(Longwood)医学区的交通,并提供其他所需的基础设施。长木医学区是许多城市教学医院和学院的发源地。1997年夏天,医学协会和科学社区组织提出要在焚烧炉土地上建一个有600个车位的停车场(MASCO,1997)。这个项目只提供很少的就业机会,但是每天会增加好几百辆车的交通量,因此这个项目受到强烈的抵制,最终成为泡影。

在反对了这么多的南海湾发展计划以后,1997年,焚烧炉合作协会改名为南海湾社区联合组织(NUSB),主要强调采取主动的发展态度。到现在,南海湾社区联合组织已经在南海湾确立了足够的势力,开发商必须在劝说市政府和州政府官员前,在项目早期就同南海湾社区联合组织进行协商以探虚实。

七、绿色村庄,新生态系统,可持续发展展望:1998年

1998年,一个独特且有力的发展计划为南湾社区联合组织提供了一个具体的机会以实施他们绿色可持续发展的想法,并达到平衡经济和环境的目的。剑桥市一个小型住房制造公司叫绿色村庄,在波士顿寻找土地为其住房产品提供工厂。作为一个热心于环境的工程、建筑和房地产集团公司,绿色村庄专门从事多家庭和群居房屋的生产,提供专门定做的具有生态活力的房屋模型。这些房屋的制作费和售价都比传统房屋低(费用节省了15%以上),并且较容易同城市环境相适应,使用的是能回收且无毒的物质

---

① 环境工程师R.纳德卡尔尼(R. Nadkarni)给作者的信,1996年12月23日(作者存档)。

(与传统房屋相比,在使用不可再生资源方面节省了 20%,水资源方面节省了 10%,室内空气质量提高了 40%),并节省了大量能源(节省了超过 65%的能源)[1]。这种模型房屋的商业优势在于,这些房屋出厂时都配备了完整的电和管道设施,节省了时间和金钱。接着用卡车将这些产品运送到工作地点,在那里对每个模型进行组装,最后就合成了建筑。从刚开始生产到最后的搬入使用只需要几星期的时间。

在完成了两个项目之后(其中包括剑桥市南部一个出名的房屋开发项目)这种新型的设计和花费使人们意识到组合房屋是传统的、耗费资源的建筑的廉价替代品。绿色村庄想在波士顿市中心成立一个工厂。它想利用城市内外人们对费用低、能支付得起的住房日益增加的需求,并利用当地近 100 个劳动力来生产靠近市场需求的房屋。绿色村庄的生产运作基地是新罕布什尔州的皮博迪(Peabody),正好在康科德市(Concord)外面,在那里另一个组装房屋公司 Epoch 公司为绿色村庄提供房屋部件。随着 20 世纪 90 年代经济的复苏,埃普彻(Epoch)产品的需求上涨,但是新罕布什尔州可利用的劳动力已经所剩不多。绿色村庄意识到,如果埃普彻产品的需求仍然上涨,竞争仍然存在,那么它就不能再依赖 Epoch 的生产能力了[2]。

绿色村庄的管理层在该城市寻找了 6—8 英亩的土地,以便存放他们 3 万平方英尺的建筑,并为卡车装载和卸载安排区域。他们和波士顿棕色地块项目联系过,意识到大部分合适的土地都很可能被污染过。管理层和以罗克斯巴勒为基础的达德利社区发起组织、罗克斯巴勒和都切斯特社区的社区组织联系过,询问可能适合的土地。1997 年夏天,以罗克斯巴勒为基础的达德利社区发起组织和美国环境保护局邀请绿色村庄到受经济重创的林堂(Grove Hall)地区对罗克斯巴勒居民进行演讲。几年来那里的居民一直都向市政府抱怨,说他们缺少高质量的、能支付得起的住房,而另一方面城市又存在许多空置的落后土地。绿色村庄对这两个问题提供了解决方案。不幸的是,这场会议最后成为绿色村庄管理层中的白人和一些非裔美

---

[1] 绿色村庄公司,销售资料,1996 年 6 月(作者存档)。
[2] 本文的作者是剑桥大学的文学硕士。他采访了绿色村庄的 CEO——史蒂夫·斯顿茨(Steve Stuntz)。

国居民之间对经济公正问题的争论，用居民自己的话说，这是"利用社区的痛苦"。当地居民和绿色村庄代表人都没有考虑到会出现这种情况。

绿色村庄继续在波士顿寻找合适的场地。1998年，新生态公司（New Ecology，Inc.，NEI）介绍他们到焚烧炉土地上。新生态公司是1998年成立的非赢利性组织，他们的主要任务是促进落后的城市地区的环境发展[①]。新生态公司任务的信念是，不论环境变好还是变坏，土地利用和发展是环境变化的主要驱动力。

随着南海湾社区联合组织的成立，再开发焚烧炉土地的努力从狭隘的、只注重一小块地区的"别在我后院"活动，发展成为包括波士顿在内的大范围规划活动。南湾社区联合组织成员、拜伦·拉什（Byron Rushing）——州政府代表、新生态公司和纽马基特商业协会等有兴趣的当事人们形成了广泛但松散的组织，该组织称为执行委员会。执行委员会开始制定策略。这些策略是为了处理法律纠纷，是为了同资本管理和运作部门有效地合作。二者在不违反20世纪70年代设立的复杂法规的前提下合作，促进焚烧炉土地的部署。这些法规是为了控制在州政府权限下的腐败和土地管理混乱现象。

同新生态公司、以罗克斯巴勒为基础的达德利社区发起组织类似，免税的非政府组织（NGOs），是在法律上发挥指导作用、调查和研究其他执行委员会成员所谓的"最好的实施"策略、促进环境保护发展的组织。2000年，拉什提出了住房法案3630，这个法案在详细的研究后，通过下议院和上议院的讨论于2002年归入法律。这个法令在再开发焚烧炉土地上综合考虑了环境和经济问题，指导资本管理和运作部门，鼓励进行轻工业/制造业建设，提供了新的工资待遇，这个新工资待遇至少是马萨诸塞每500平方英尺土地上最低工资的两倍。资本管理和运作部门也必须鼓励开发商雇佣超过80%是波士顿本地居民作为工人，最大程度地利用公共交通，并且将街边停车或者远距离停车的需要降到最低。2003年波士顿再开发当局进一步延

[①] NEI是为了像绿色村庄这样的发展机会而建立的组织，而ACE是一个教育和法律组织，并不是为了寻找这种机会，它也没有能力寻找这种机会。

伸再开发计划，决定规划研究南海湾地区。

同时，绿色村庄决定将厂房建在马萨诸塞州的伍斯特（Worcester）。这是一个历史悠久的工业城市，位于波士顿西部45英里。那里的土地便宜，而且市政府急于吸引工业开发商。尽管这对焚烧炉土地的可持续性发展是不利的，但是就它本身而言，则是个成功的例子——为急需重建的落后城市提供了宝贵的环境资源和经济资源。

八、结论

焚烧炉土地再开发仍然是一项进行中的项目，这点可能是这个例子最有意义的教训之一。不论这些土地是否是棕色地块，只要这些土地类似南海湾：有着不同的土地利用历史、持久的特性以及许多基础设施问题，那么就构成土地再开发极大的挑战。受到重创的地区缺少总体规划，缺少经济刺激，缺少地方政府和州政府政治领导能力，缺少能力来实施高难度的再开发项目，例如南海湾。这样的地区就会受到冷落，或者吸引与从前相同的污染项目，导致不受欢迎土地利用规划的再度产生。这是内城经济的真实写照。

即便存在良好的整体规划、政治领导能力和当地能力，这些项目还是存在很大的不确定性，并且需要长时间的指导。在焚烧炉土地例子中，由于人们强烈的渴望，这些普通的障碍变得尤为突出，这就使得努力本身显得更加重要。与采取一般的发展方案和LULUs不同的是，执行委员会坚持要发起一场更好的运动，这对于棕色地块再开发而言是更具挑战性。他们这样做是基于一种设想——与可持续概念相联系的完美实践。由于要记录下和庆祝他们所取得的具有里程碑性质的每一步，这些努力似乎不应该按年计算，而是按十年甚至二十年计算。在焚烧炉土地的历史中，这包罗万象的教训中也引申出许多有关土地再开发的具体教训。

对目标的坚持。正如焚烧炉土地所表现的那样，城市内部棕色地块的开发需要不同参与者的共同努力。这些努力必须是长期的，并且不管周围环境如何变化都不能受到影响。随着时间的推移，机构内成员、立法机关、公司和社区组织之间的移交转让,会损坏机构的记录和政策支持的连贯性,使项目的发展经历更长的一段过程。政策环境和经济环境的不断变化使特定的再开发项目的可实施性也不时地发生变化。特定机构和个人对于焚烧炉土地再开发的坚持,至少保证这个项目在面临快速变化的外界环境时仍可以存活下来。

多部门的合作。经济发展舞台的创新能力(例如焚烧炉土地所设想的生态工业和可持续发展的模型)需要来自公共、私人和社区部门等不同参与者的智慧和努力。尽管这样的联合需要必要的协商和对于关键问题的妥协,但是它所产生的社会资本和压力能够抵消这些不利方面,并使得项目在遭遇抵触和惰性时仍可以实施。在焚烧炉土地的例子中,即便它是由社区组织负责发起的项目,纽马基特商业协会仍是公认的最重要的组织。纽马基特商业协会的参与提高了执行委员会的政治影响,增加了政治途径,使得拉什法令制定并通过。此外,新生态公司和以罗克斯巴勒为基础的达德利社区发起组织等提倡为焚烧炉土地所制定的那些比较宏伟的环境目标,而由于 NBA 的作用,从折衷的利益去考虑,这些目标也被废除了。尽管纽马基特商业协会对这些目标表示赞同,但是它仍不愿意装扮成环境组织。

政治领导能力。尽管拜伦·拉什在法律机构并不是权利经纪人,但是他利用自己的地位和影响鼓励其他人支持法令。从更广的角度看,他为南海湾的可持续性发展想法提供了支持。在同其他执行委员会成员合作的过程中,拉欣帮助社区再开发从空想变为现实。在纽马基特商业协会加入后,拉欣在将焚烧炉土地纳入决策者的议程中发挥了主要的作用。

可持续性发展。抛开焚烧炉土地本身不说,在有关棕色地块的所有经验教训中,强制实行对环境负责的开发是最重要的一点。必须保证可持续性发展是政策制定者和实施者进行棕色地块再开发方法的主要框架。坚持可持续发展的原则使我们不得不计算传统房地产发展和经济制造活动所产生的腐蚀性外部影响。同任何系统变换策略一样,发展成功要从两方面进行衡量:一个是性能(作为有形的证据证明可持续发展模型的带来的效益和优势,这种有形的证据体现在再开发项目与再开发政策中),另一个是行为变化(意识中的行为和行动中的行为)。行为变化既是性能的必要先驱,也是性能的结果。这两点可以互相促进,并且指引项目朝着可持续发展的方向进一步前进。

迈向伟大设想的一小步。棕色地块项目的环境规定特别严格,特别是对于它们而言,可持续发展成为必要且完美的实践。为了达到这个目标需要许多具体的实施步骤:从 RFPs 设计鼓励绿色建筑的实施(正如焚烧炉土地的例子),到制定税收和其他财政刺激手段以鼓励绿地、可再生能源和生物工业的发展,再到由相关结构将可持续发展编定成册进行研究和技术开发(例如波士顿再开发当局)。尽管衡量可持续发展的经济效益仍存在巨大的障碍,一些州政府(例如马萨诸塞)也已经发挥了潜在的能力(不仅仅是焚烧炉土地的例子),这一点体现为:他们制定了一系列的程序、政策,并成立了包括公共、私人和非赢利性组织在内的机构以实施可持续发展的计划和项目[①]。包括明尼苏达州、新泽西州和俄勒冈州在内的其他一些州完成可持续性发展的能力更加强大(Resource Renewal Institute,2001)。

棕色地块的可持续的再开发最终需要一个更为严格的标准,用这个标准去评估项目的成功与否,而不是采用传统的方法(例如 GDP)进行评估。传统的方法不能计算再开发项目所造成对外部环境影响的损失。棕色地块的可持续再开发可以运用到被传统市场和公共政策遗忘的土地和已经进行过再开发的土地上,并提出了这样的疑问:一代以后这块土地和这片社区会是什么样子?这里的建筑、道路和人行道会是什么样?谁将生活在这里?在这里会进行什么样的商业活动?这里的环境质量和生活质量将会如何?

---

① 例如,马萨诸塞州已经成功形成的可持续发展组织有(未全部列出):(1)公共部门:Massachusetts Renewable Energy Trust,Clean State Initiatives,Community Preservation Act,Massachusetts Office of Brownfields Revitalization;(2)私人部门:有绿色建筑和规划经验的开发商(Lyme Properties,Hickory Consortium,Gravestar)和建筑商(Arrowstreet);(3)非赢利性组织:New ecology, Inc., Chelsea Center for Recycling and Economic Development, Lowell Center for Sustainable Production, CLF Ventures, MIT Environmental Programs Offcice, Center for Environmental Technology, Sustainable Step New England, Massachusetts Energy Consumers Alliance, and Tellus Institute。

参考文献

Boston Economic Development and Industrial Corporation (EDIC). 1988. *Newmarket Industrial District plan*; Recommended master plan.

Boston Redevelopment Authority (BRA). 1998. Economic development plan for Newmarket Industrial District, draft (July 11).

Calthorpe, P. and W. Fulton. 2001. *The regional city*. Washington, DC: Island Press.

Camp, Dresser and McKee (CDM). 2000. *Phase II and Phase III report, former South Bay municipal incinerator site* (March).

Cassidy, T. and M. Vaillancourt. 1996. weld would give state site to Patriots. *Boston Globe*, December 20.

Chacon, R. 1996. City board rejects South Bay asphalt plant. *Boston Globe*, May 2, 30.

Enrenfeld, J. 1998. Cultural structure and the challenge of sustainability. In *Better environmental decisions: Strategies for governments, businesses and communities*, K. Sexton, Alfred A. Marcus, K. William Easter and Timothy D. Burkhardt, eds. Washington, DC: Island Press.

Flint, A. 1999. Focus back on incinerator site. *Boston Globe*, April 18.

Friday, A. Walker. 1996. Neighborhood residents file suit to halt Newmarket Asphalt Plant. *Boston Globe*, January 26, 29.

Goldstein, J., M. Jensen and E. Reiskin. 2001. Urban vacant land redevelopment challenges and progress. Working paper. Cambridge, MA: Lincoln Institute of Land Policy.

Gottlieb, R. 1993. *Forcing the spring: The transformation of the American environmental movement*. Washington, DC: Island Press.

Harris, L. Banana Kelly's toughest fight. *New Yorker*, July 24.

Hempel, L. Conceptual and analytical challenges in building sustainable communities. 1999. In *Toward sustainable communities: Transition and transformations in environmental policy*, D. Mazmanian and M. Kraft, eds., 45-51. Cambridge, MA: MIT Press.

Katz, B. and J. Bradley. 1999. Divided we sprawl. *Atlantic Monthly* (December).

Landy, M., M. Roberts and S. Thomas. 1990. *The Environmental Protection Agency: Asking the wrong questions*. New York: Oxford University Press.

Lopez, R., executive director, Environmental Diversity Forum. 1996. Letter to the editor. *Boston Globe*, December 20.

Massachusetts Division of Capital Asset Management (DCAM). 1999. *Phase II comprehensive site assessment scope of work*, *South Bay Incinerator* (January).

Mazmanian, D. and M. Kraft. 1999. The three epochs of the environmental movement. In *Toward sustainable communities: Transition and transformations in environmental policy*, 3—43. Cambridge, MA: MIT Press.

Medical Academic and Scientific Community Organization, Inc. (MASCO). 1997. *Analysis of system wide Parker origins*, *South Bay lot planning* (August 11).

Powers, C. and M. Chertow. 1997. Industrial ecology: Overcoming policy fragmentation. In *Thinking ecologically*, Marian Chertow and Daniel C. Esty, eds., 24—25. New Haven: Yale University Press.

Resource Renewal Institute. 2001. *The state of the states: Assessing the capacity of states to achieve sustainable development through green planning* (August).

Shutkin, W. *The land that could be: Environmentalism and democracy in the twenty-first century*. 2000. Cambridge, MA: MIT Press.

Shutkin, W. and R. Mares. 2000. Brownfields and the redevelopment of communities: Linking health, economy, and justice. In *Reclaiming the environmental debate: The politics of health in a toxic culture*, R. Hofrichter, ed., 60—62. Cambridge, MA: MIT Press.

Urban Habitat Program. 1999. *Building upon our strengths: A community guide to brownfields redevelopment in the San Francisco Bay area.*

Wasserman, S. 2001. Sustainable development: The case of implementing industrial ecology. Master's thesis, Department of Urban Studies and Planning, MIT, Cambridge, MA.

术 语 表

生物庇护所 Bioshelter	一个附加的建筑——主要是用于存储进入的太阳能——用于模仿生物活动过程，其中各子系统互相作用，共同产生整个系统的自动调节功能。
棕色地块 Brownfield	任何被废弃的曾经的商业用地或者工业用地，因为遭受了或者估计将会受到环境污染，土地再开发和/或者扩张显得尤为复杂，所以被闲置或者未被充分利用。
商业改善区 Business Improvement District（BID）	一片具体的地区和某一等级的政府或者非政府组织。对于非政府组织，他们是由该土地所有者和/或者承租人组成，其中大部分同意受 BID 管理。对于政府组织，州政府拥有一定的权利，包括对这个地区内的企业收取税收和费用的权利。作为一个组织，BID 成员决定应该提供何种服务，例如街道和人行道的清理和维修，辅助警察进行维护，停车区的安排，地区的美化，灯光设置和改善这片地区的各种发展项目。
《环境对策、补偿和责任综合法》CERCLA	全面的环境反映、补偿和 1980 年责任法令。见超级基金。
对财产所有权的限制 Clouds（on title）	仍持有土地的留置权、抵押权和缴税义务，但是排除将土地所有权进行转让的可能。
社区组织 Community-based organization（CBO）	一个私人的非赢利性组织或者群体，目的在于改善社区的某些方面。CBOs 从社区层面上进行干涉。

社区发展团体 Community development corporation(CDC)	通常是非赢利性的一个团体，对社区提供经济和社会上的支持。他们主要通过一些项目来提供支持——这些项目可以提供就业机会，促进经济发展，改善住房供给，帮助社区组织的发展，有助于政策发展——并且，他们满足其他的一系列要求。长期以来，CDCs 主要侧重于建造并管理房屋。
社区食物项目 Community Food Project	美国农业部安排的活动，并获得 USDA 授权。在该项目的所有目标中，主要目标是提高当地低收入居民获得新鲜且有营养的食物的能力。
紧凑型城市（政策）Compact city（policy）	在现有的城镇内或周围进行密集型发展活动。
全面发展区 Comprehensive Development Area(Zoned'aménagement concrete [ZAC])	法国空地再开发的一种工具。这种设计根据一个综合的规划，为公共和私人开发商在土地装配、基础设施的投资方面提供一种模型。
COSTAR 组织 COSTAR Group	主要提供有关商业电子房地产方面的信息。
延缓发展区 Deferred Development Zone (*Zone d'aménagement différé* [ZAD])	法国专门设计的一个区域，在该区域上不进行发展或者推迟进行发展的考虑。ZAD 的设计能够为公共当局者提供优先拒绝任何土地所有权出售的权利。
限制工业化 Deindustrialization	一个过程。在此进程中，随着一个地区从传统重工业向其他生产形式的转化，经济的物质属性和社会经济属性发生了变化；在制造业部门缩减和拒绝生产并且/或者雇佣。
遗弃的土地 Derelict land	土地因进行工业或其他发展而受到破坏，在没有得到处理情况下，没有办法进行有益的使用。
转型经济 Economies in transition	国家或者政府从计划经济转变为市场经济。通常是指前社会主义国家和一些东欧国家。

征用权 Eminent domain	政策权利，通常指政府强行将私人财产充为公用的权利，通常对财产所有者有一定的补偿。
授权区 Empowerment Zone (EZ)	美国一个城市地区的名称。该城市地区长期缺少投资。该地区准备动用公共、私人和社区各层面的资源为实现经济和社区的持续发展吸引必要的投资。该城市地区为区内企业选址提供税收优惠。
授权区/事业社区（EZ/EC）项目 Empowerment Zone (EZ)	根据美国联邦社区复兴策略，于1993年秋成立。设计该项目主要是授于当地居民和社区发展策略计划的权利，为贫穷农村地区创造就业岗位和更多的机会。
企业区 Enterprise Zone	在落后、萧条、破旧的地区，主要通过提供工作优惠，销售税减免和财产税减免来刺激再开发活动的发展。
企业城市耕种 Entrepreneurial urban agriculture	在城市地区进行食物和其他农产品的耕种，用于市场出售。
环境评估（EA）Environmental assessment (EA)	土地的调查，目的是决定当地潜在污染的程度。联邦法律要求，买主在进行土地购买之前，要先进行棕色地块的环境评估。
环境公正 Environmental justice	这体现了不同种族、不同文化、不同收入和不同教育背景的人，在有关环境法律的发展和实施、环境规划和政策实施方面拥有的权利平等。平等对待意味着所有人都不会因为缺少政治或者经济能力被逼承担环境污染的不良影响。
EPA	美国环境保护局。是实施超级基金土地规划和补救的主要执行机构。
EPA可持续发展资助 EPA Sustainable Development Challenge Grants	EPA的一个项目，在1996年到1999年间，对13个已经证明可以在其他地方进行模仿的项目提供了种子基金。
废弃地 Friche	空地、废弃土地或建筑的法语表示形式。
绿带 Greenbelt	围绕城市或城镇的公园或农村地带。

绿色田地 Greenfield	未发展土地,其保护问题成为政策制定者主要考虑的问题,特别是当它位于城市边缘更是如此。
绿色空间 Green space	未发展的城市区域,通常作为露天场所,为城市居民提供娱乐和环境保护设施,或者用于自然资源的保护。
水耕法 Hydroponics	在水和肥料的溶液中培育植物的一种技术,可以选择使用非土壤物质,例如沙、砾石。在城市耕种中使用。
工业生态学 Industrial ecology (IE)	从未封闭工业过程到封闭工业过程的一种转变。在未封闭工业过程中,资源和资本在离开系统后就成为垃圾,而在封闭工业过程中,这些垃圾可以成为新过程的原料。
工业遗产 Industrial heritage	纪念碑,例如水塔、汽油罐、矿井、钢铁熔炉和焦炭工厂,这些反映了地区工业生产的历史,并且通常受环境保护法保护。
填实 Infill	发展位于发达地区的城市空置土地;是理性增长远着,指导着在现存的城市社区上直接发展和重建未被利用的土地。
土地银行 Land banking	市政府获得和持有空置和废弃的城市土地并将其作为未来发展之用的策略资产的过程。
土地信托 Land trust	通常是一种私人性质的非赢利性组织,获得土地所有权,并且/或者为特定居民或一般大众提供福利。
土地利用计划 Land use Plan (POS)	法国新发展的指导。
有限责任公司 Limited liability corporation(LLC)	国家法定概念。是法律组织及其合作伙伴的混合物。拥有土地所有权,进行土地投资,并提供税收上有利的合伙契约。

当地不接受的土地利用 LU-LUs（Locally unwanted land use）	当地并不受欢迎的土地利用方法。这个概念通常被规划者用来描述那些不为社区所希望的土地利用。
LUST	往地下泄漏的储藏罐。在 2002 年小型商业义务减免和棕色地块重建法令通过之前，联邦排除对 LUST 的资金赞助；因此，在此之前它们一直是棕色地块再开发的显著障碍。
防腐 Mothballing	使土地（通常是大组织所拥有的）处于未利用、未发展或者空置的状态，这样做的目的是为了避免因承担责任或是进行补救所发生的费用。
国家优先名单 National Priorities List（NPL）	主要用于指导 EPA 决定哪些受污染的土地应该更进一步地进行调查。NPL 上的土地被认为放射出了危险物质、污染物或者污染源。见超级基金。
NIMBY（Not in my back yard）	别在我后院。用来描述部分社区居民或者其他群众对不愿意接受的土地利用的反对。
无更进一步要求信/文件 No Further Requirements letter/document（NFRD）	由国家制定、要求土地所有人应该将土地清理到可接受的标准。NFRD 可能以未来土地使用限制为条件，并包含特定的维护要求。
孤儿土地 Orphan Property	被抛弃的土地，通常所有权关系不清。不能被前所有者认领或者不能确定前所有者身份。
环境净化设施 Phytoremediation	使用植物转移、降低或者清除城市某个受污染土地，主要是通过吸收或者转移地下水、进行城市耕种来实现。
城市工程项目（意大利语）Progetto urbano	意大利为城市项目设计的土地利用规划和发展计划；在意大利是中等级别的城市规划，比城市总体规划等级低，但是比具体的土地规划要高。

桑伯恩地图 Sanborn maps	上溯到1866年的地图集，超过120万张，主要记录了美国1.2个城镇。EDR公司获Sanborn Map公司的地图并将其数字化。
理性发展 Smart growth	是发展原则、政策和实践。提倡者要求限制城市蔓延。通过促进提供给居民可以负担的不同类型住房、混合使用土地、保护城市空地、建立社区品位、进行土地的再开发等一系列手段来达到限制城市蔓延的目的。
税率（两等级）税收 Split-rate (two-rate) tax	一种税收制度，对不同的土地和建筑实行不同的税率（与当地土地税不同）。
超级基金 Superfund	CERCLA的通用名称。CERCLA是法律制定的联邦项目，主要是用于清理未控制的、有危险的垃圾土地。EPA同社区、潜在负责人、科学家、研究者、承包人和政府当局共同合作去鉴别土地、测试土地状况、制定清理计划和实施补救。
超级基金土地 Superfund site	任何在美国受到危险垃圾污染并通过EPA鉴定可以优先进行土地清理的土地，因为这些土地已经危害到环境和公共健康。
可持续发展 Sustainable development	既能满足当前发展要求，又不对未来发展不造成威胁的发展；是长期管理环境、经济和社会资源的一种全面的方法。
意大利公共机构腐败丑闻（意大利语）Tangentopoli	90年代早期，意大利丑闻揭露了长期以来存在向颁发管理规划许可证的机构或者个人大量赠与资金的腐败行为。
增加税收融资 Tax increment financing(TIF)	为某一地区的再开发制造资金，允许将新开发所获得的部分税收收入直接投资于特定地区。TIF已经持续实施了大概20年，但是在城市和城市之间有所不同。

税务留置权 Tax-lien foreclosure	州政府或者当地政府因为土地所有者没有交纳税金而没收土地所有权或者强制出售土地的过程;强制征收的土地税金作为使拖欠税金的空地和废弃建筑转回到生产性使用的一种手段。
TOADs（Temporarily Obsolete, Abandoned or Derelict Sites）	暂时荒废、放弃和抛弃的土地。
未充分利用的土地 Underutilized land	土地并没有完全发挥其经济和社会潜能。
城市发展组织 Urban development corporation(UDC)	英国的规划和发展立法组织,为棕色地块和未充分利用土地的再利用、吸引私人投资者和居住者提供激励机制。
城市发展边界 Urban growth boundary(UGB)	为了限制城市的发展而沿城市某一区域边缘制定的遏制政策。
USDA	美国农业部
虫耕种 Vermiculture	一种耕作方式。用分解的物质（例如植物废料）喂养蚯蚓,让其在有控制的状态下制造有机肥料(被成为蠕虫堆肥)。通常用于城市耕种。
自愿清理项目 Voluntary cleanup program(VCP)	州政府发起的项目。土地所有者自愿参加棕色地块的补救和约。和约包括土地清理标准、工程和制度控制,以及来自第三方和公共部门的责任。

所引用的组织和项目的网站

当地和地区组织

波士顿自然保护区 Boston Natural Areas Network	www.bostonnatural.org
波士顿达德利社区发起项目 Dudley Street Neighborhood Initiative, Boston	www.dsni.org
俄亥俄州绿色环境组织 Green Environmental Coalition, Ohio	www.greenlink.org
费城绿色发展组织 Greensgrow, Philadelphia	www.greensgrow.org
密尔沃基发展组织 Growing Power, Milwaukee	www.growingpower.org
费城社区花园协会 Neighborhood Gardens Association, Philadelphia	www.ngalandtrust.org
芝加哥社区空间项目 NeighborSpace Program, Chicago	www.neighborspace.org
新泽西地区合作协会 New Jersey regional Coalition	www.regionequity.org
霍利奥克 Nuestras Raices, Holyoke	www.nuestras-raices.org
费城/宾夕法尼亚州绿色耕种协会 Philadelphia Green/Pennsylvania Horticultural Society	www.pennsylvaniahorticulturalsociety.org

布法罗村庄农场 Village Farms，Buffalo　　www. villagefarms. com

国家组织

美国社区耕种协会 American Community Gardening Association　　www. communitygarden. org

美国规划协会 American Planning Association　　www. planning. org

社区食物安全协会 Community Food Security Coalition　　Vwww. foodsecurity. org

理性发展组织 Smart Growth Network　　www. smartgrowth. org

国家和联邦政府机构和项目

马里兰环境局 Maryland Department of the Environment　　www. mde. state. md. us

马萨诸塞州住房和社区发展部 Massachusetts Department of Housing and Community Development　　www. state. ma. us/dhcd

俄勒冈州土地保护和发展部 Oregon Department of Land Conservation and Development　　www. lcd. state. or. us

宾夕法尼亚州土地再利用项目 Pennsylvania Land recycling Program　　www. dep. state. pa. us/dep/deputate/airwaste/wm/landrecy/default. htm

美国住房和城市发展部 U. S. Department of Housing and Urban Development　　www. hud. gov

美国农业部社区食物基金项目 USDA Community Food Projects Grant Program　　www. csrees. usda. gov

作者简介

马丁·贝凯(Martin Bailkey)是威斯康星-麦迪逊大学城市和区域规划系的讲师。作为1999—2000年林肯研究院论文学会的一员,他主要研究美国城市空置土地政策和社区空地之间的社会和政治关系。他写了许多有关城市耕种不同方面的文章,并举行了多次演讲。这些课题都与社区食物安全、公共规划和城市土地利用有着很大的联系。在超过15年的时间内,他在威斯康星-麦迪逊大学、俄勒冈尤金大学和密苏里斯普林菲尔德Drury大学教授城市规划、景观建筑设计和建筑学等方面的课程。

安·O'M. 鲍曼(Ann O'M. Bowman)是哥伦比亚南卡罗来纳大学政府的F. 詹姆斯(James F.)和莫德·B. 伯恩斯(Maude B. Byrnes)教授。她感兴趣的领域包括州政府、当地政府与政治,联邦政治与政府之间的关系,以及公共政策。她同迈克尔·帕加诺(Michael Pagano)共同出版了 *Terra incognita*:*Vacant Land and Urban Strategies* (Georgetown University Press,2004)。她的文章 Horizontal Federalism:Exploring Interstate Interactions 被刊登在2004年10月的 *Journal of Public Administration Research and Theory* 杂志上。

拉维·布拉赫曼(Lavea Brachman)是德尔塔(Delta)机构俄亥俄办公室的主任,这个机构是非赢利性组织,主要从事五大湖地区的棕色地块和可持续发展项目。她原来是环境方面的律师,一个棕色地块咨询公司的合作者,并被委任为俄亥俄清理委员会成员。这个委员会制定俄亥俄州内的棕色地块资助政策并进行项目选择。在 2004－2005 年，他作为林肯土地政策中心的访问学者，为社区组织写了一本有关棕色地块发展的指南书籍，并为空地的再发展、城市内部废弃和未充分利用土地制定了一套项目方案。

萨比纳·戴特里克（Sabina Deitrick）是匹兹堡大学公共和国际事务研究学院的副教授。她也是学校社会和城市研究中心城市和地区研究项目的领导人之一。她教授的课程有：经济发展、社区和小区规划、城市和地区政策。她研究的对象是：在美国和国际背景下社区和地区的经济重建，特别是地区重建和棕色地块再开发。

玛格丽特·迪尤尔（Margaret Dewar）是安阿伯（Ann Arbor）密歇根大学城市和地区规划项目中建筑和城市规划的埃米尔·洛奇（Emil Lorch）教授。她的研究方向是城市再发展、经济发展和土地利用，并教授相关课程。她最近的研究与底特律授权区对经济机会的影响有关，以及与底特律负责处理税收复原土地机构的状态有关。她指导底特律社区合作中心，该中心将教员/学生团队和强调社区认知的需求匹配起来。这些需求同底特律社区组织和城市机构的规划和设计有关。

艾伦·W. 埃文斯（Alan W. Evans）是英国里丁大学经济学教授，并且在 15 年内负责学校 5000 名住宿生的食宿问题。他也是学校的副校长和代理副校长。埃文斯（Evans）研究城镇和地区经济，最近特别侧重于土地和房地产市场的经济学和土地利用规划经济学。他已经出版了许多书，并发表了许多文章，刊登在包括 *Economics, Real Estate and the Supply of Land and Economics* 以及 *Land Use Planning* 在内的杂志上（Blackwell，2004）。

萨拉·S. 加德纳（Sarah S. Gardner）在 Williamstown 的 Williams 学院教授环境规划类课程。并且，她是马萨诸塞 Berkshire County 当地和地区规划委员会的成员。她博士期间主要研究与新泽西州的棕色地块有关的问题，她曾在州政府规划新泽西州办公室和纽约城市再利用项目工作过。她最近的工作主要侧重于新英格兰城市蔓延带来的环境影响和对农业的土地利用政策。

玛丽·豪兰(Marie Howland)在学院公园(College Park)马里兰大学的城市研究和规划研究项目中教授发展经济学和城市经济学课程。同时，她也是城市理性增长中心的一员。豪兰是 Plant Closing and Worker Displacement: The Regional Issues (Upjohn Institute, 1988)一文的作者，也是 From Combines to Computer (SUNY Press, 1995)一文的合作者，并且发表了许多有关污染对城市中心工业土地市场影响的研究报告。

杰尔姆·考夫曼(Jerome Kaufman)是威斯康星－麦迪逊大学城市和地区规划系的名誉教授。于2001年退休，最近成为 Journal of Planning Education and Research 杂志有关食物系统规划(2004年夏天)的客座编辑，也是美国规划协会2005年同议题会议的协作者。他同林肯研究院共同发表了文章 Farming Inside Cities: Entrepreneurial Urban Agriculture in the United States (2000)，这篇文章为其负责本书中的部分章节提供了基础。考夫曼现在是密尔沃基非赢利性城市耕种组织增长动力(Growing Power)的管理委员会主席。

克劳斯·R. 昆兹曼(Klaus R. Kunzmann)从1993年起开始担任德国多特蒙德大学规划学院的欧洲空间规划的 Jean Monnet 教授。他在澳大利亚慕尼黑技术学校和维也纳技术学校学习建筑和城市规划。他现在的研究课题是城市政策和欧洲空间规划、地区重建、空间艺术和内部经济发展。在他的老家德国鲁尔地区，他作为当地政策问题的经济顾问参与当地活动。

南塞·格林·利(Nancey Green Leigh)是亚特兰大乔治亚技术学院城市和区域规划项目的教授，特别从事经济发展规划的研究。利指导与当地经济发展规划、城市和地区发展、工业重建和废弃土地再开发问题有关的研究和出版工作。她单独或者与别人合作出版了许多书籍，撰写了许多文章，包括

Economic Revitalization: Cases and Strategies for City and Suburb (Sage,2002)。

迈克尔·A. 帕加诺(Michael A. Pagano)是芝加哥伊利诺斯大学(UIC)公共管理系的教授,同时还是公共管理系研究生院的主任。他是 *Urban Affairs Review* 的合作编辑、UIC 的五大湖机构的成员,以及交通研究委员会下属的一个协会的成员。交通研究协会是国家科学研究院的一个单位,研究为交通财政服务的燃料税的长期生命力。他同安·O'M. 鲍曼合作出版了 *Terra Incognita: Vancant Land and Urban Strategies* (Georgetown University Press, 2004)和 *Cityscapes and Capital* (Johns Hopkins University Press,1995)。

威廉·舒特金(William Shutkin)是奥顿家庭基金会(Orton Family Foundation)的主席和首席执行官,奥顿家庭基金会是以佛蒙特和科罗拉多为基础运行的基金会,主要目的是促进可持续发展。为了实现这一目的,该基金会号召、授权市民参与土地利用规划去制定影响其环境和生活质量的正式决策。他是新生态公司(New Ecology, Inc.)的创办人和前任主席。新生态公司是位于马萨诸塞州剑桥市的一个非赢利性环境组织,主要目的在于促进城市的可持续发展。他也同其他任共同创立了波士顿社区和环境协会——一个环境审判法和教育中心。舒特金是剑桥市马萨诸塞科技学院城市研究和规划系的研究成员,并教授环境法和政策。

耶西姆·松古-埃耶尔马兹(Yesim Sungu-Eryilmaz)是林肯土地政策研究院的研究员。她现在是匹兹堡大学公共和国际事务研究院的博士生。她的主要研究方向是城市和地区经济发展和国际发展。作为研究助手,她进行过多方面的研究,包括棕色地块再开发、可支付性住房、灾难管理的交互性智能空间信息系统等项目。

巴里·伍德(Barry Wood)是英国纽卡斯尔(Newcastle upon Tyne)大学本

科生院的院长助理,现在是斯洛伐克布拉迪斯拉发大学建筑学院的访问学者。伍德的主要研究和教育领域是经济和土地发展,同时也包括空间规划,特别是欧洲的空间规划。他是空间规划方向若干书籍或是杂志的作者或者编辑。

林肯土地政策研究院简介

　　林肯土地政策研究院是1974年成立的非赢利性和免税的教育机构,主要开展包括土地经济和土地税收等方面内容的研究和教学工作。该机构主要由林肯基金会支持。林肯基金会是克利夫兰实业家约翰·C.林肯(John C. Lincoln)于1947年成立的,该机构成立的初衷源于19世纪美国政治经济学家、社会哲学家和《进步与贫穷》(Progress and Poverty)一书作者亨利·乔治(Henry George)的灵感。

　　林肯土地政策研究院的目标是将实践和理论一体化,以理解对土地政策理论和实践产生影响的各种学科所起到的作用。通过开展教学、课程学习、学术会议和出版著作,研究院试图提高有关部门土地政策中关于重要问题讨论的质量,并且传播土地评估和税收方面的相关知识。研究院还设有专门研究拉丁美洲和中国的机构。

　　林肯土地政策研究院并没有固有的研究模式和理论范式,而是主要通过召集不同背景和经验的学者、政策制定者、实施者和市民,一起研究、反映和交换各自对于土地政策和税收政策的观点和看法。研究院的目的在于产生影响——使今天的生活变得不同,并帮助政策制定者为未来的发展进行规划。

LINCOLN INSTITUTE OF LAND POLICY

113 Brattle St. Cambridge, MA 02138-3400 USA

Phone	617.661.3016
	800.LAND.USE (800.526.3873)
Fax	617.661.7235
	800.LAND.944 (800.526.3944)
Email	help@lincolninst.edu
Web	www.lincolninst.edu